KOUSUKE OONO

11

YAKUZA GOES HAUSMANN

極主夫道

CARLSEN MANGA!

INHALT

KAPITEL 91

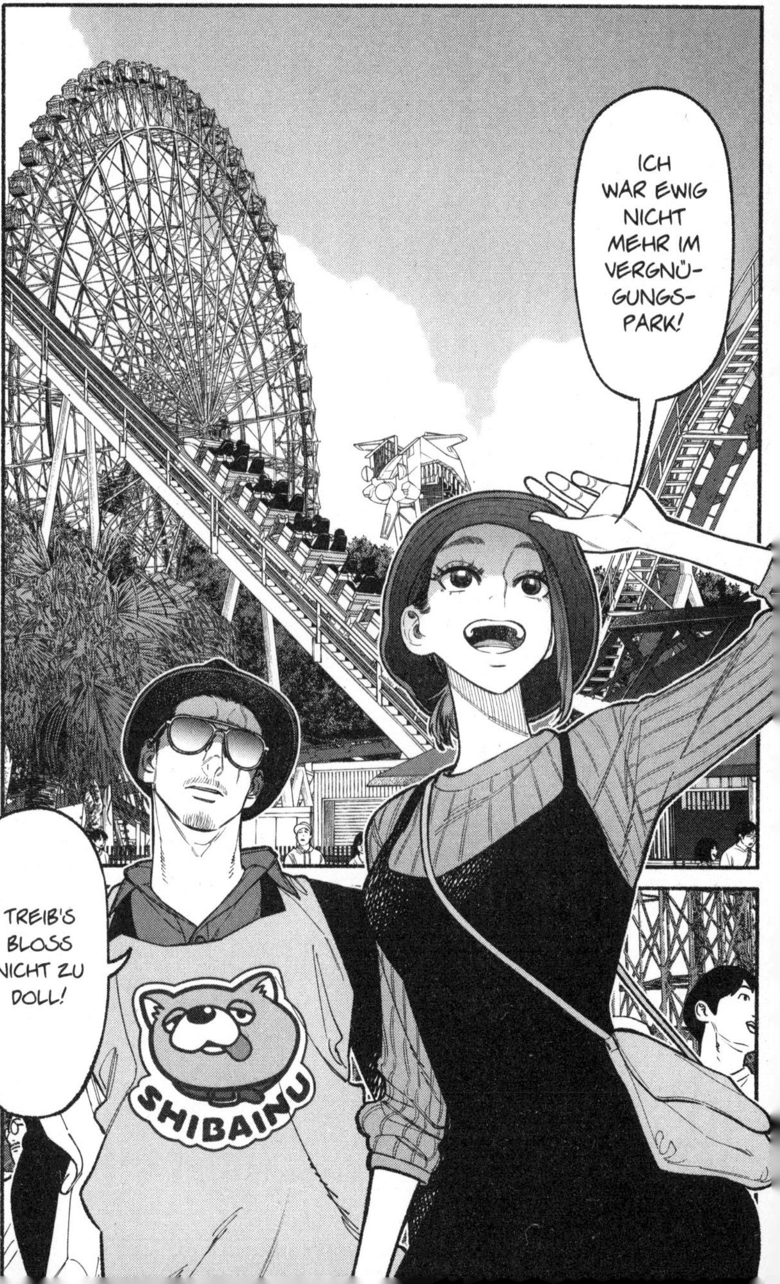
ICH WAR EWIG NICHT MEHR IM VERGNÜ-GUNGS-PARK!
TREIB'S BLOSS NICHT ZU DOLL!
SHIBAINU

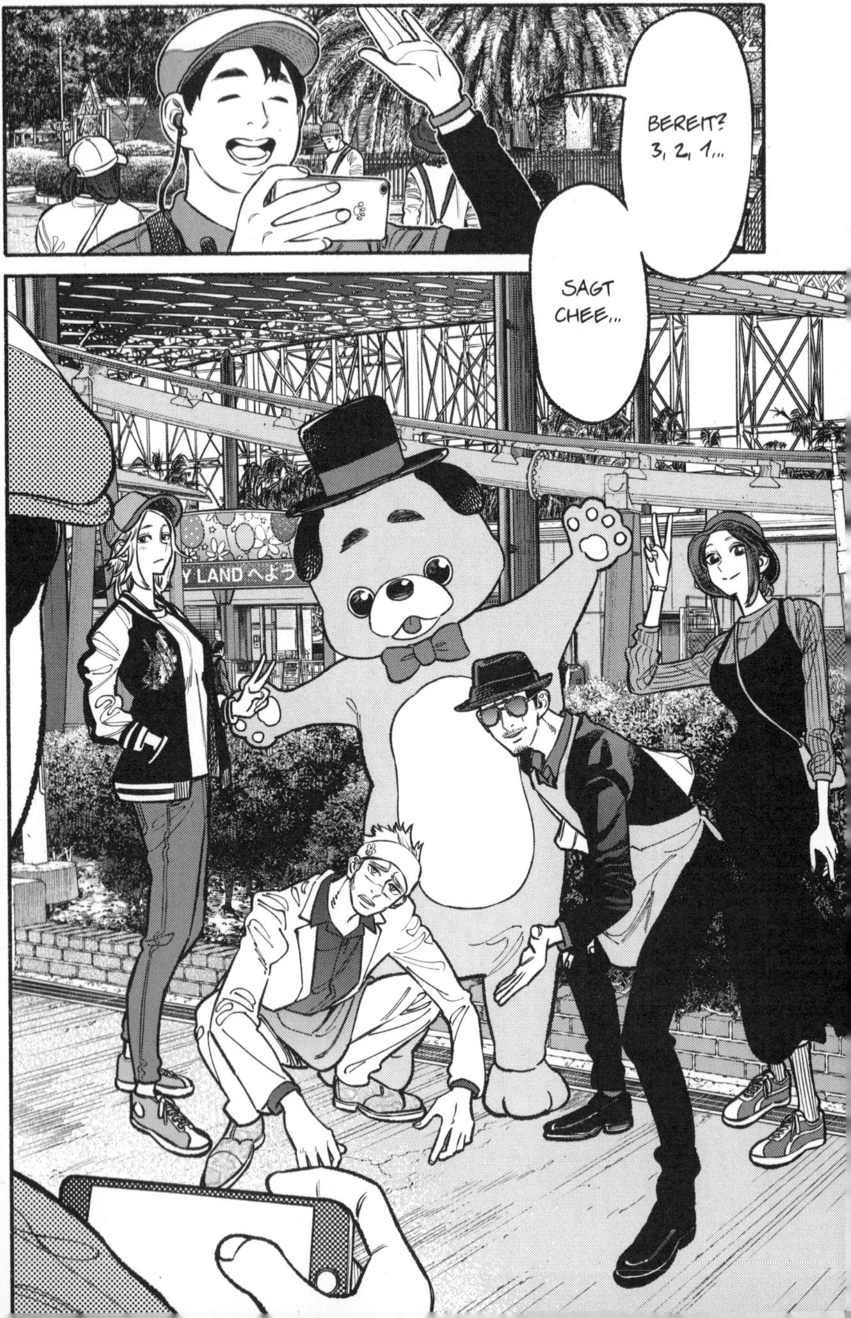

BEREIT? 3, 2, 1…
SAGT CHEE…
LAND へよう

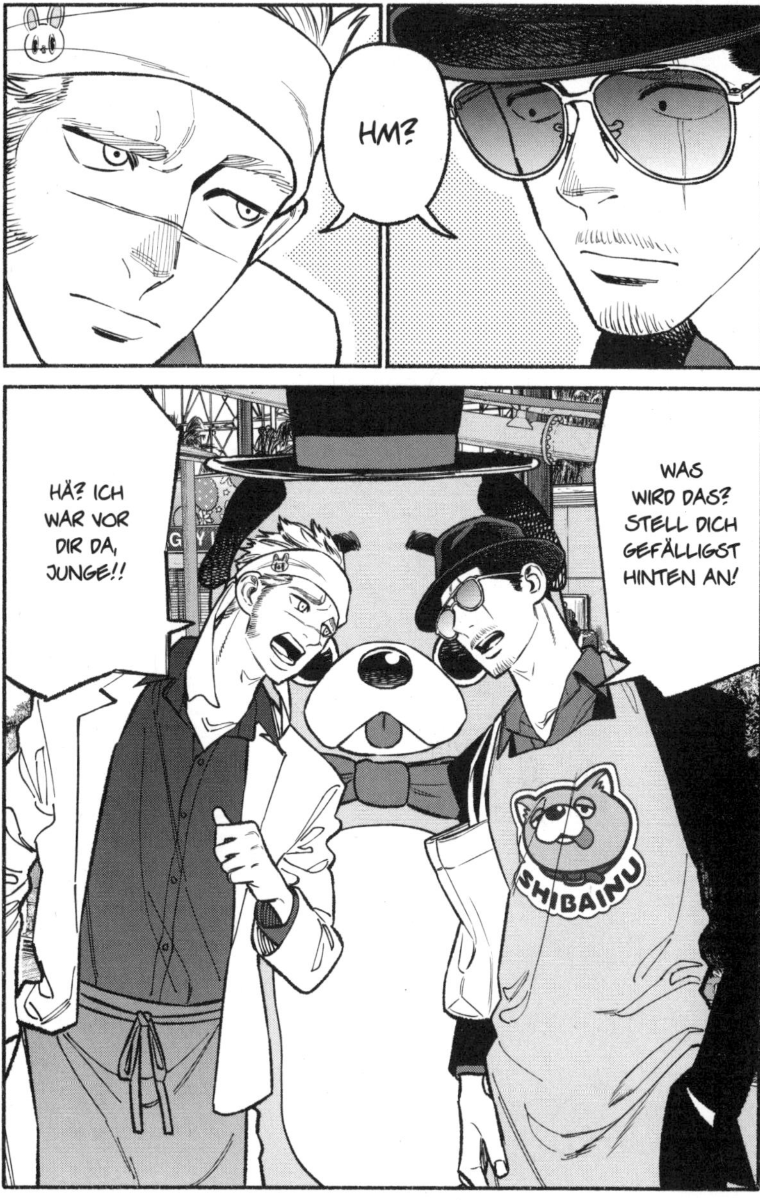
HM?
WAS WIRD DAS? STELL DICH GEFÄLLIGST HINTEN AN!
HÄ? ICH WAR VOR DIR DA, JUNGE!!
SHIBAINU

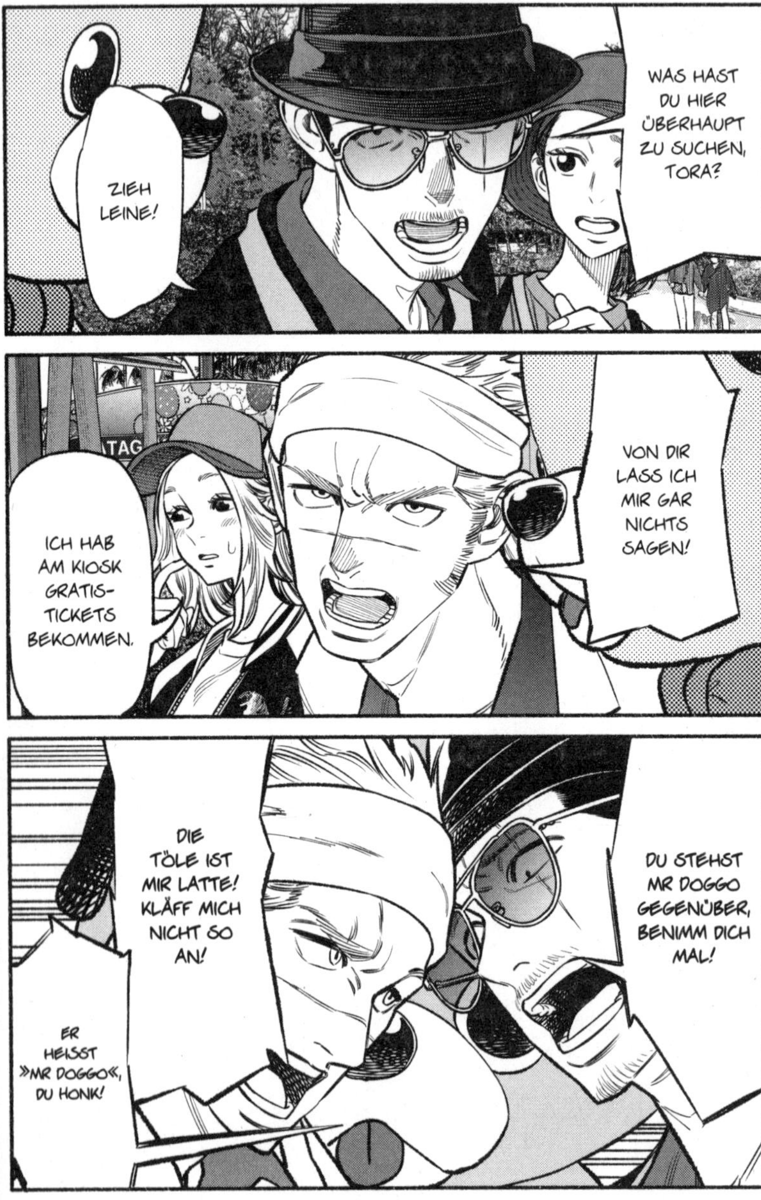
WAS HAST DU HIER ÜBERHAUPT ZU SUCHEN, TORA?
ZIEH LEINE!
VON DIR LASS ICH MIR GAR NICHTS SAGEN!
ICH HAB AM KIOSK GRATIS-TICKETS BEKOMMEN.
DU STEHST MR DOGGO GEGENÜBER, BENIMM DICH MAL!
DIE TÖLE IST MIR LATTE! KLÄFF MICH NICHT SO AN!
ER HEISST »MR DOGGO«, DU HONK!

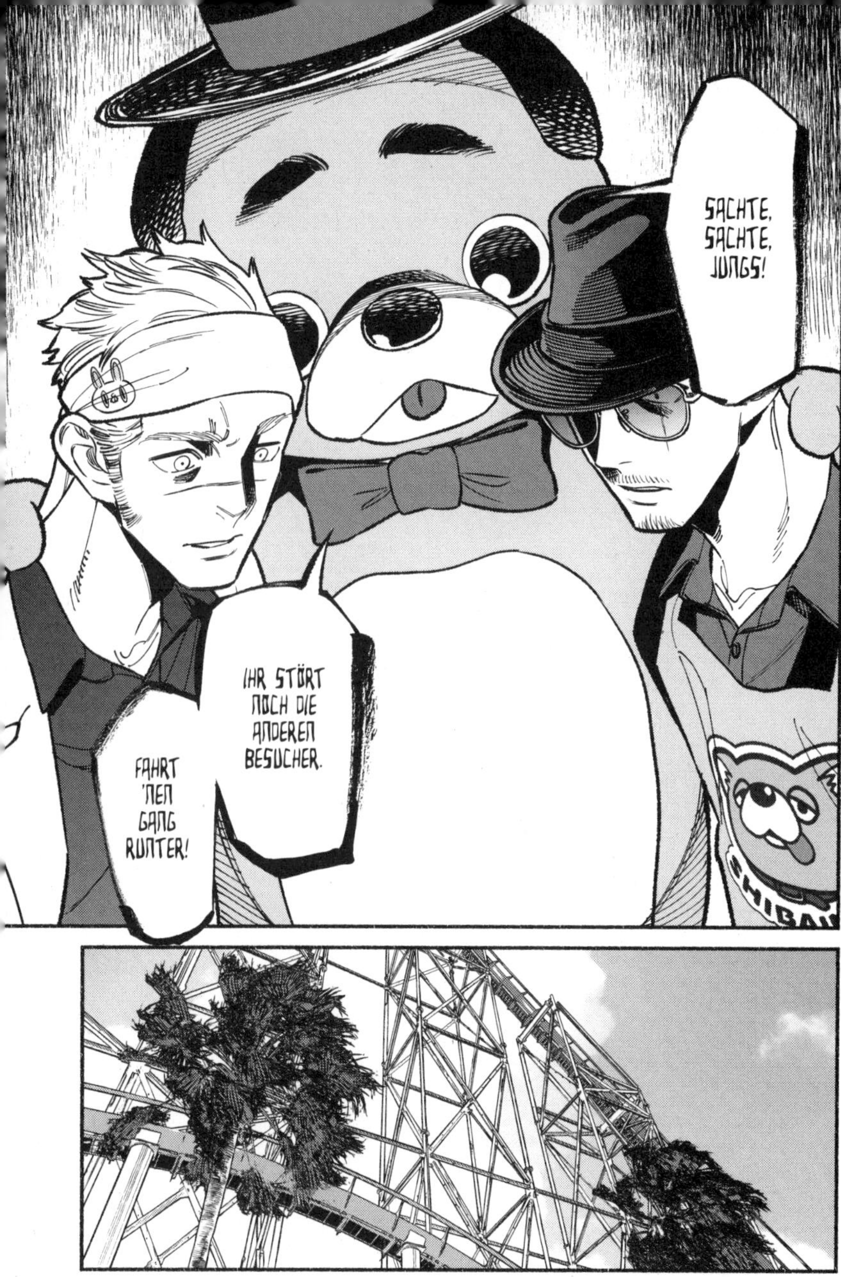
SACHTE, SACHTE, JUNGS!
IHR STÖRT NOCH DIE ANDEREN BESUCHER.
FAHRT 'NEN GANG RUNTER!

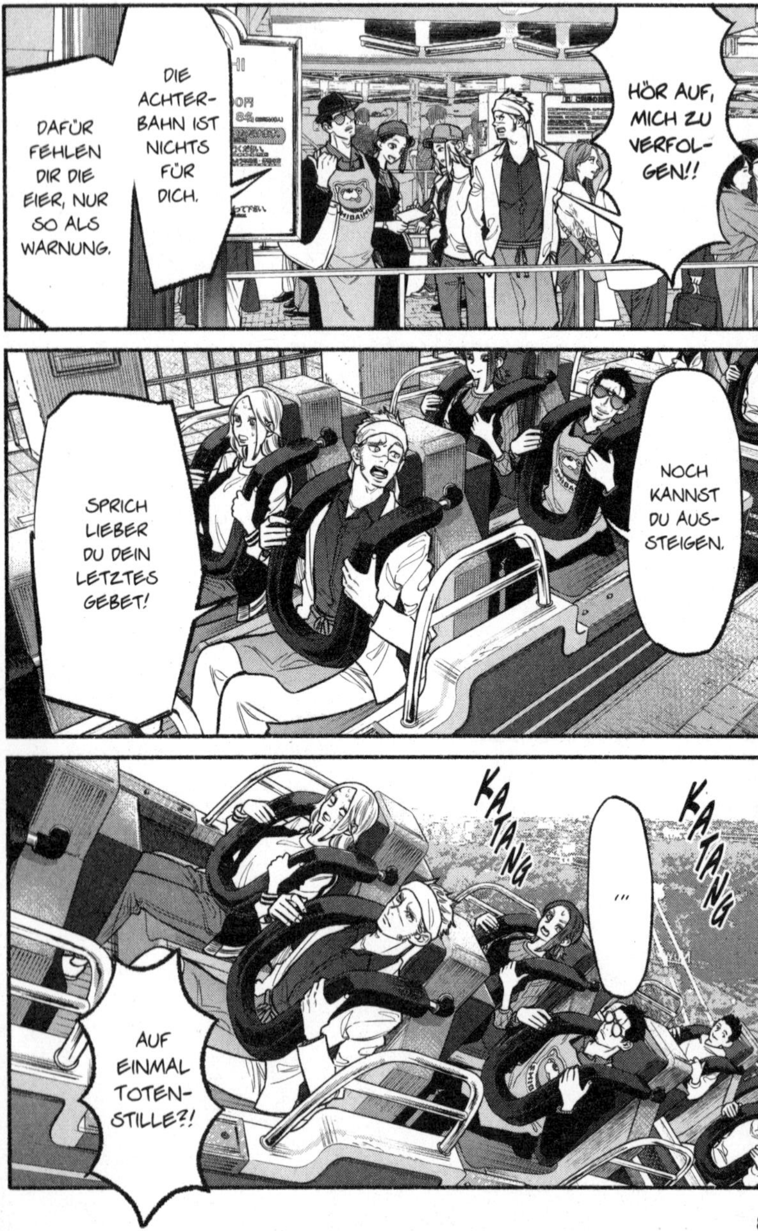
HÖR AUF, MICH ZU VERFOLGEN!!
DIE ACHTERBAHN IST NICHTS FÜR DICH.
DAFÜR FEHLEN DIR DIE EIER, NUR SO ALS WARNUNG.
NOCH KANNST DU AUSSTEIGEN.
SPRICH LIEBER DU DEIN LETZTES GEBET!
KATANG
KATANG
...
AUF EINMAL TOTENSTILLE?!

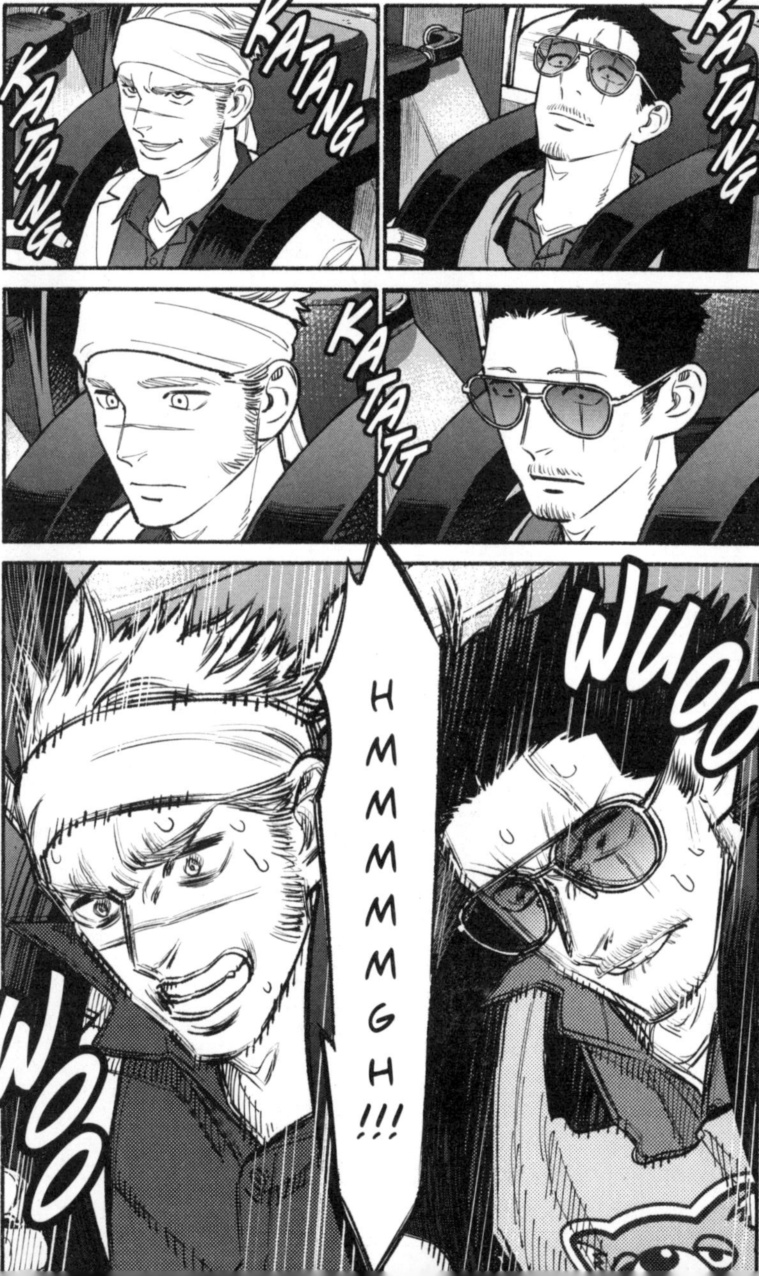
KATANG
KATANG
KATANG
KATANG
KATATT
WUOO
HMMMMMMGH!!!
WOO

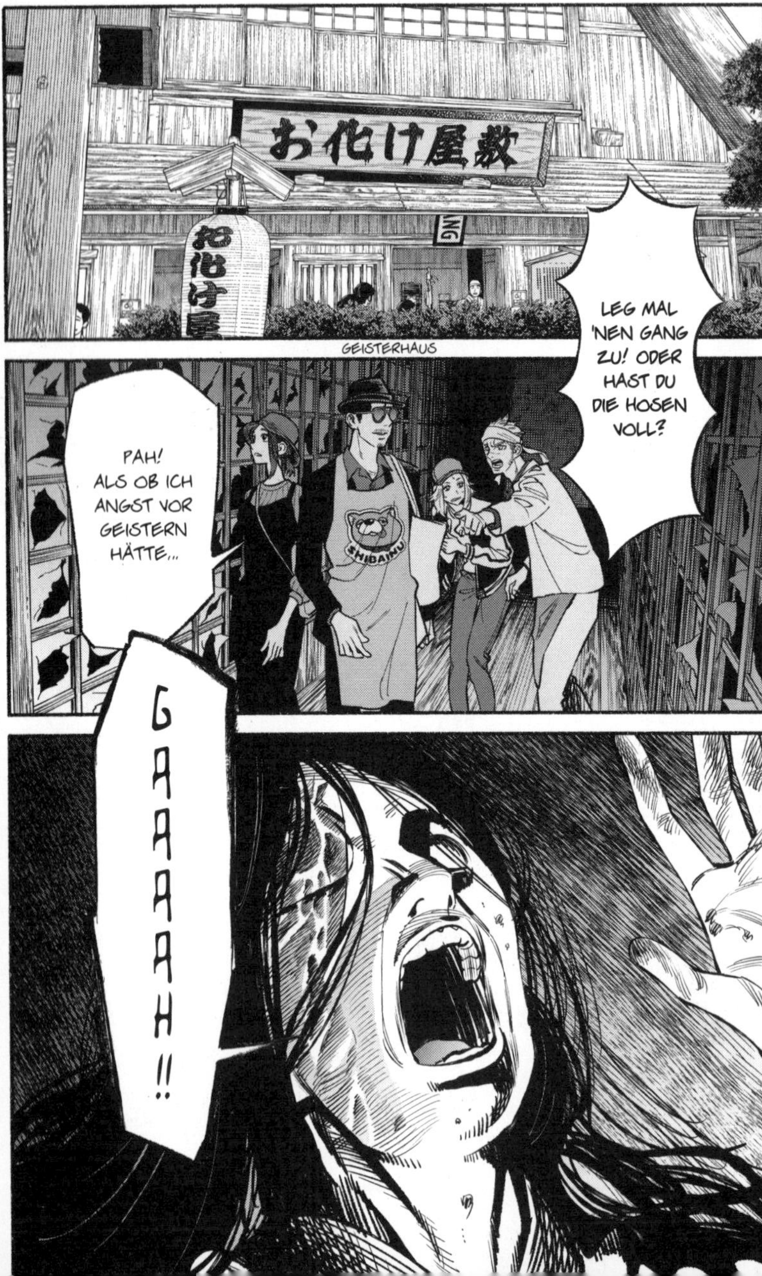
お化け屋敷
GEISTERHAUS
LEG MAL 'NEN GANG ZU! ODER HAST DU DIE HOSEN VOLL?
PAH! ALS OB ICH ANGST VOR GEISTERN HÄTTE...
GAAAAAH!!

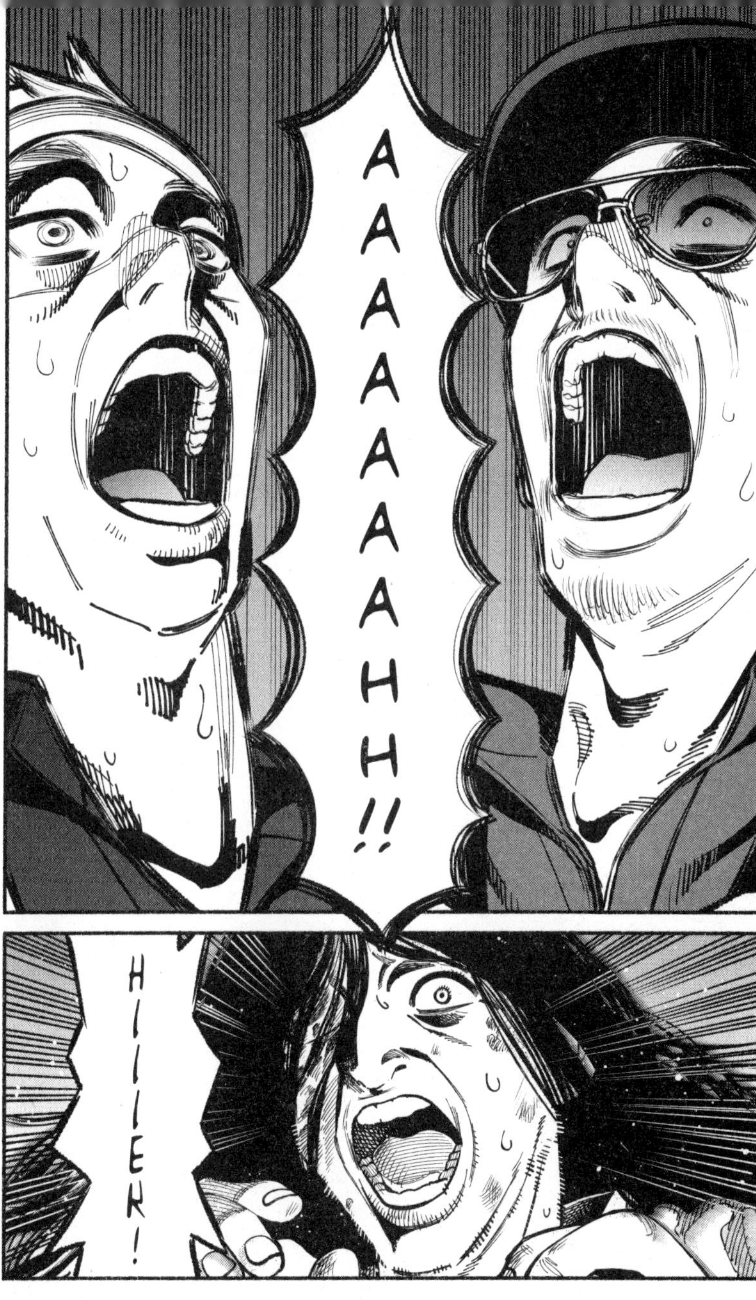
AAAAAAAAHH!!
HIIIEK!

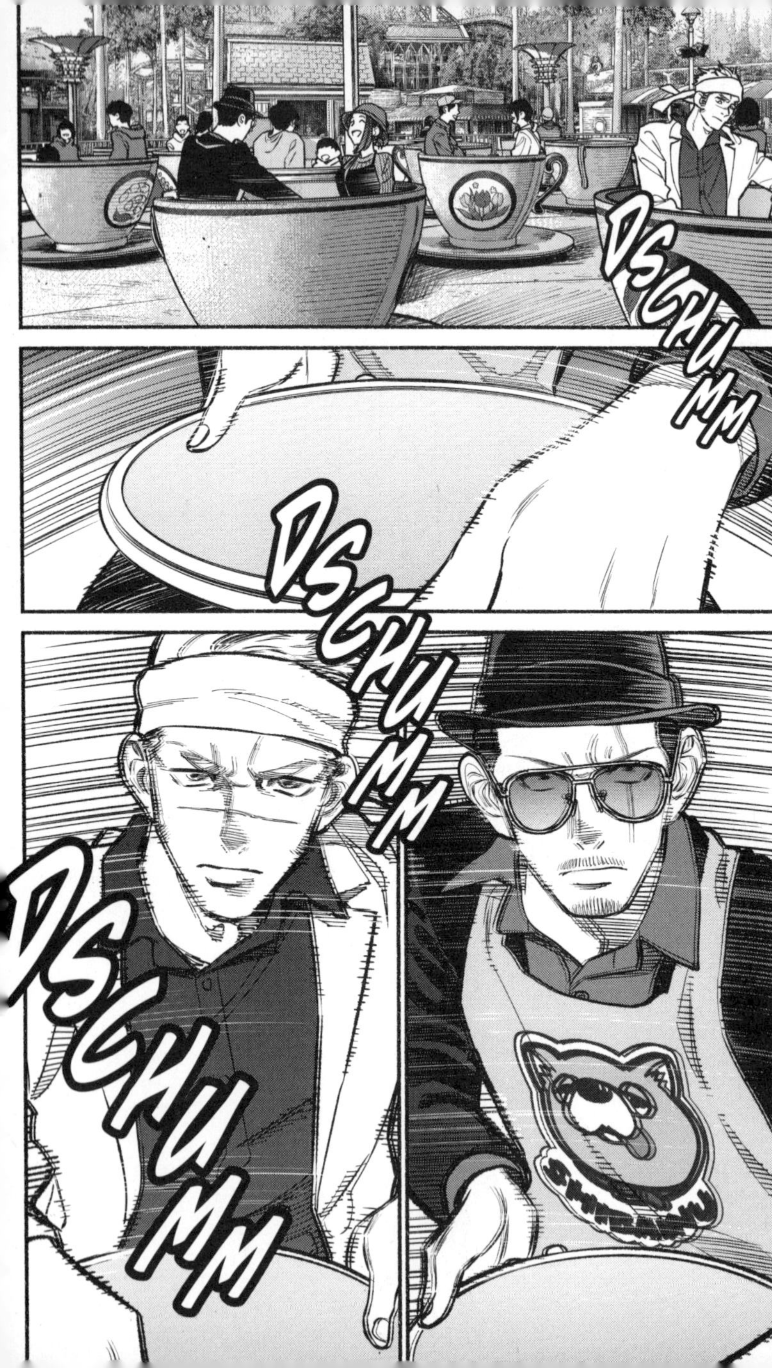
DSCHUMM
DSCHUMM
DSCHUMM

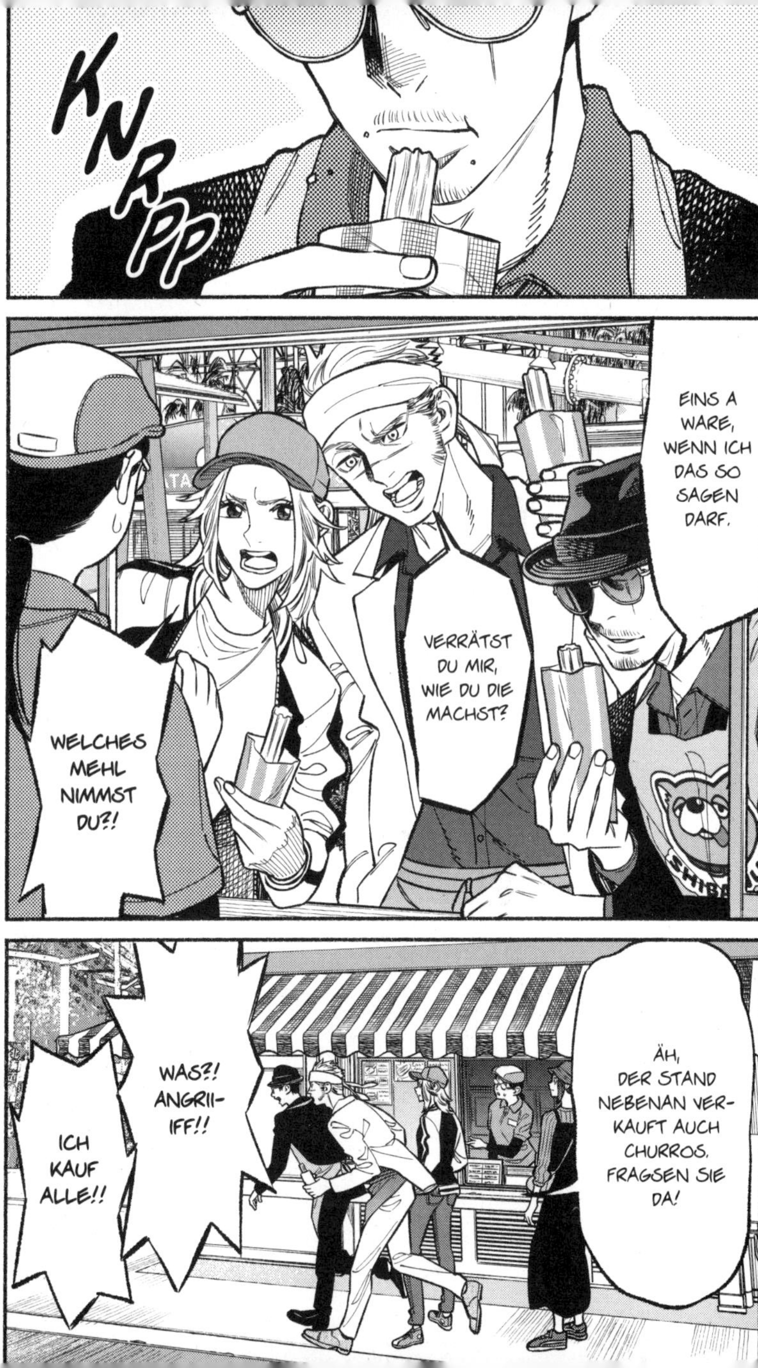
KNRPP
EINS A WARE, WENN ICH DAS SO SAGEN DARF.
VERRÄTST DU MIR, WIE DU DIE MACHST?
WELCHES MEHL NIMMST DU?!
ÄH, DER STAND NEBENAN VERKAUFT AUCH CHURROS. FRAGSEN SIE DA!
WAS?! ANGRIIFF!!
ICH KAUF ALLE!!

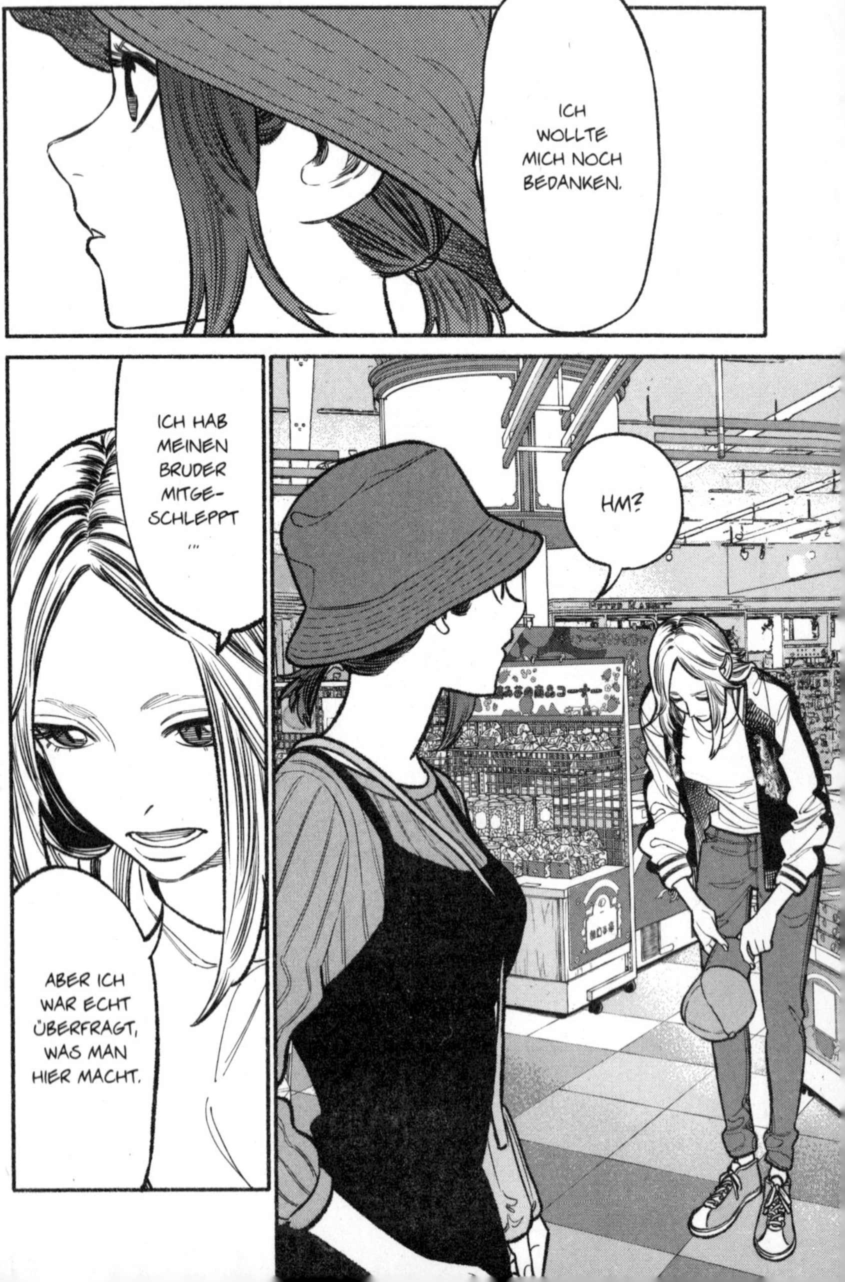
ICH WOLLTE MICH NOCH BEDANKEN.
HM?
ICH HAB MEINEN BRUDER MITGE-SCHLEPPT ...
ABER ICH WAR ECHT ÜBERFRAGT, WAS MAN HIER MACHT.

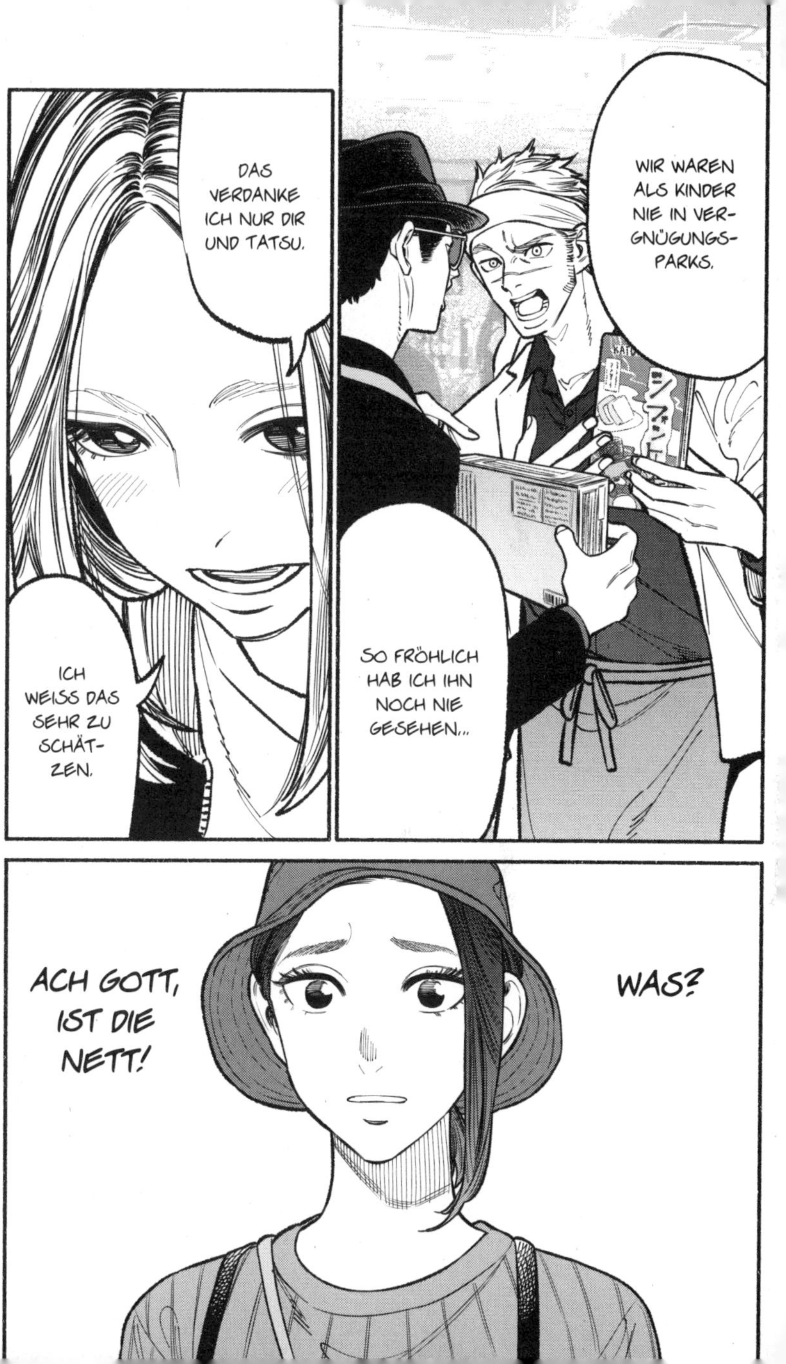
WIR WAREN ALS KINDER NIE IN VERGNÜGUNGS-PARKS.
SO FRÖHLICH HAB ICH IHN NOCH NIE GESEHEN...
DAS VERDANKE ICH NUR DIR UND TATSU.
ICH WEISS DAS SEHR ZU SCHÄT-ZEN.
WAS?
ACH GOTT, IST DIE NETT!

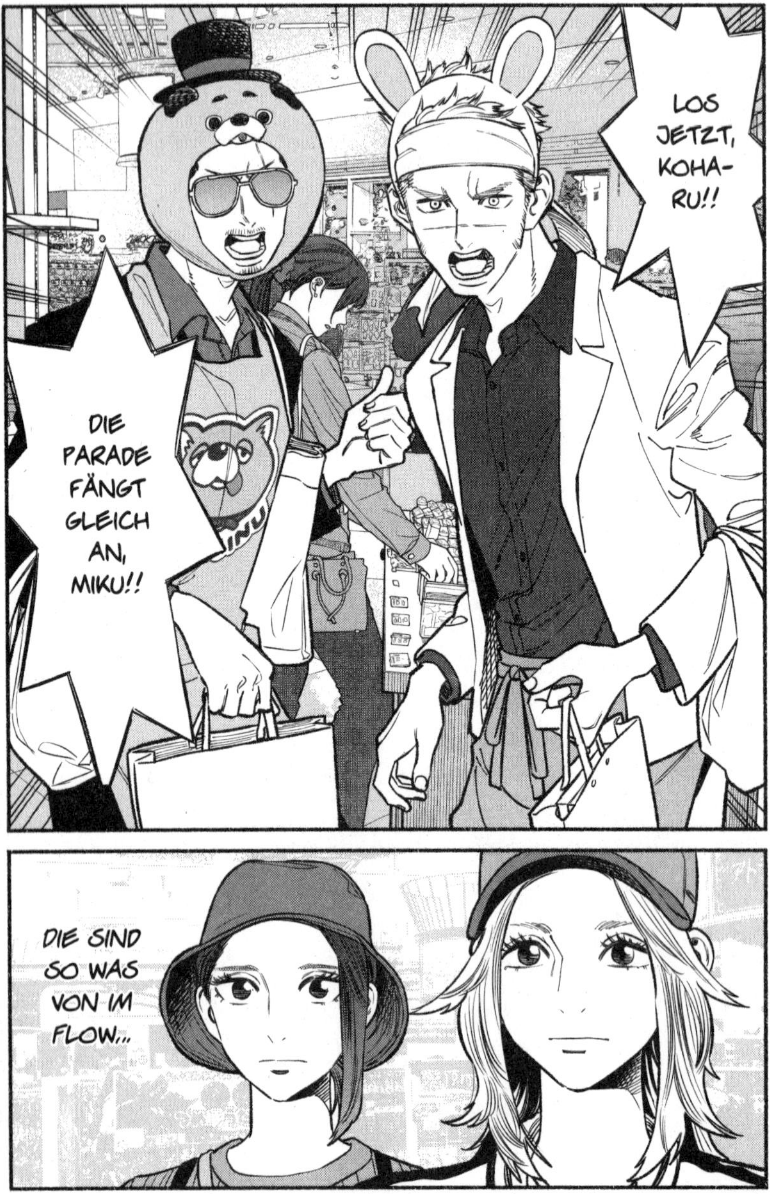
LOS JETZT, KOHA-RU!!
DIE PARADE FÄNGT GLEICH AN, MIKU!!
DIE SIND SO WAS VON IM FLOW...

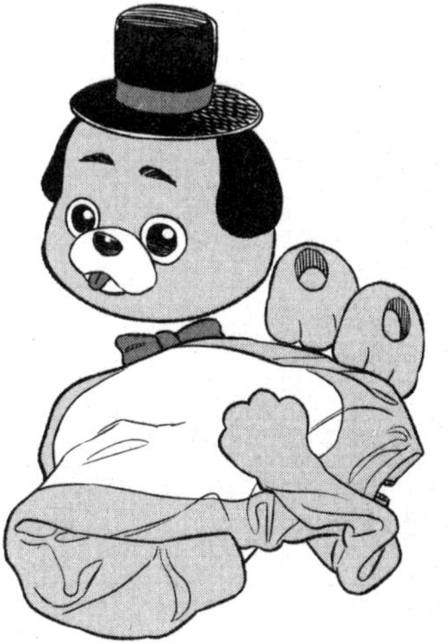

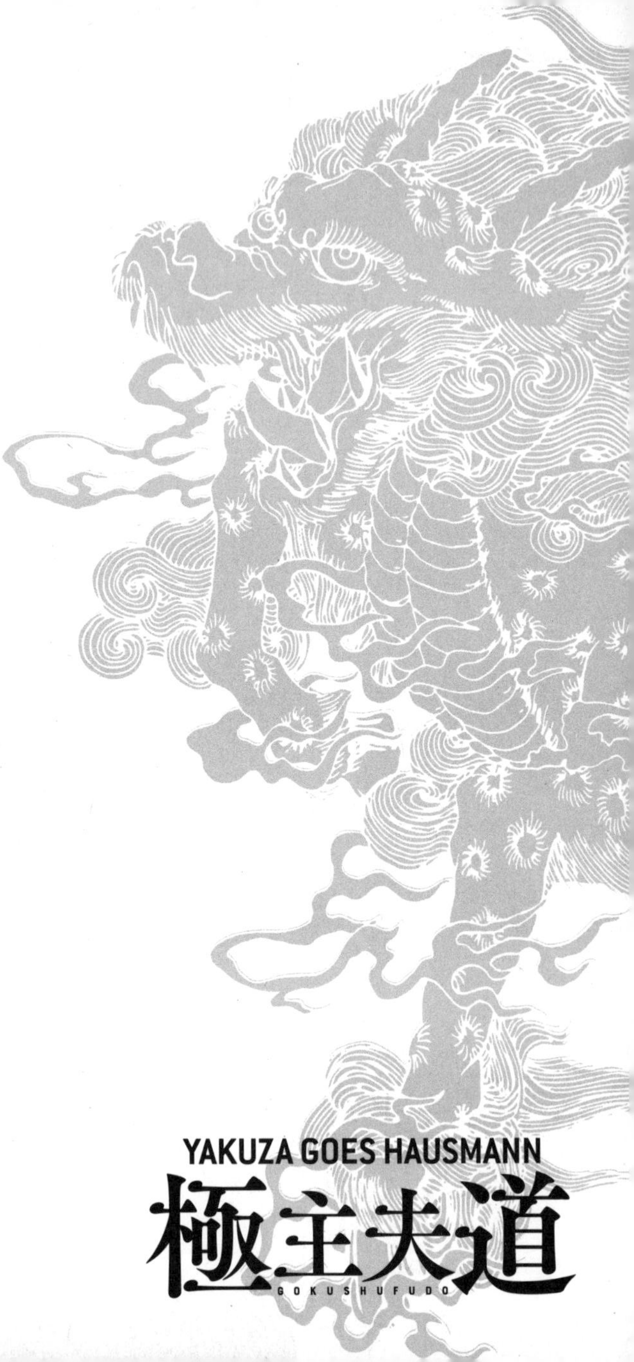

YAKUZA GOES HAUSMANN

極主夫道

GOKUSHUFUDO

KAPITEL 92

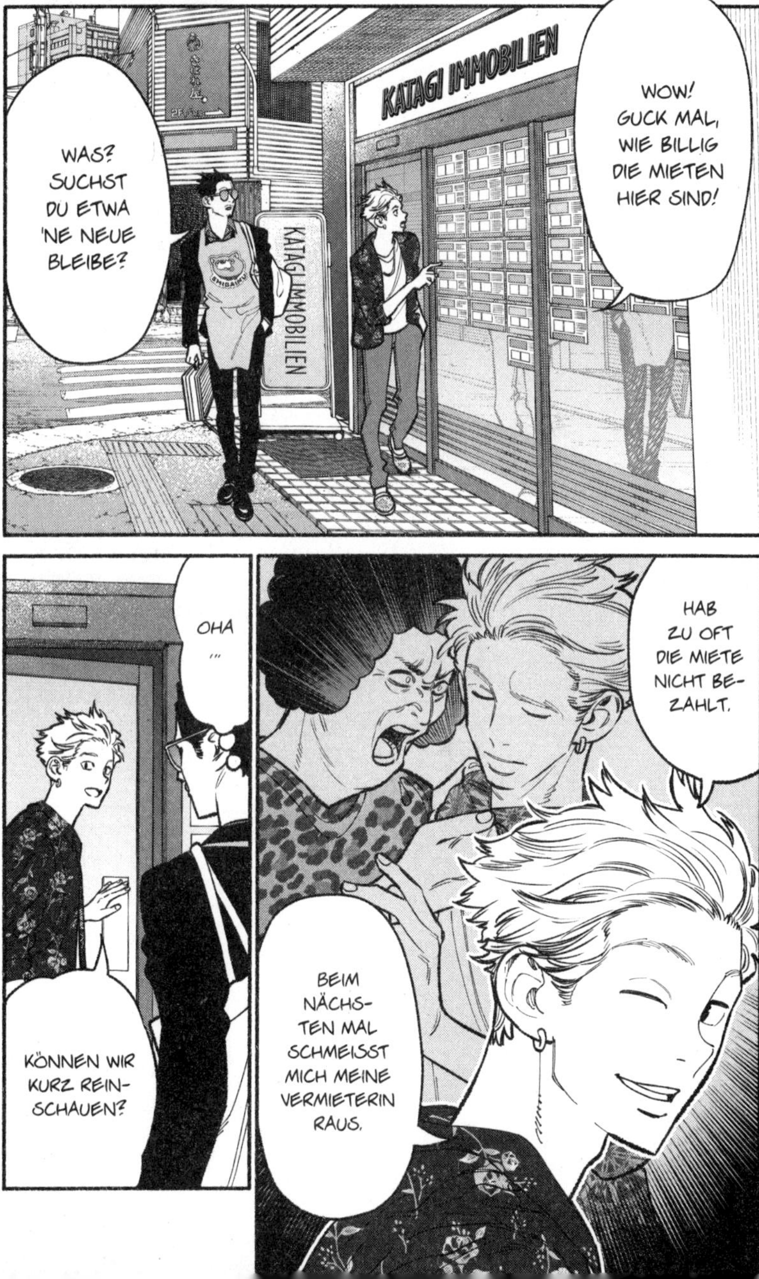
KATAGI IMMOBILIEN
WOW! GUCK MAL, WIE BILLIG DIE MIETEN HIER SIND!
KATAGI IMMOBILIEN
WAS? SUCHST DU ETWA 'NE NEUE BLEIBE?
HAB ZU OFT DIE MIETE NICHT BEZAHLT.
BEIM NÄCHSTEN MAL SCHMEISST MICH MEINE VERMIETERIN RAUS.
OHA ...
KÖNNEN WIR KURZ REINSCHAUEN?

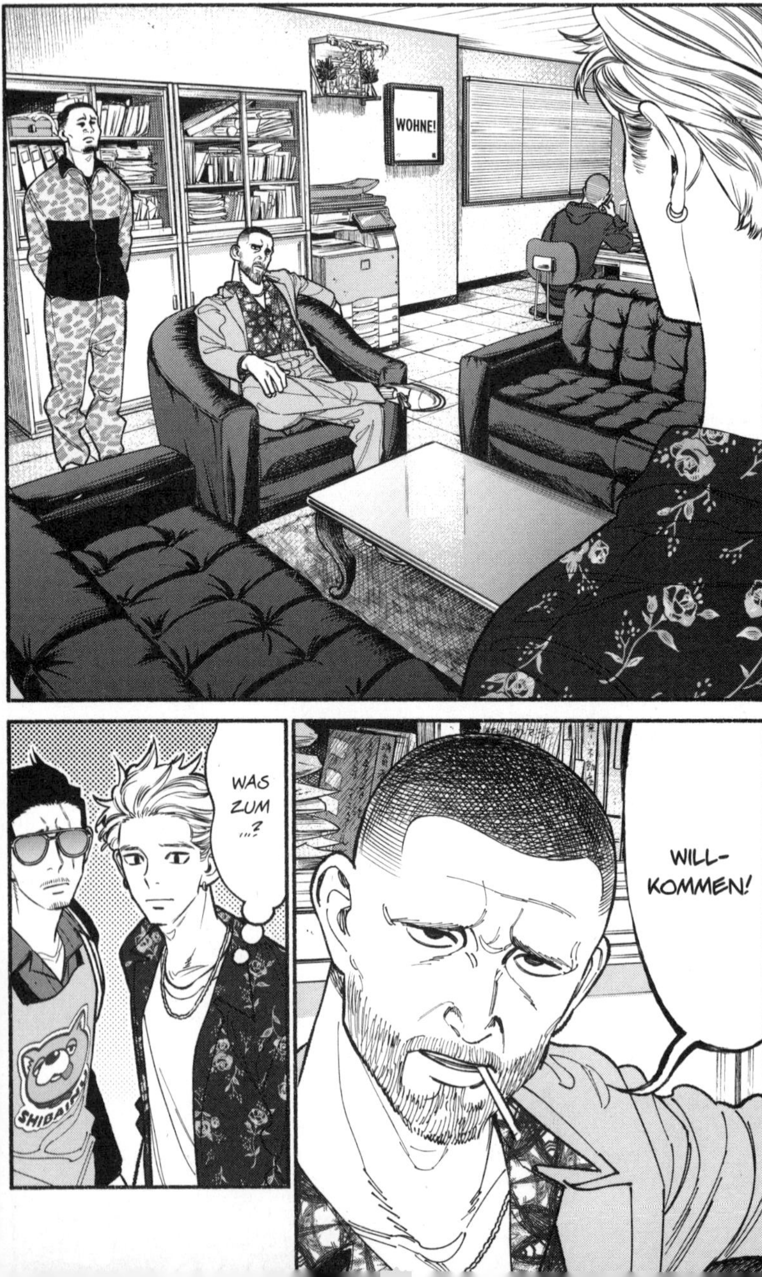
WOHNE!
WILL-
KOMMEN!
WAS
ZUM
...?
SHIBAIMU

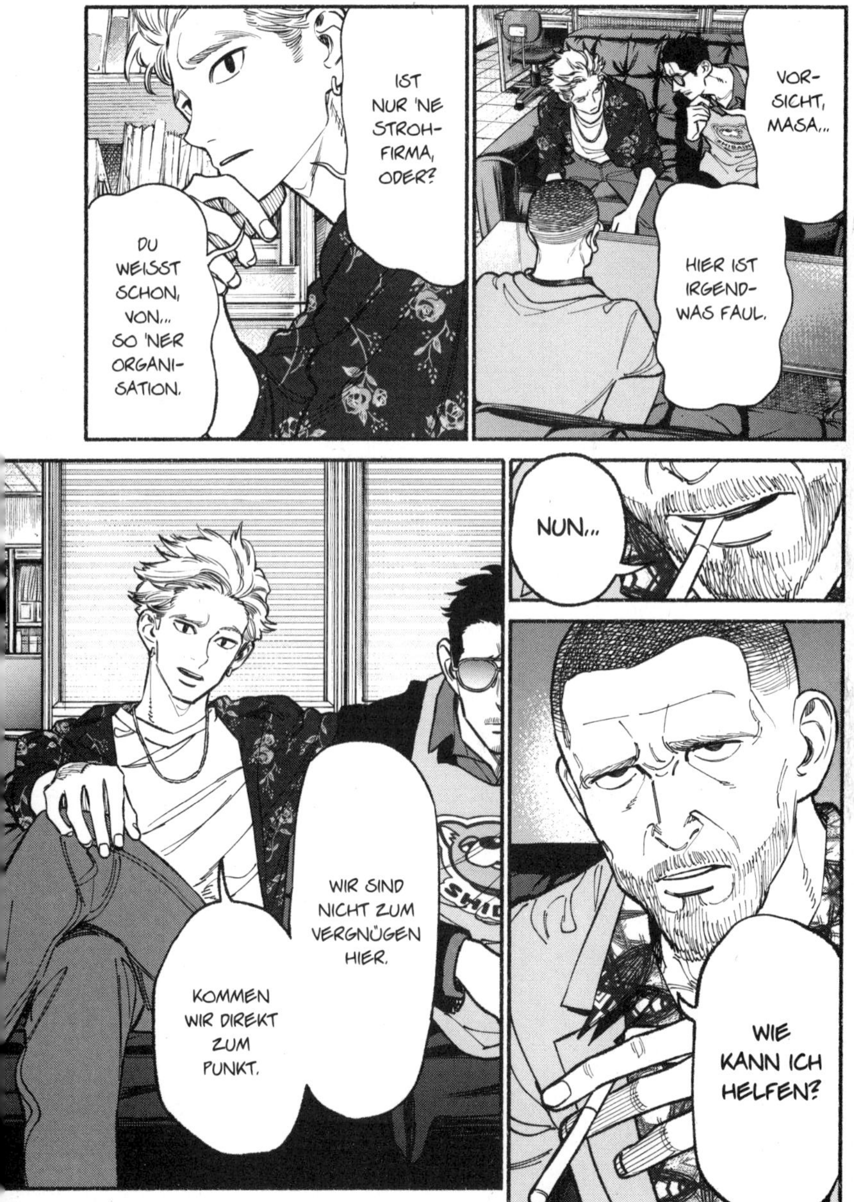
VOR-SICHT, MASA...
HIER IST IRGEND-WAS FAUL.
IST NUR 'NE STROH-FIRMA, ODER?
DU WEISST SCHON, VON... SO 'NER ORGANI-SATION.
NUN...
WIE KANN ICH HELFEN?
WIR SIND NICHT ZUM VERGNÜGEN HIER.
KOMMEN WIR DIREKT ZUM PUNKT.

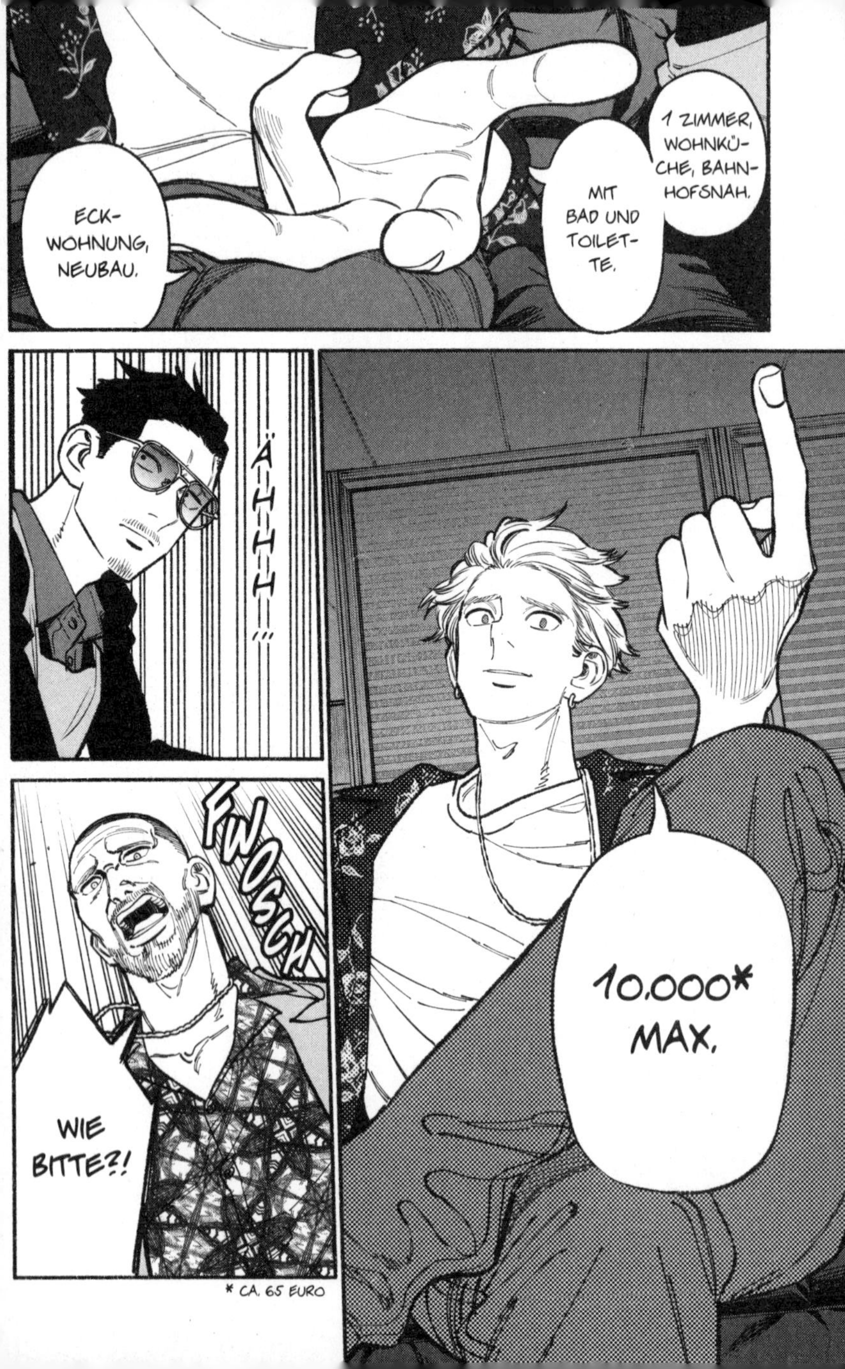
1 ZIMMER, WOHNKÜCHE, BAHNHOFSNAH.
MIT BAD UND TOILETTE.
ECKWOHNUNG, NEUBAU.
10.000* MAX.
ÄHHHH...
FWOSCH
WIE BITTE?!

* CA. 65 EURO

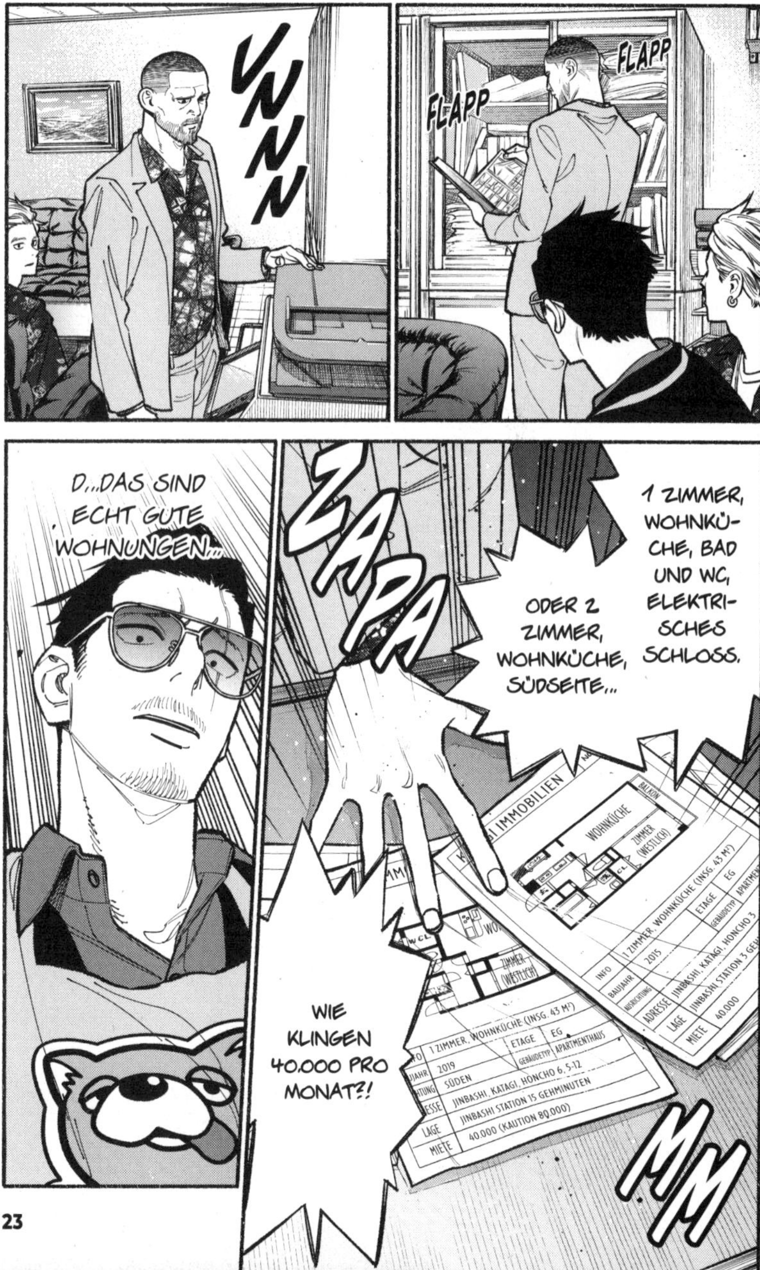
FLAPP
FLAPP
VNNN
ZAPA
1 ZIMMER, WOHNKÜCHE, BAD UND WC, ELEKTRISCHES SCHLOSS.
ODER 2 ZIMMER, WOHNKÜCHE, SÜDSEITE...
WIE KLINGEN 40.000 PRO MONAT?!
D...DAS SIND ECHT GUTE WOHNUNGEN...
IMMOBILIEN
BALKON
WOHNKÜCHE
ZIMMER (WESTLICH)
INFO 1 ZIMMER, WOHNKÜCHE (INSG. 43 M²)
BAUJAHR 2015 ETAGE EG
AUSRICHTUNG
ADRESSE JINBASHI, KATAGI, HONCHO 3
LAGE JINBASHI STATION 3
MIETE 40.000
ZIMMER (WESTLICH)
1 ZIMMER, WOHNKÜCHE (INSG. 43 M²)
ETAGE EG
2019 GEBÄUDETYP APARTMENTHAUS
SÜDEN
JINBASHI, KATAGI, HONCHO 6, 5-12
JINBASHI STATION 15 GEHMINUTEN
LAGE
MIETE 40.000 (KAUTION 80.000)
MM

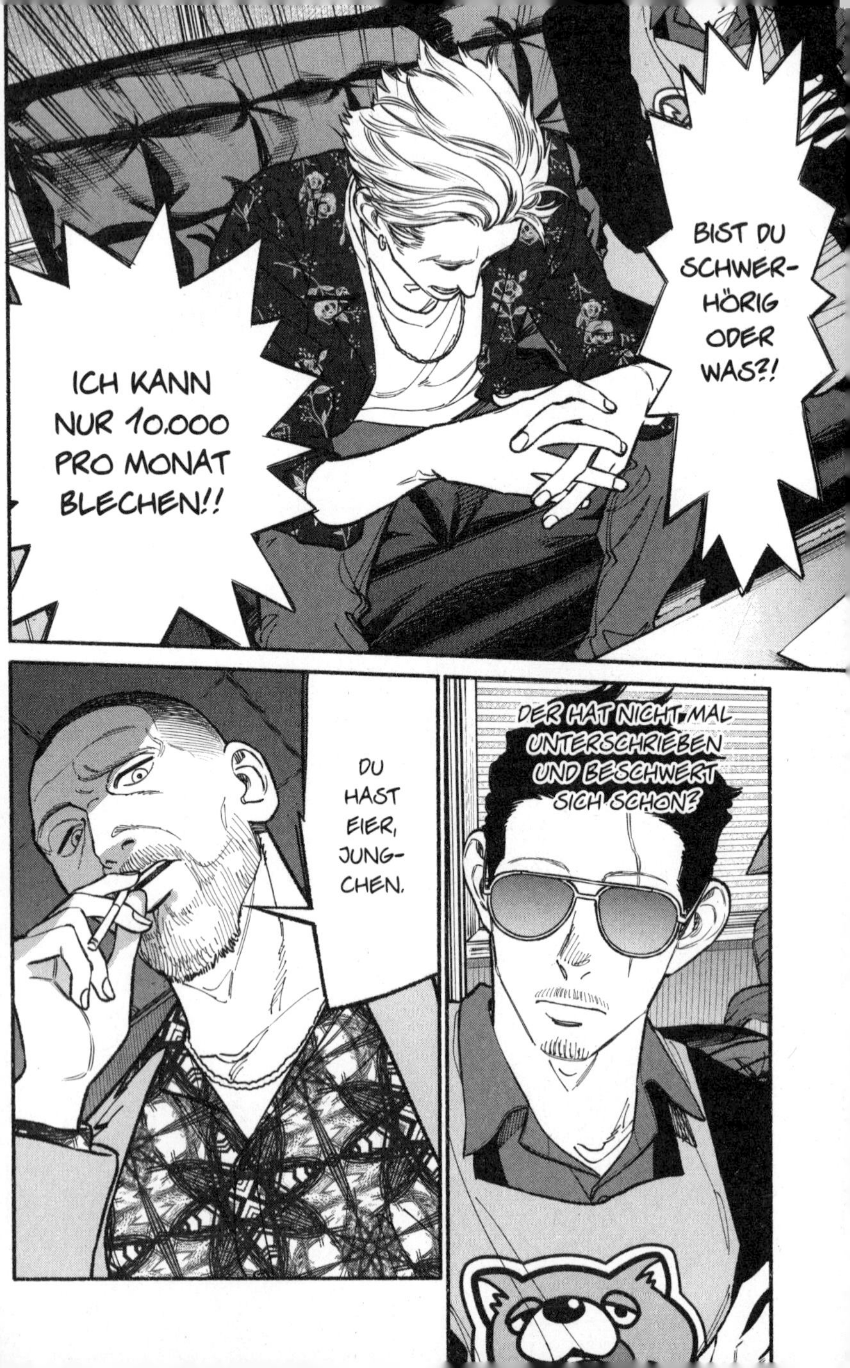
BIST DU SCHWERHÖRIG ODER WAS?!
ICH KANN NUR 10.000 PRO MONAT BLECHEN!!
DER HAT NICHT MAL UNTERSCHRIEBEN UND BESCHWERT SICH SCHON?
DU HAST EIER, JUNGCHEN.

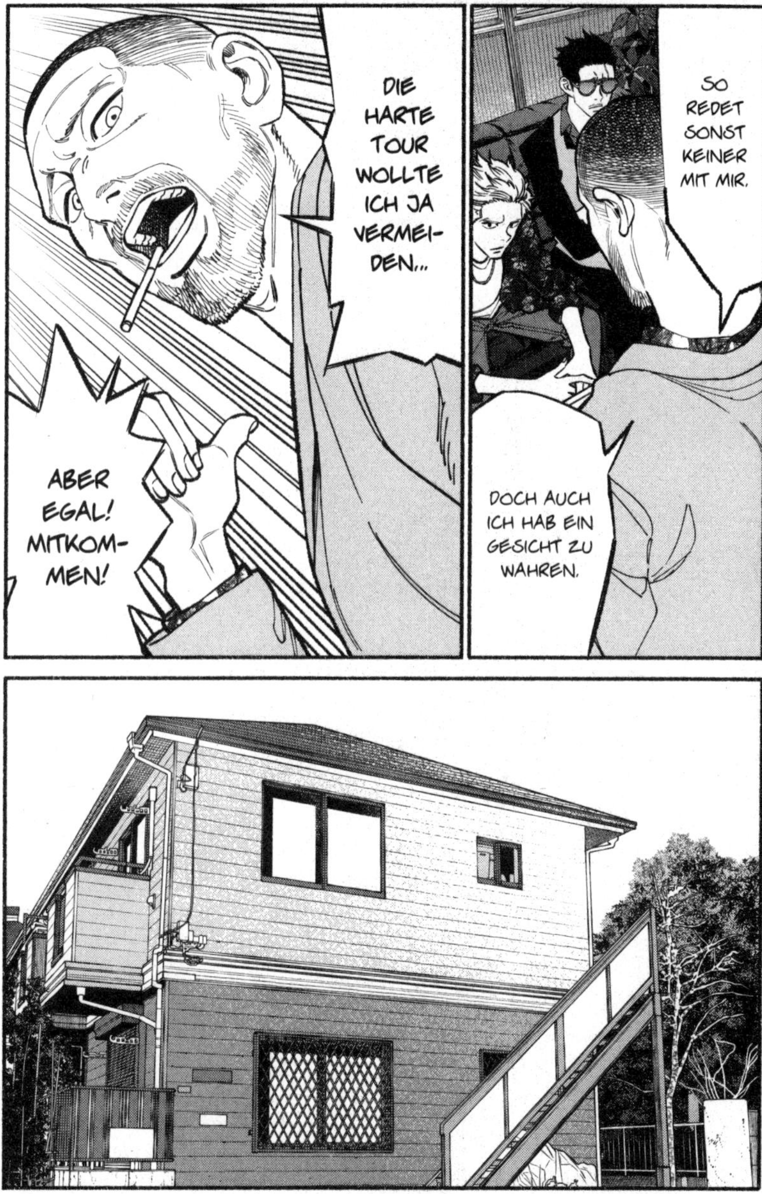
So redet sonst keiner mit mir.
Doch auch ich hab ein Gesicht zu wahren.
Die harte Tour wollte ich ja vermeiden...
Aber egal! Mitkommen!

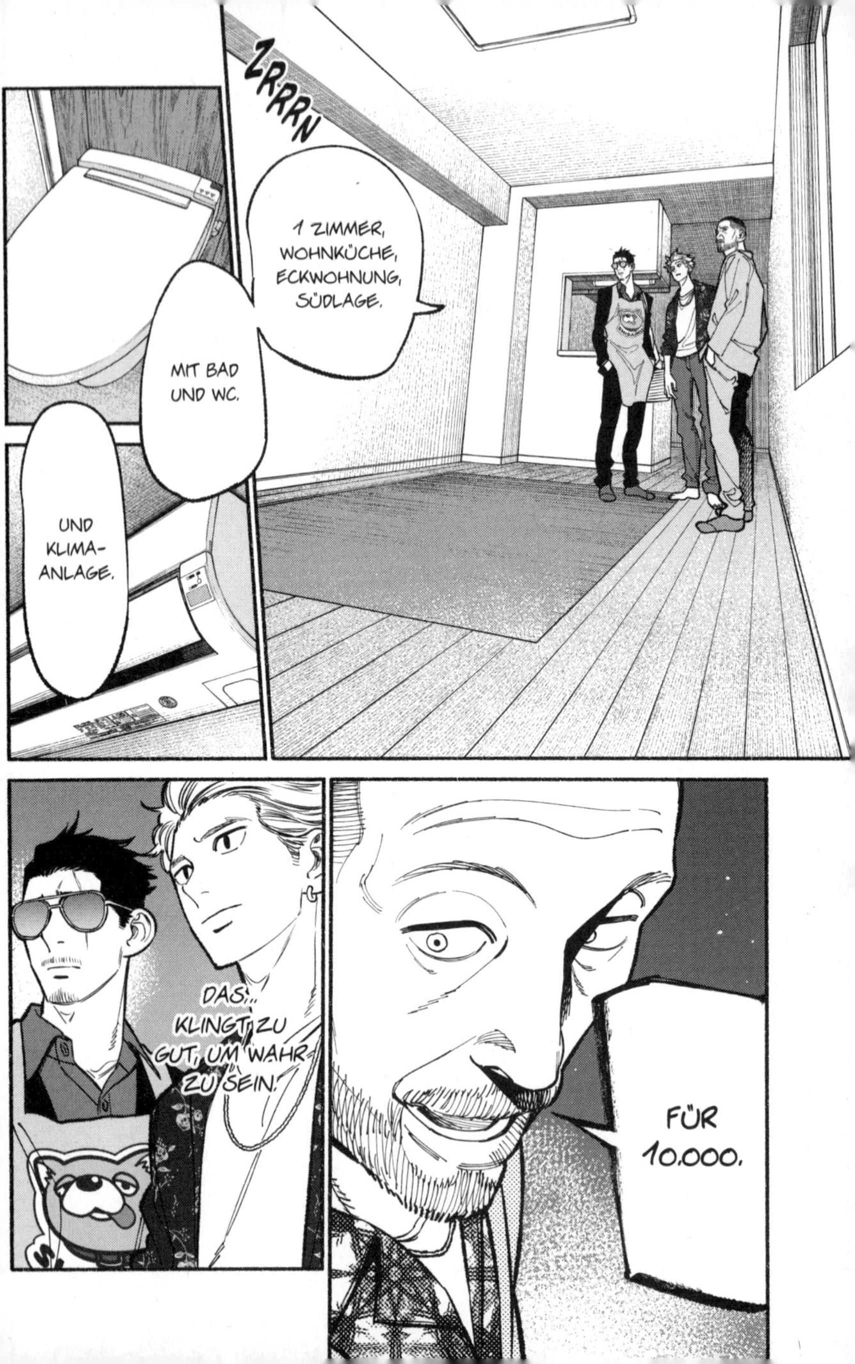
ZRRRN
1 ZIMMER, WOHNKÜCHE, ECKWOHNUNG, SÜDLAGE.
MIT BAD UND WC.
UND KLIMA-ANLAGE.
FÜR 10.000.
DAS... KLINGT ZU GUT, UM WAHR ZU SEIN.

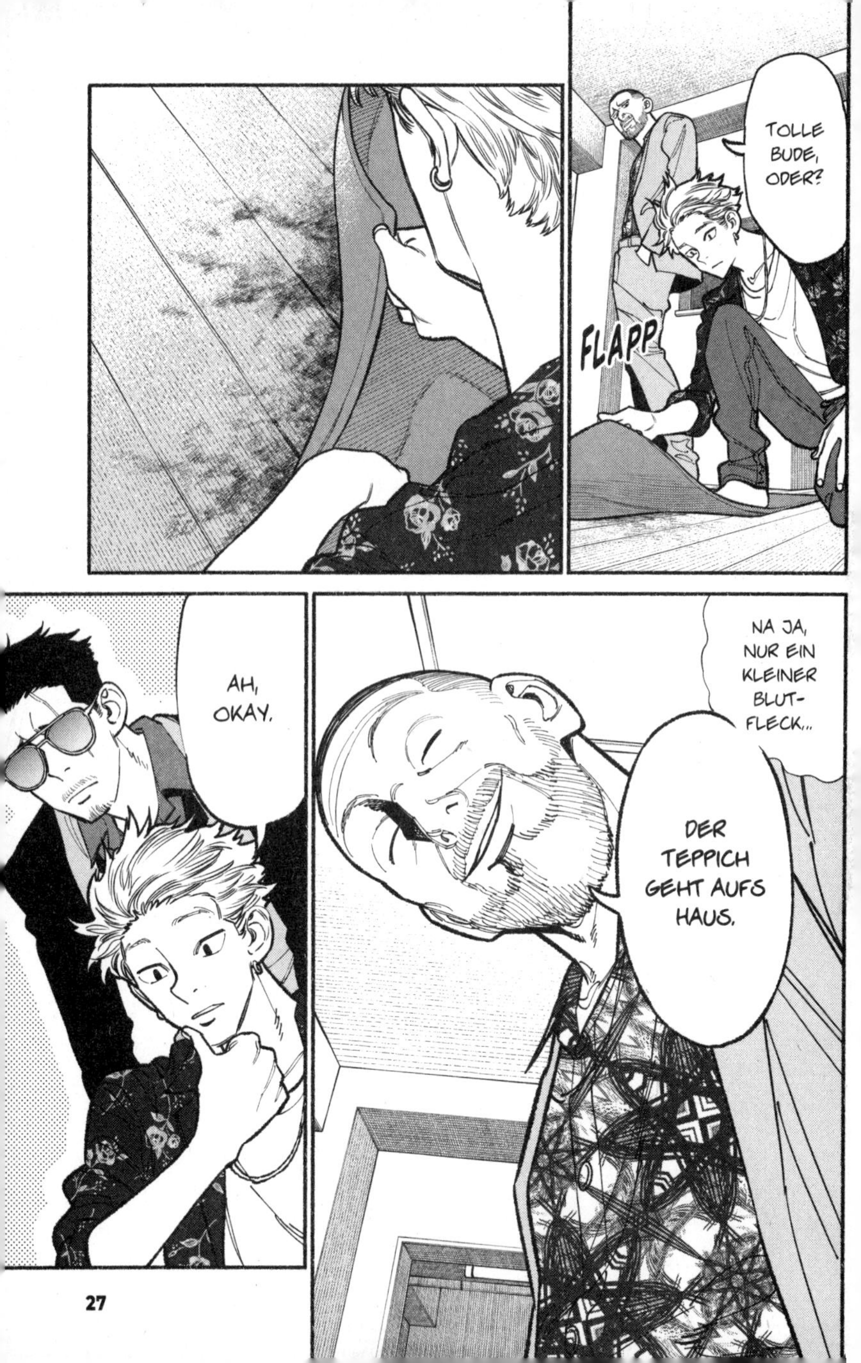
TOLLE BUDE, ODER?
FLAPP
NA JA, NUR EIN KLEINER BLUT-FLECK...
DER TEPPICH GEHT AUFS HAUS.
AH, OKAY.

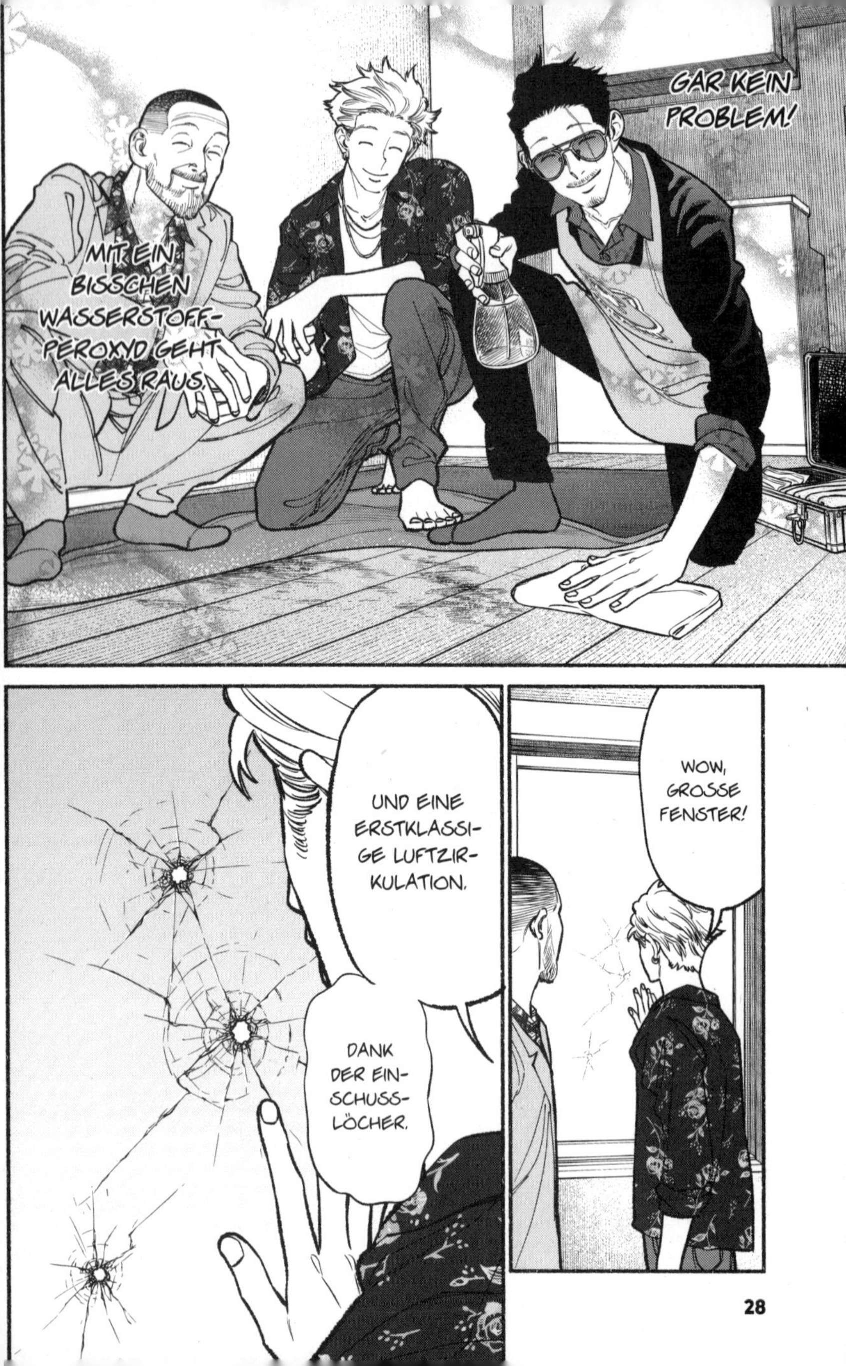
GAR KEIN PROBLEM!
MIT EIN BISSCHEN WASSERSTOFF-PEROXYD GEHT ALLES RAUS.
WOW, GROSSE FENSTER!
UND EINE ERSTKLASSIGE LUFTZIRKULATION.
DANK DER EINSCHUSSLÖCHER.

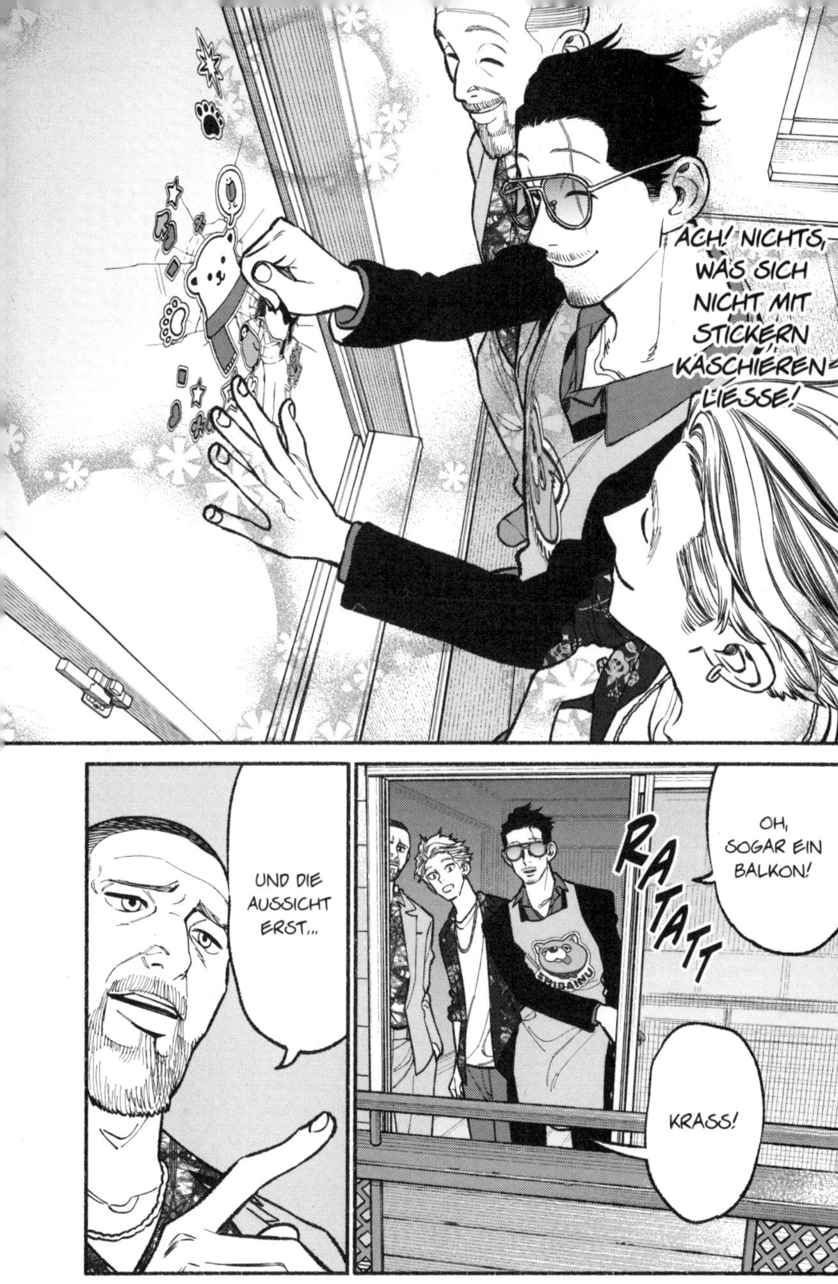
ACH! NICHTS, WAS SICH NICHT MIT STICKERN KASCHIEREN LIESSE!
OH, SOGAR EIN BALKON!
RATATT
KRASS!
UND DIE AUSSICHT ERST...

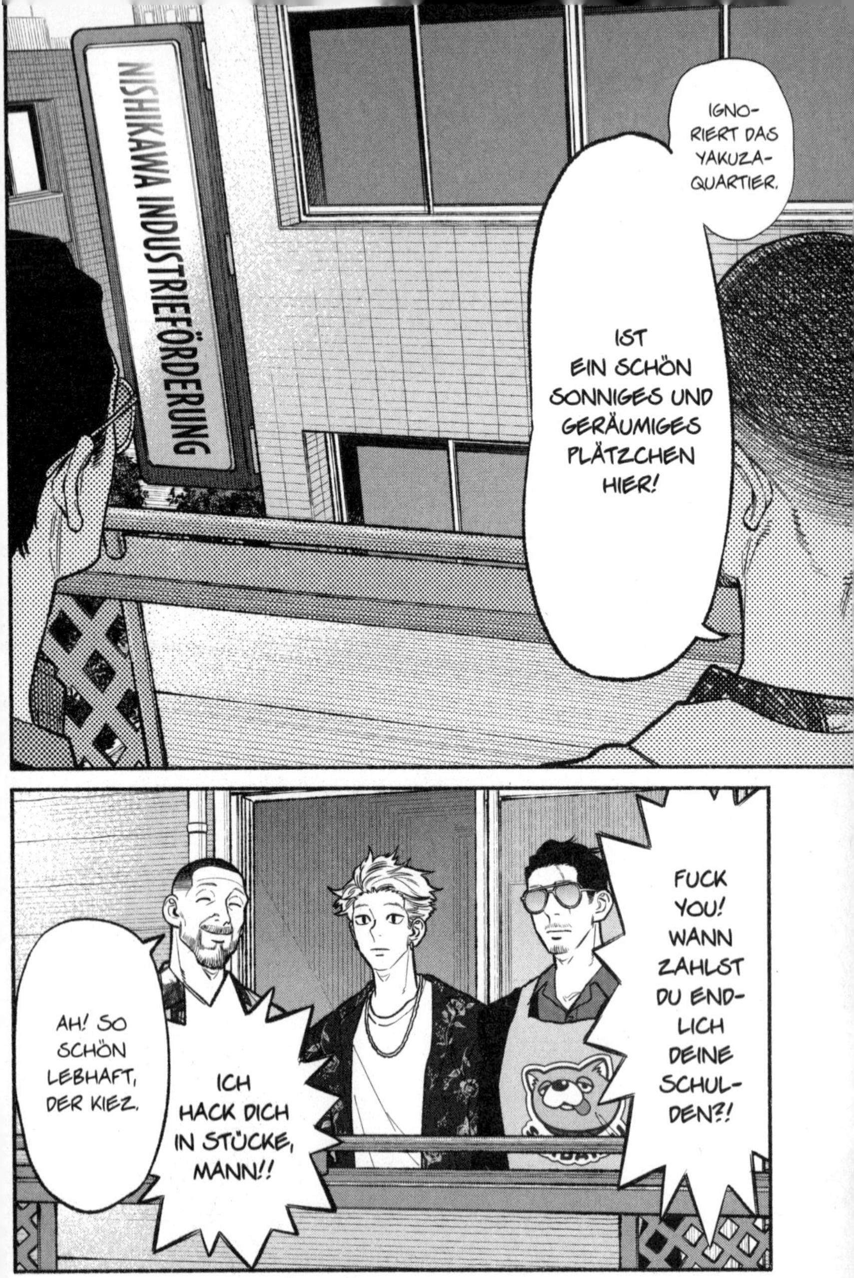

NISHIKAWA INDUSTRIEFÖRDERUNG
IGNORIERT DAS YAKUZA-QUARTIER.
IST EIN SCHÖN SONNIGES UND GERÄUMIGES PLÄTZCHEN HIER!
FUCK YOU! WANN ZAHLST DU ENDLICH DEINE SCHULDEN?!
ICH HACK DICH IN STÜCKE, MANN!!
AH! SO SCHÖN LEBHAFT, DER KIEZ.

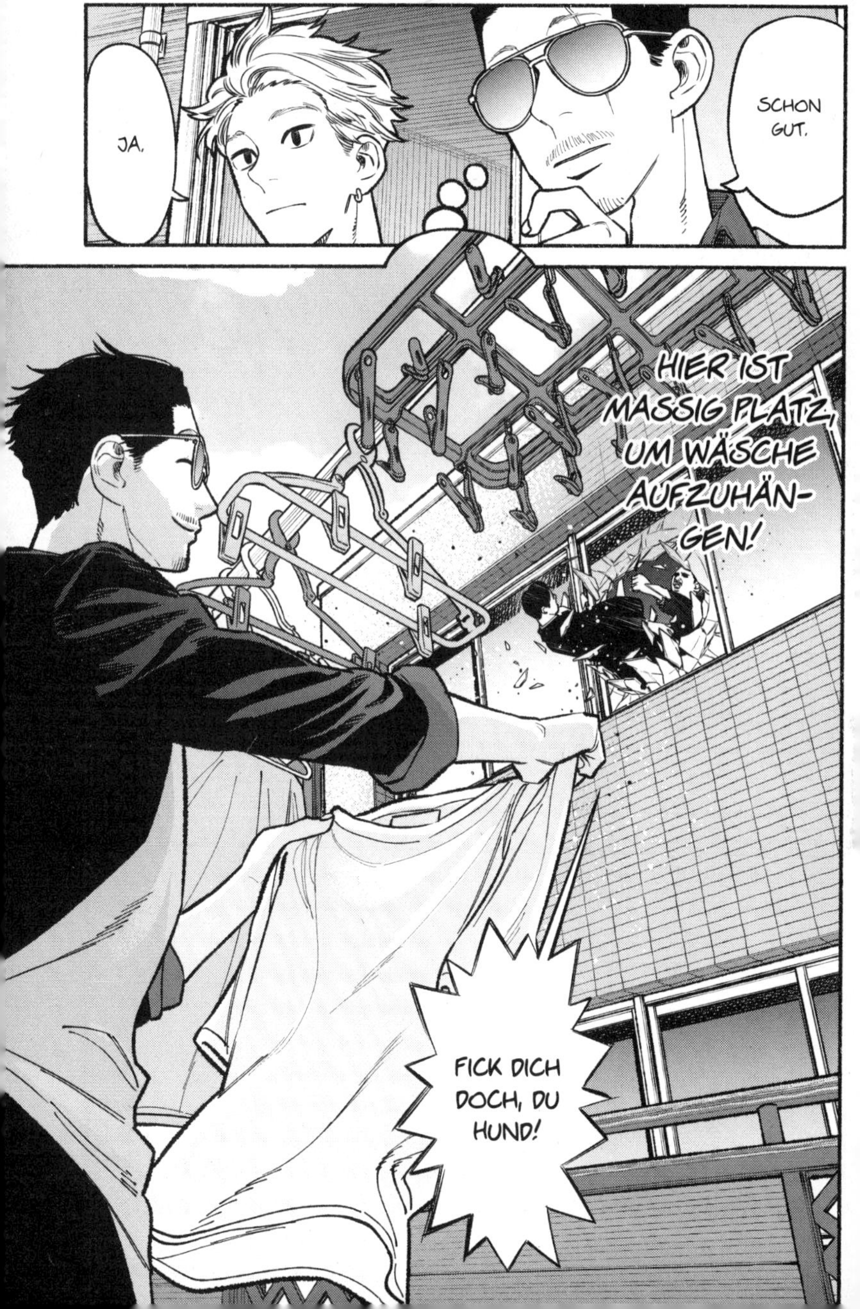
SCHON GUT.
JA.
HIER IST MASSIG PLATZ, UM WÄSCHE AUFZUHÄN-GEN!
FICK DICH DOCH, DU HUND!

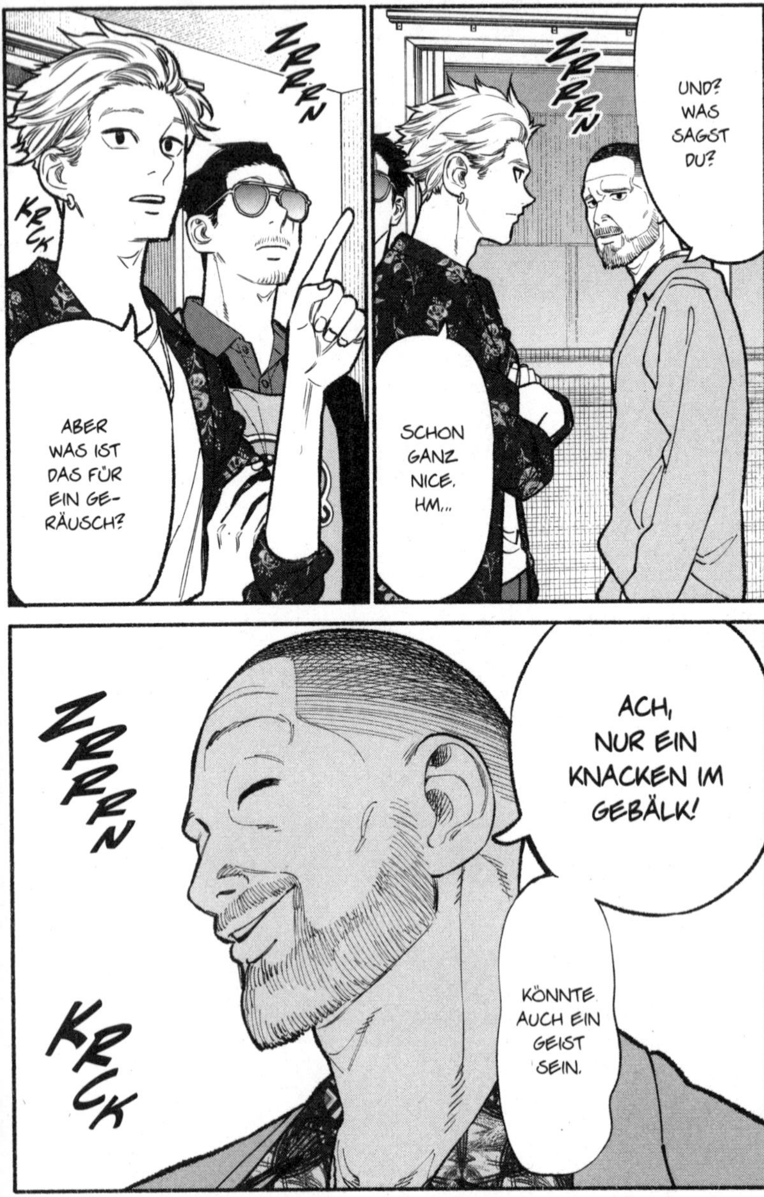
ZRRRN
UND? WAS SAGST DU?
SCHON GANZ NICE. HM...
ZRRRN
KRCK
ABER WAS IST DAS FÜR EIN GE-RÄUSCH?
ZRRRN
ACH, NUR EIN KNACKEN IM GEBÄLK!
KÖNNTE AUCH EIN GEIST SEIN.
KRCK

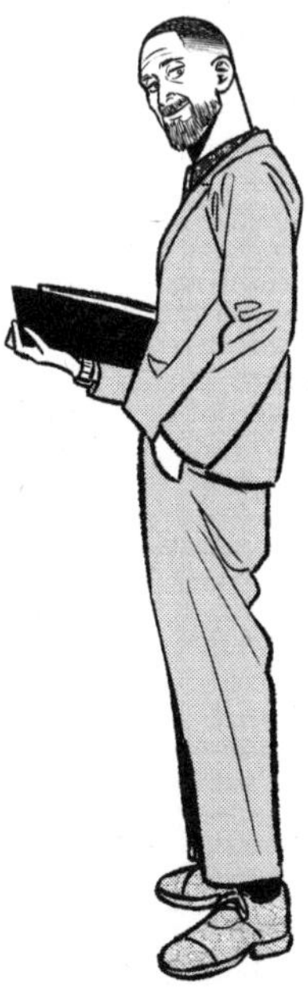

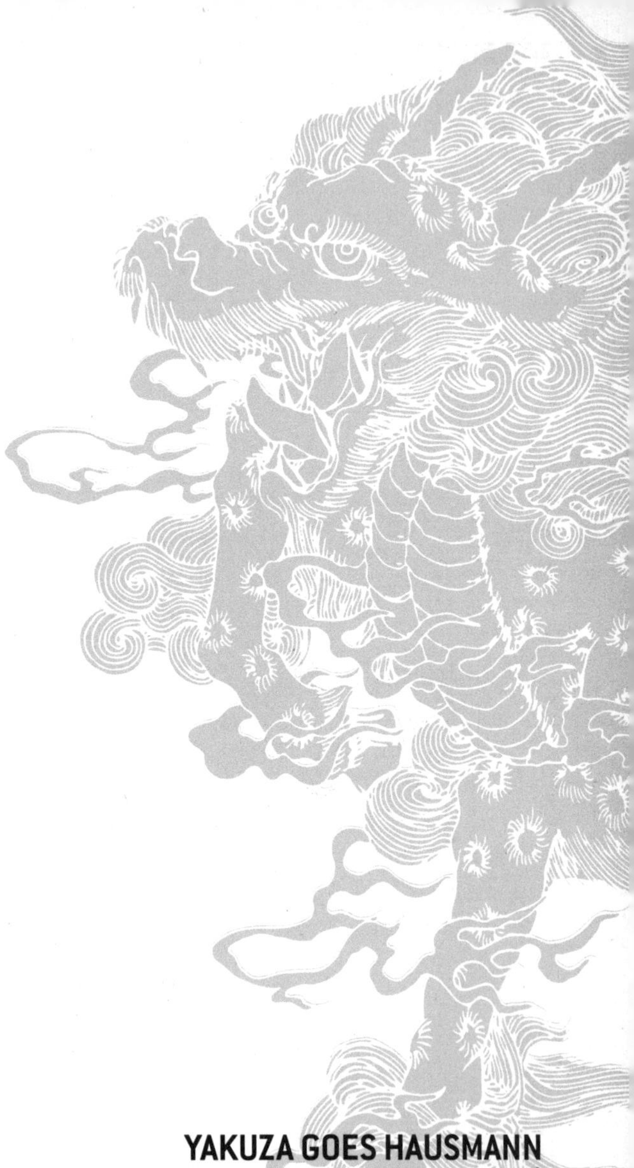

YAKUZA GOES HAUSMANN

極主夫道

GOKUSHUFUDO

KAPITEL 93

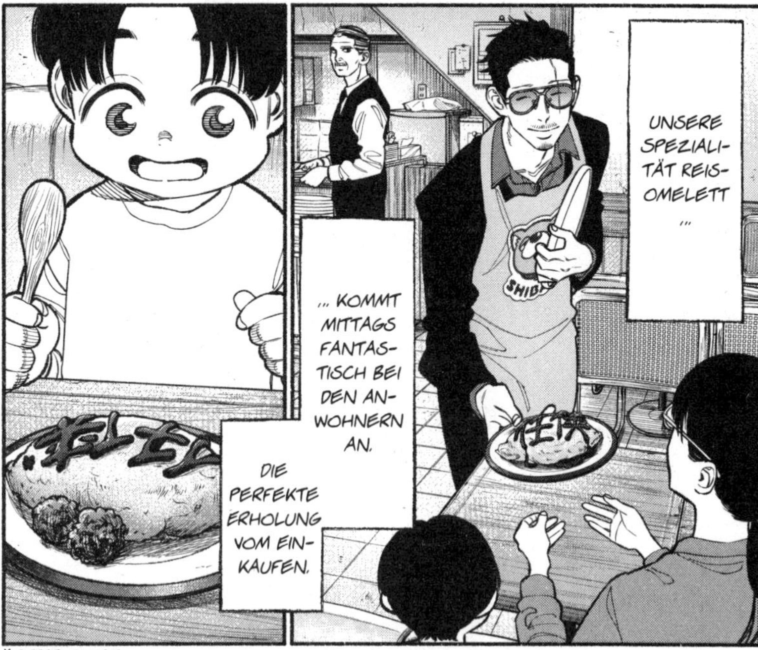

* RITTERLICHKEIT

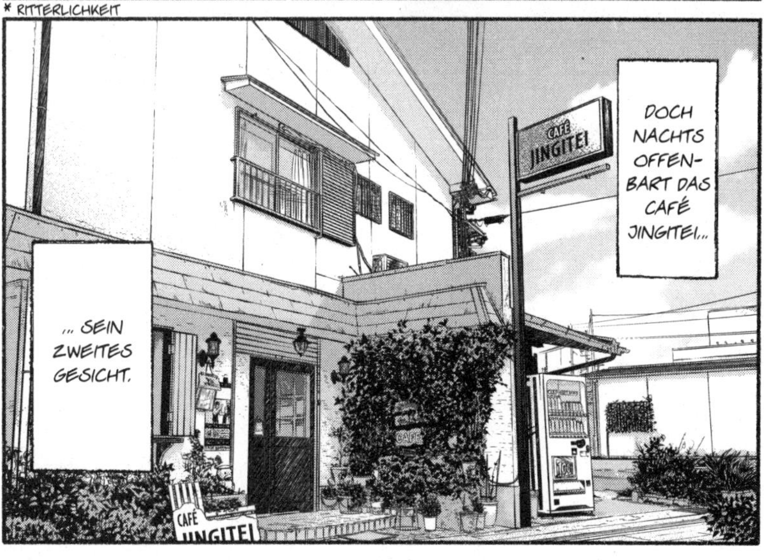

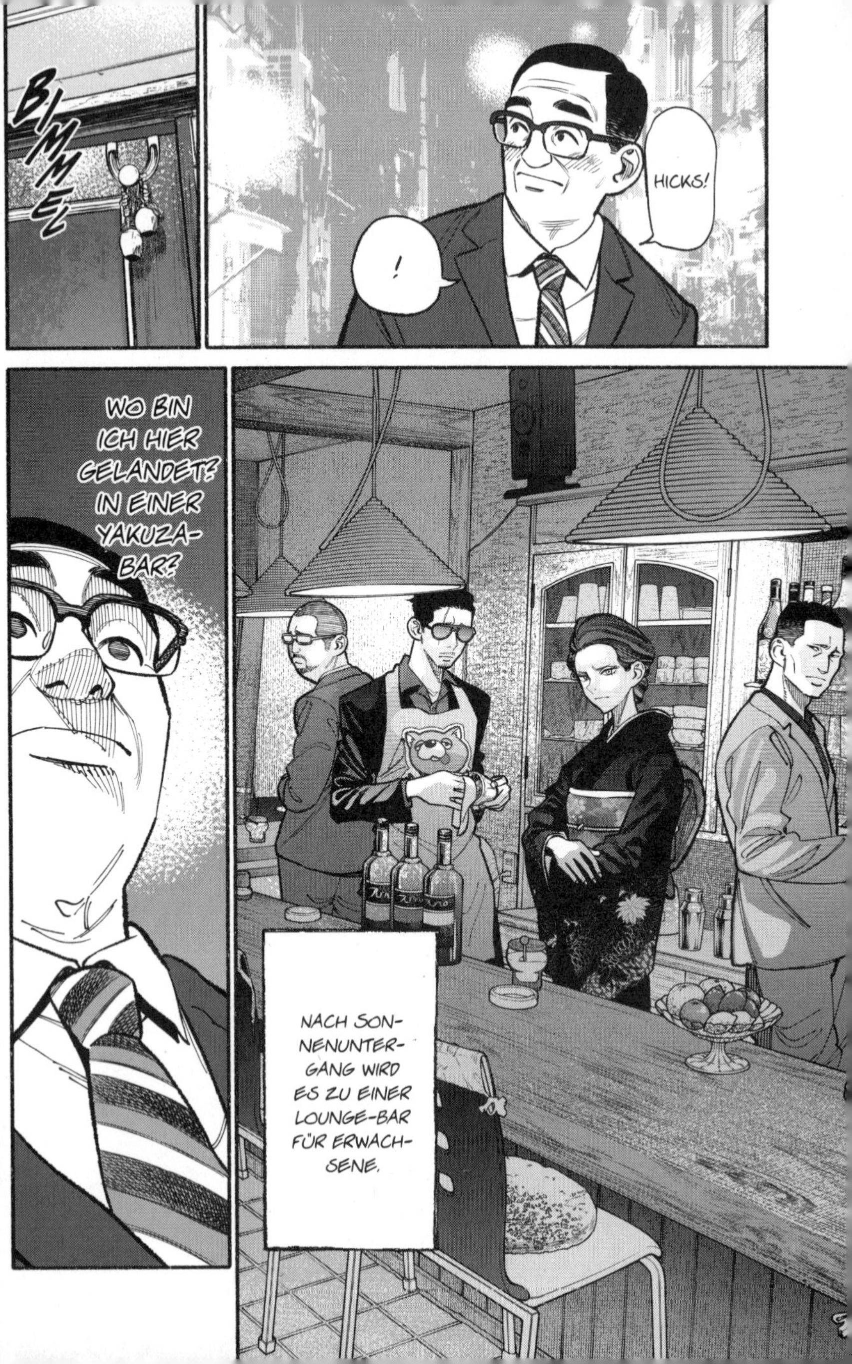
HICKS!
!
BIMMEL
NACH SONNENUNTERGANG WIRD ES ZU EINER LOUNGE-BAR FÜR ERWACHSENE.
WO BIN ICH HIER GELANDET? IN EINER YAKUZA-BAR?

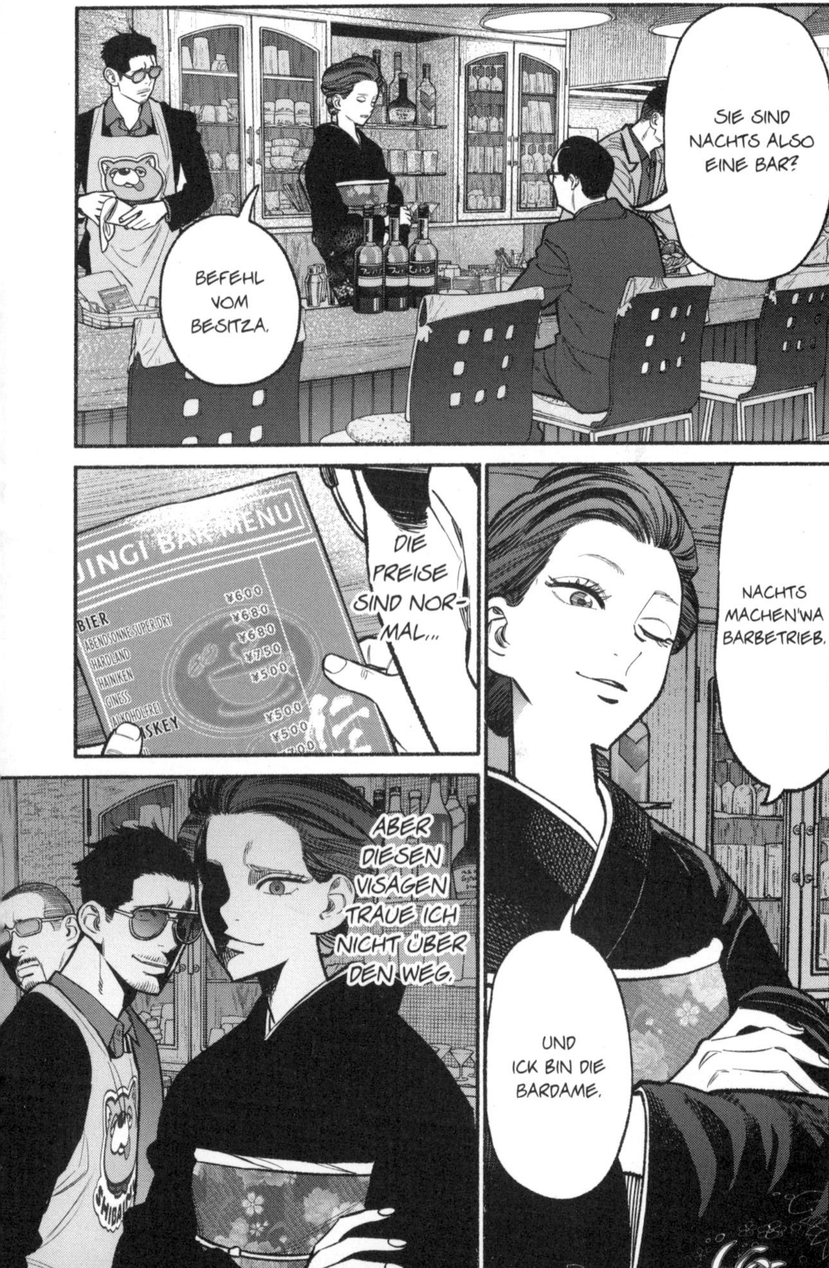
SIE SIND NACHTS ALSO EINE BAR?
BEFEHL VOM BESITZA.
NACHTS MACHEN'WA BARBETRIEB.
DIE PREISE SIND NOR-MAL...
BIER
ABENDSONNE SUPER DRY
HARDLAND
HAINIKEN
GINESS
ALKOHOLFREI
¥600
¥680
¥680
¥750
¥500
UND ICK BIN DIE BARDAME.
ABER DIESEN VISAGEN TRAUE ICH NICHT ÜBER DEN WEG.

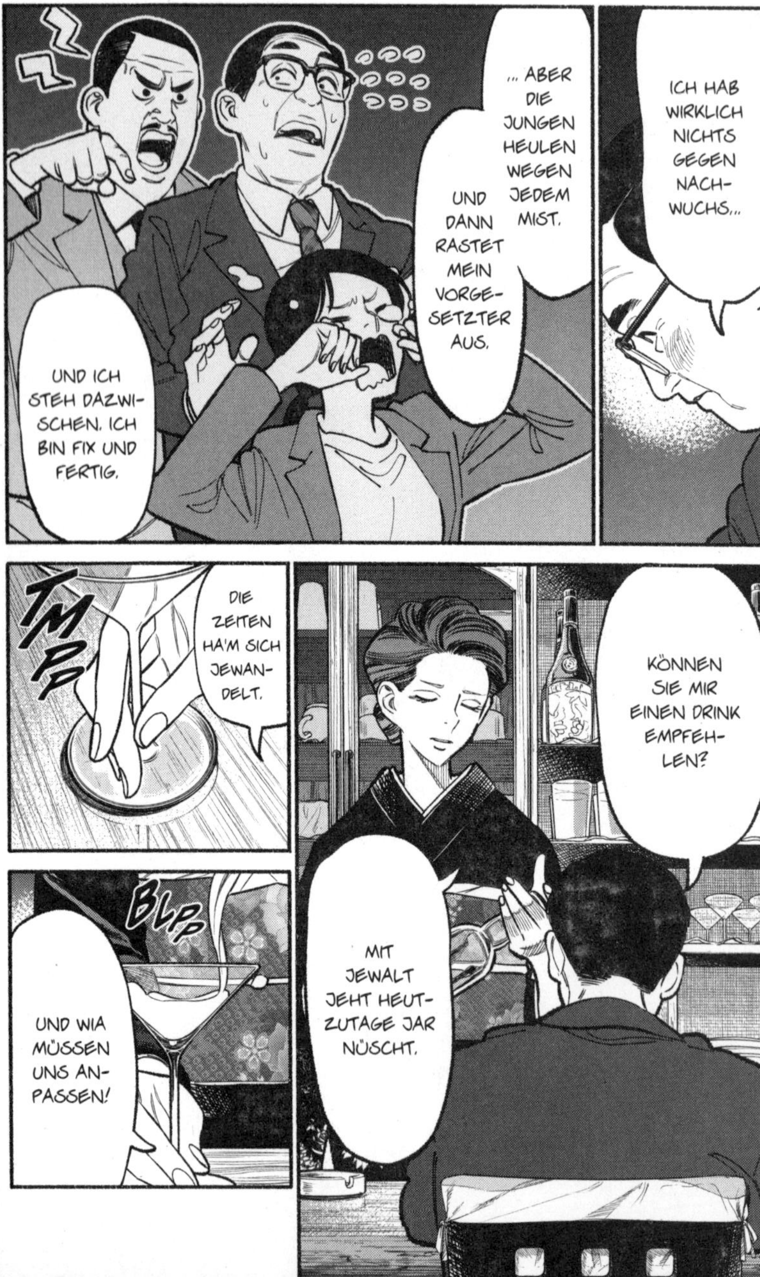
ICH HAB WIRKLICH NICHTS GEGEN NACHWUCHS,...
... ABER DIE JUNGEN HEULEN WEGEN JEDEM MIST.
UND DANN RASTET MEIN VORGESETZTER AUS.
UND ICH STEH DAZWISCHEN. ICH BIN FIX UND FERTIG.
KÖNNEN SIE MIR EINEN DRINK EMPFEHLEN?
TMPP
DIE ZEITEN HA'M SICH JEWANDELT.
MIT JEWALT JEHT HEUTZUTAGE JAR NÜSCHT.
BLPP
UND WIA MÜSSEN UNS ANPASSEN!

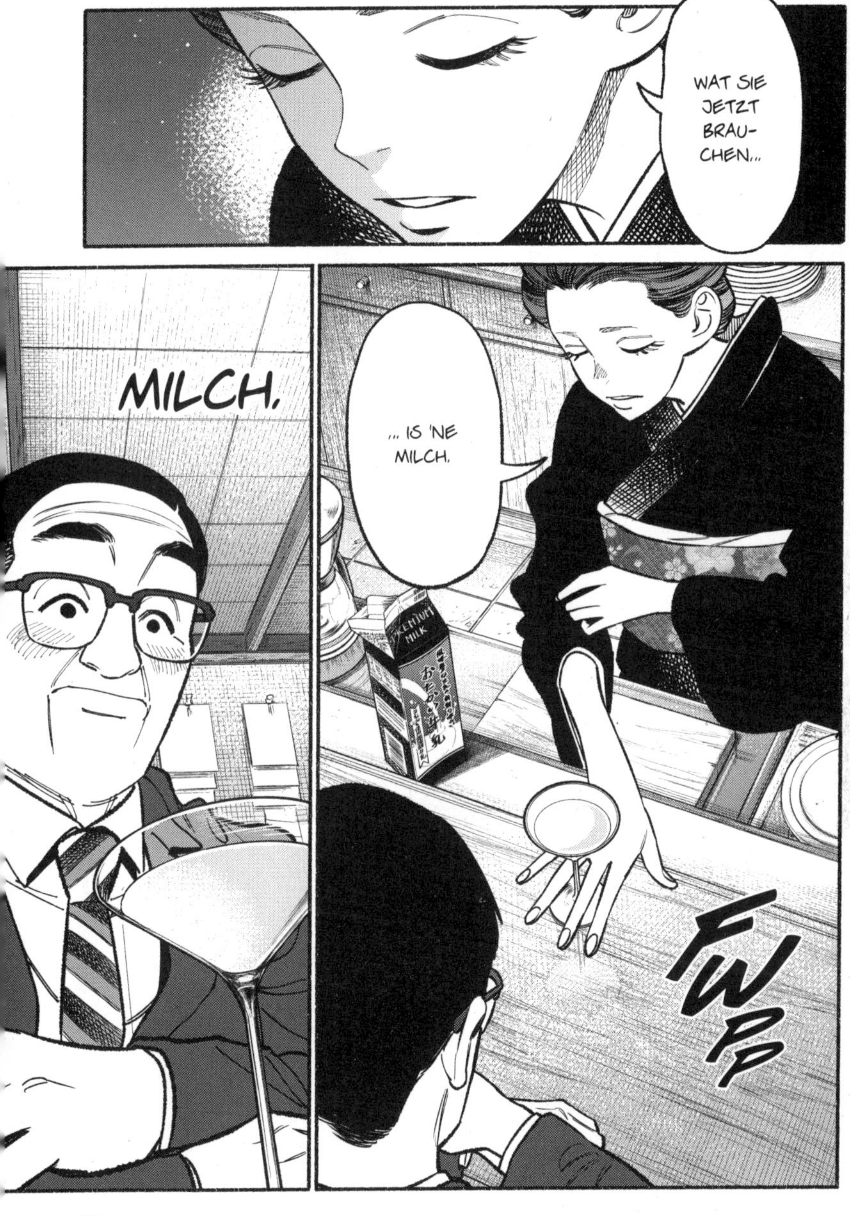
WAT SIE JETZT BRAU-CHEN...
... IS 'NE MILCH.
FWPP
MILCH.
PREMIUM MILK

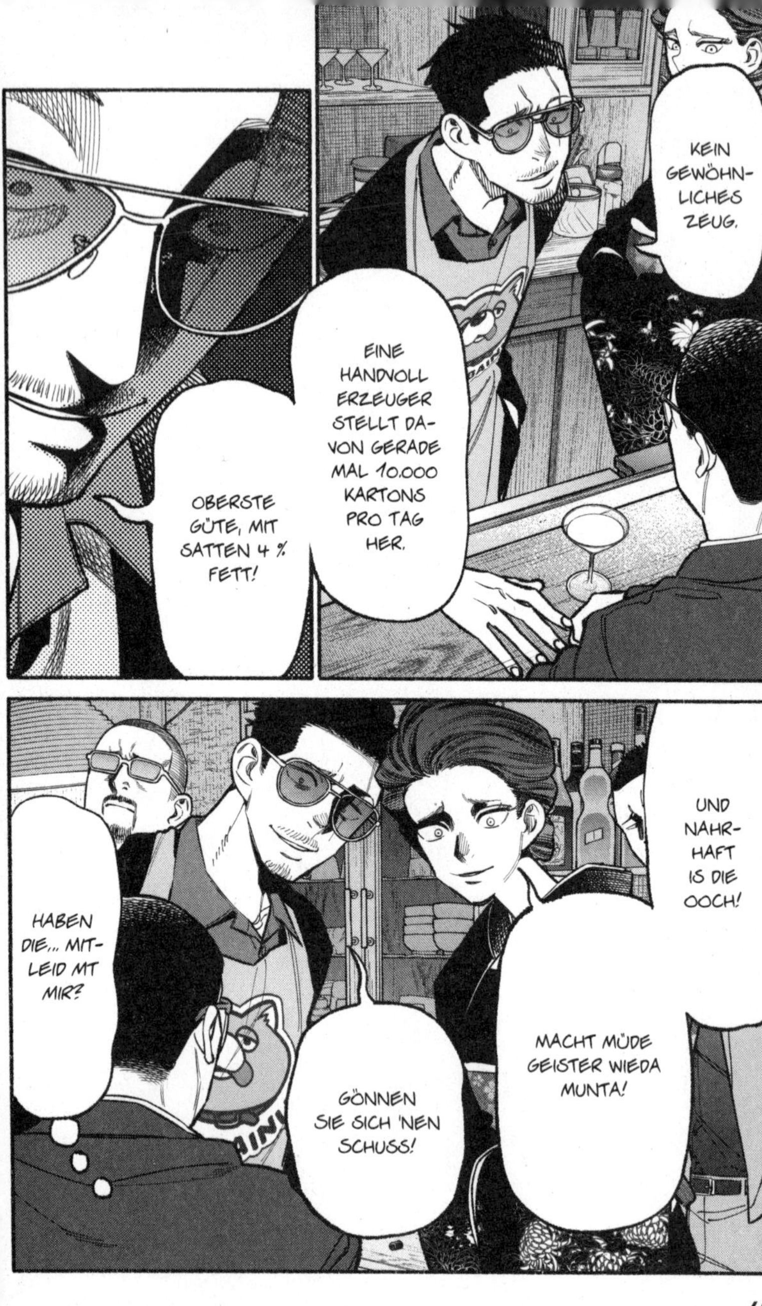
KEIN GEWÖHNLICHES ZEUG.
EINE HANDVOLL ERZEUGER STELLT DAVON GERADE MAL 10.000 KARTONS PRO TAG HER.
OBERSTE GÜTE, MIT SATTEN 4 % FETT!
UND NAHRHAFT IS DIE OOCH!
MACHT MÜDE GEISTER WIEDA MUNTA!
GÖNNEN SIE SICH 'NEN SCHUSS!
HABEN DIE... MITLEID MT MIR?

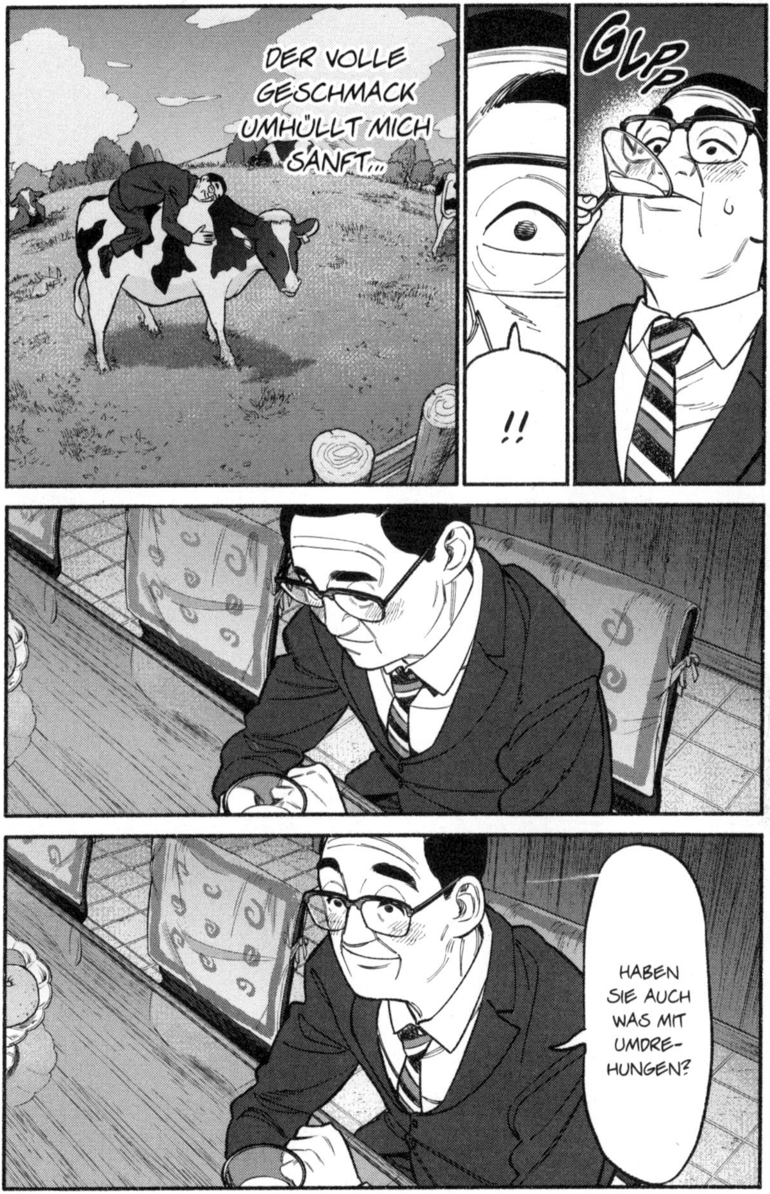
GLPP
!!
DER VOLLE GESCHMACK UMHÜLLT MICH SANFT...
HABEN SIE AUCH WAS MIT UMDRE-HUNGEN?

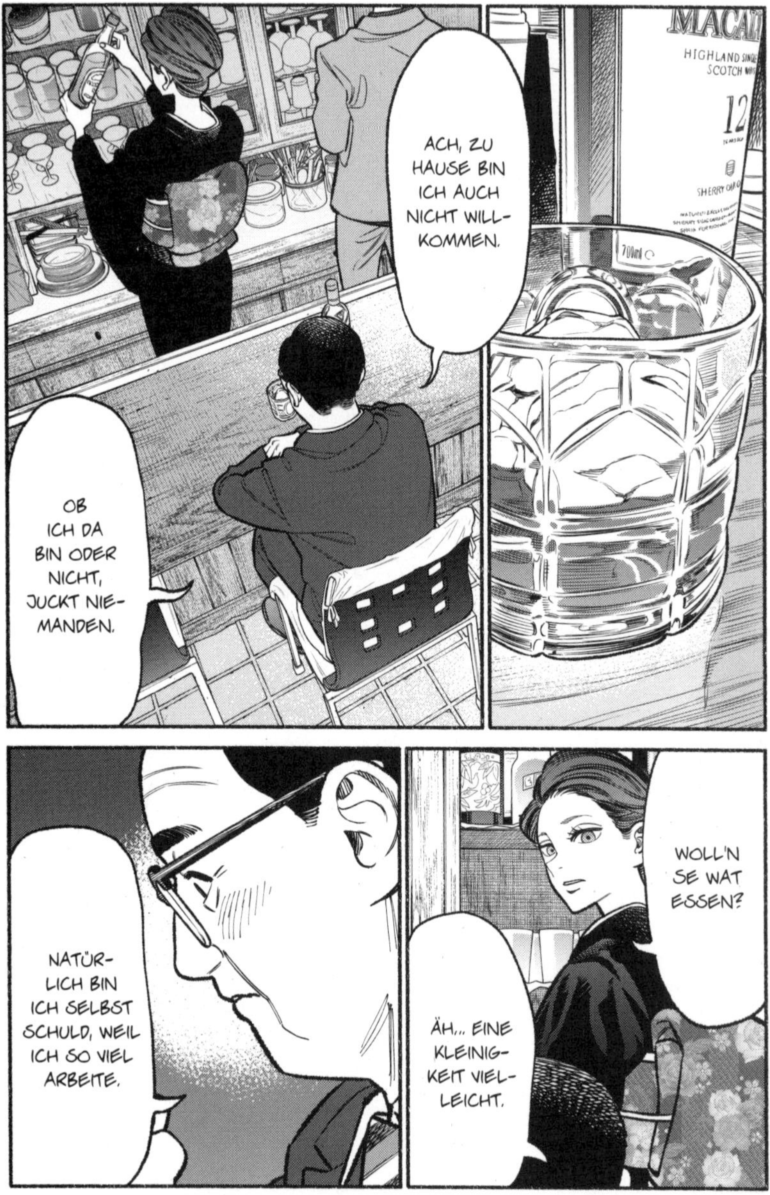
ACH, ZU HAUSE BIN ICH AUCH NICHT WILLKOMMEN.
OB ICH DA BIN ODER NICHT, JUCKT NIEMANDEN.
WOLL'N SE WAT ESSEN?
ÄH,.. EINE KLEINIGKEIT VIELLEICHT.
NATÜRLICH BIN ICH SELBST SCHULD, WEIL ICH SO VIEL ARBEITE.

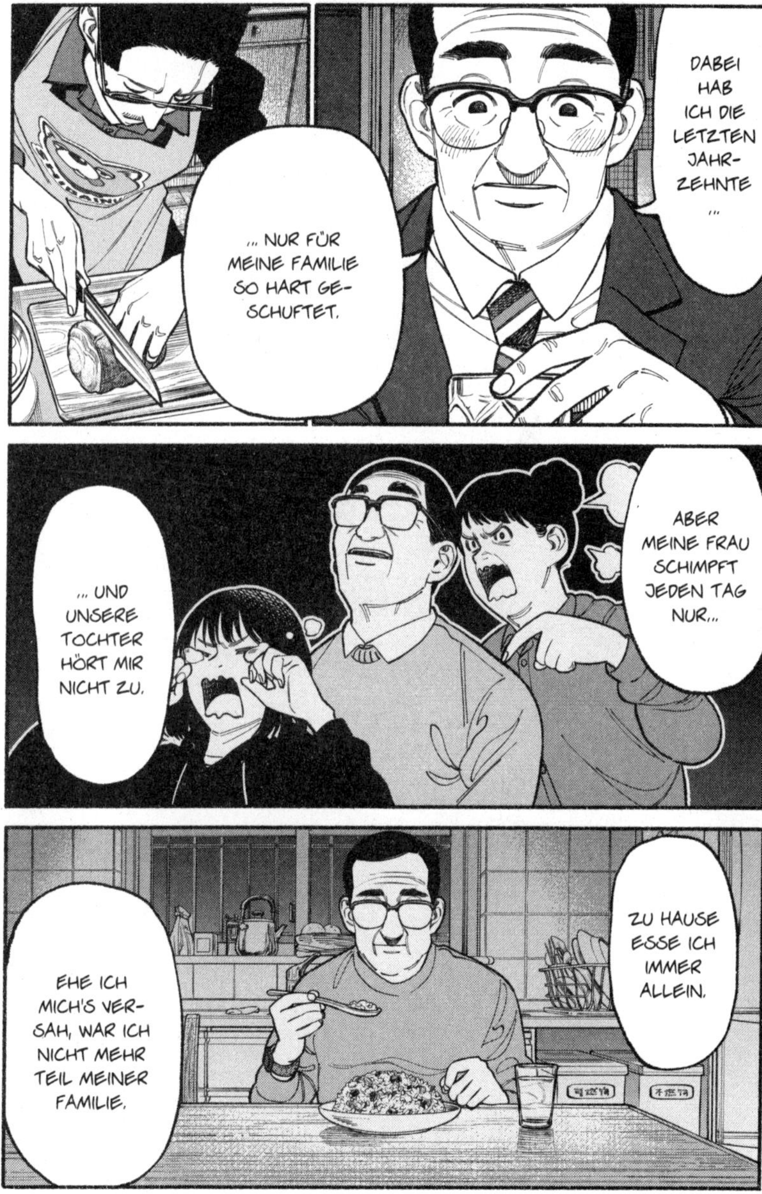
DABEI HAB ICH DIE LETZTEN JAHRZEHNTE ...
... NUR FÜR MEINE FAMILIE SO HART GESCHUFTET.
ABER MEINE FRAU SCHIMPFT JEDEN TAG NUR...
... UND UNSERE TOCHTER HÖRT MIR NICHT ZU.
ZU HAUSE ESSE ICH IMMER ALLEIN.
EHE ICH MICH'S VERSAH, WAR ICH NICHT MEHR TEIL MEINER FAMILIE.

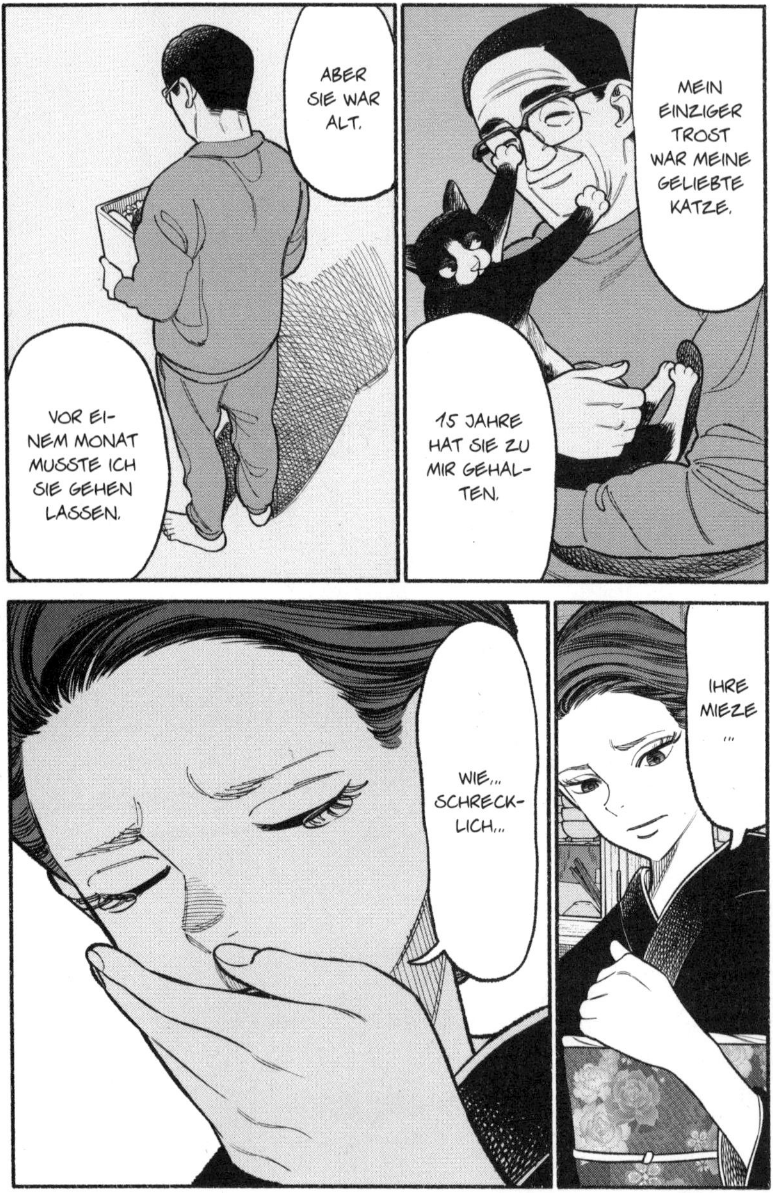
MEIN EINZIGER TROST WAR MEINE GELIEBTE KATZE.
15 JAHRE HAT SIE ZU MIR GEHALTEN.
ABER SIE WAR ALT.
VOR EINEM MONAT MUSSTE ICH SIE GEHEN LASSEN.
IHRE MIEZE ...
WIE... SCHRECKLICH...

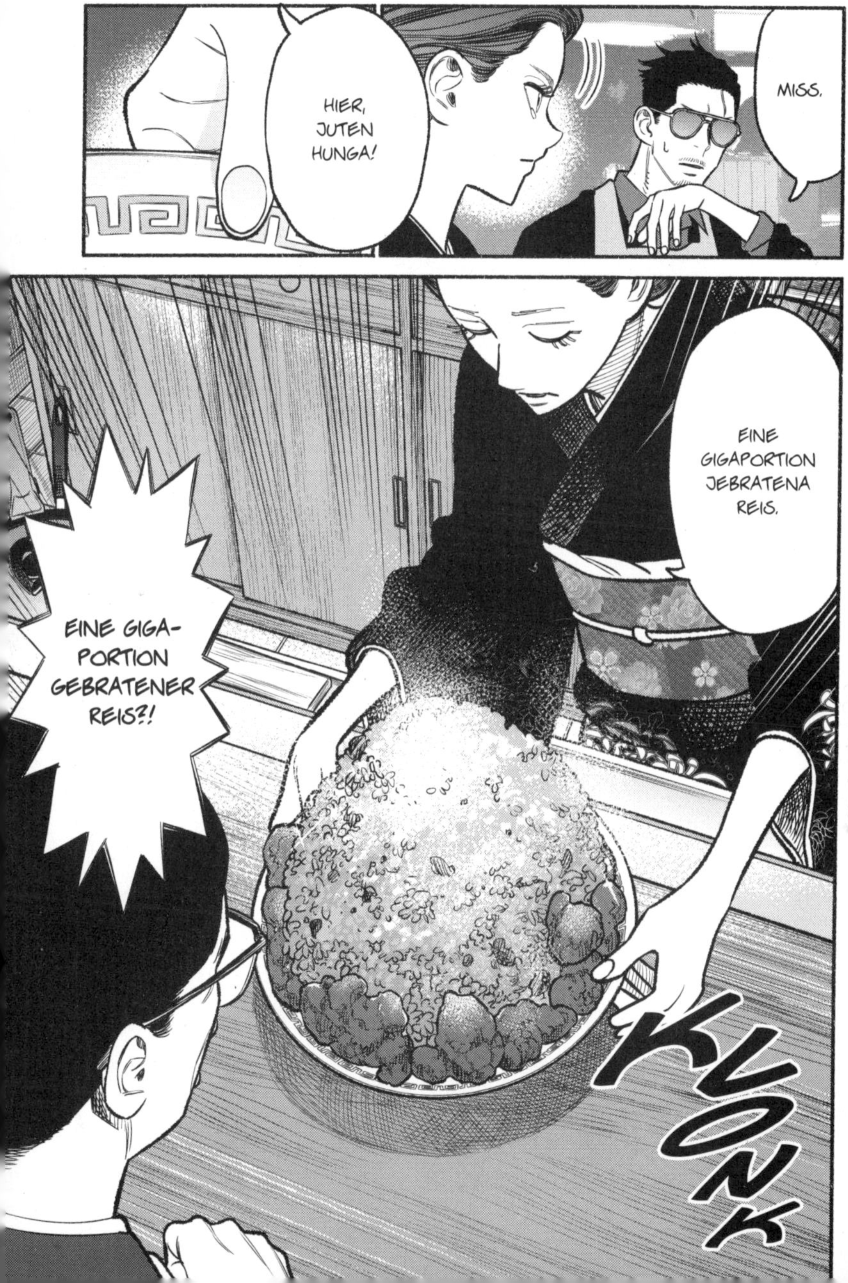
MISS.
HIER, JUTEN HUNGA!
EINE GIGAPORTION JEBRATENA REIS.
EINE GIGA-PORTION GEBRATENER REIS?!
KLONK

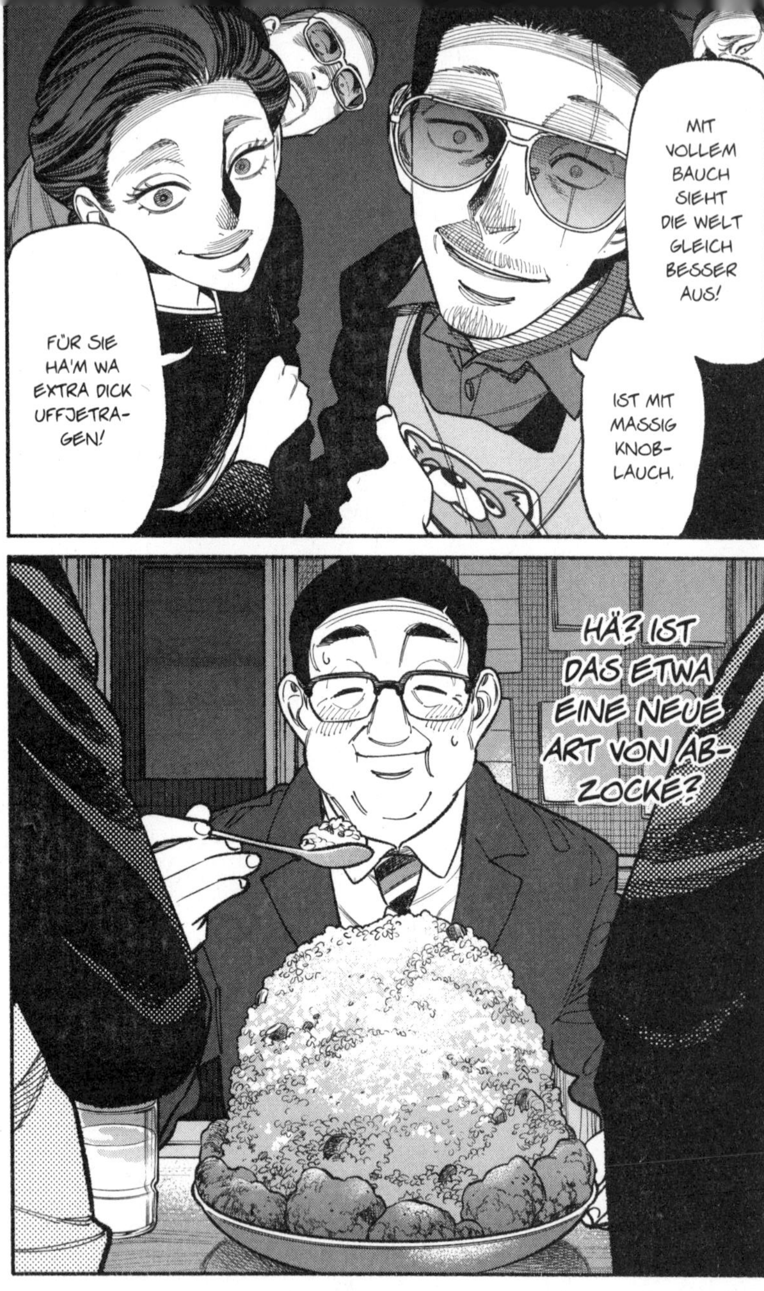
MIT VOLLEM BAUCH SIEHT DIE WELT GLEICH BESSER AUS!
IST MIT MASSIG KNOB-LAUCH.
FÜR SIE HA'M WA EXTRA DICK UFFJETRAGEN!
HÄ? IST DAS ETWA EINE NEUE ART VON AB-ZOCKE?

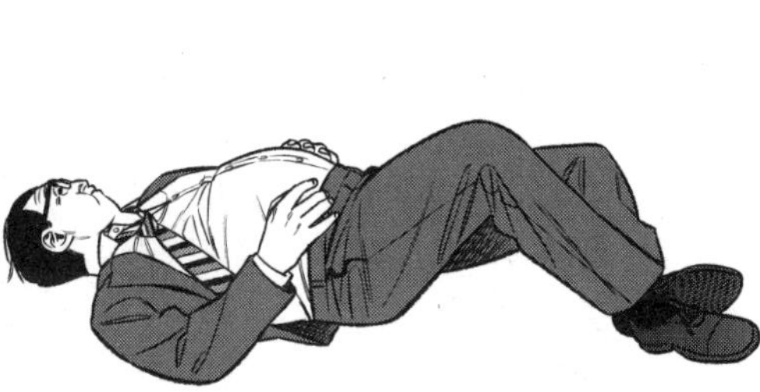

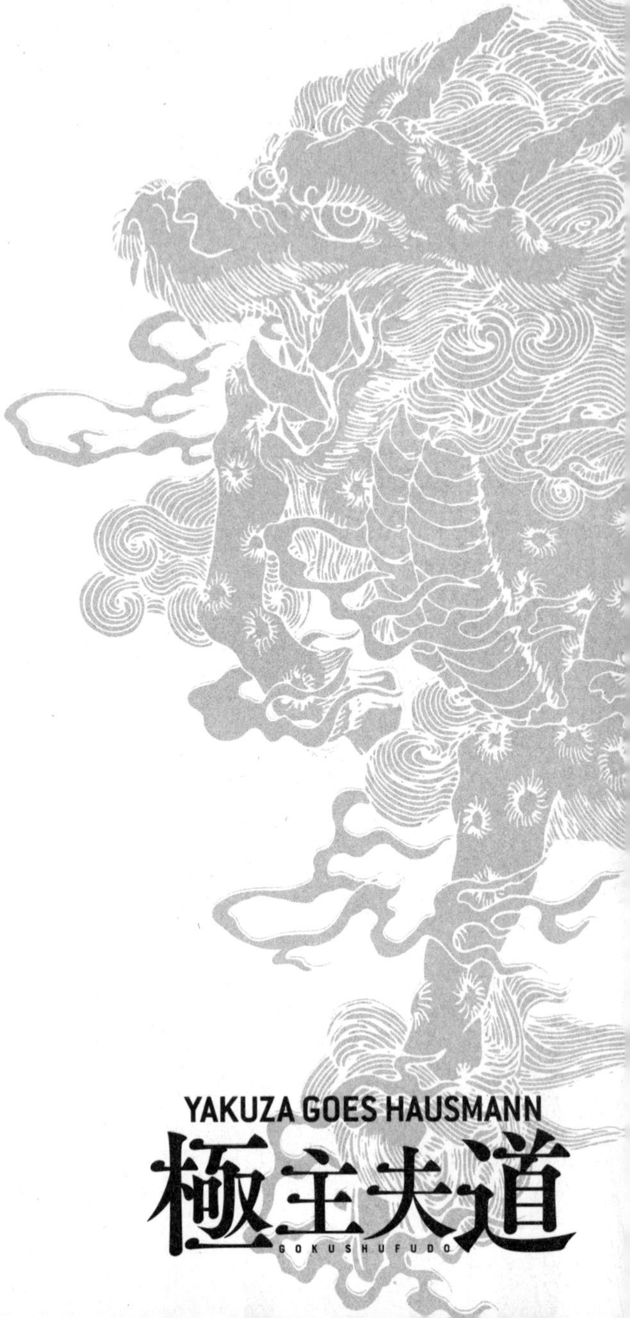

YAKUZA GOES HAUSMANN

極主夫道

GOKUSHUFUDO

KAPITEL 94

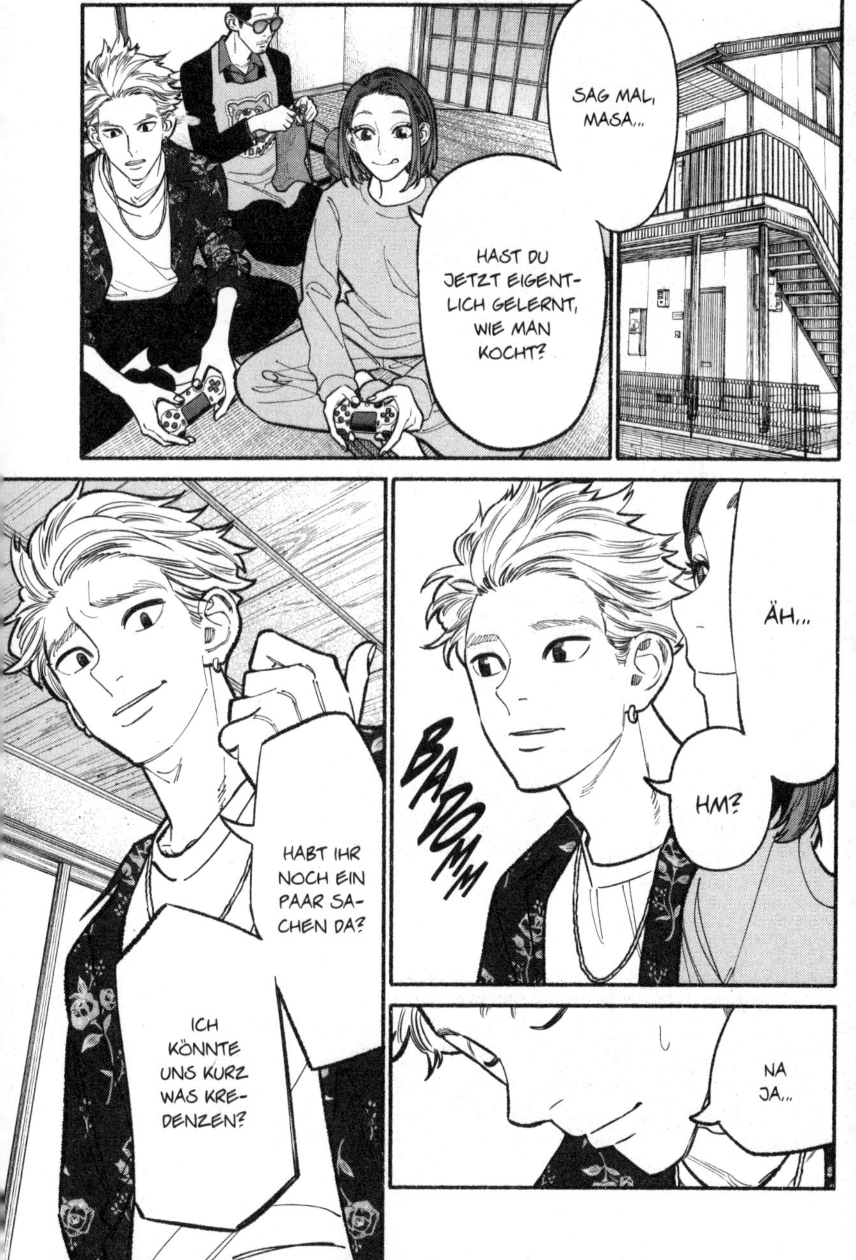

SAG MAL, MASA...
HAST DU JETZT EIGENT-LICH GELERNT, WIE MAN KOCHT?
ÄH...
BADOMM
HM?
NA JA...
HABT IHR NOCH EIN PAAR SA-CHEN DA?
ICH KÖNNTE UNS KURZ WAS KRE-DENZEN?

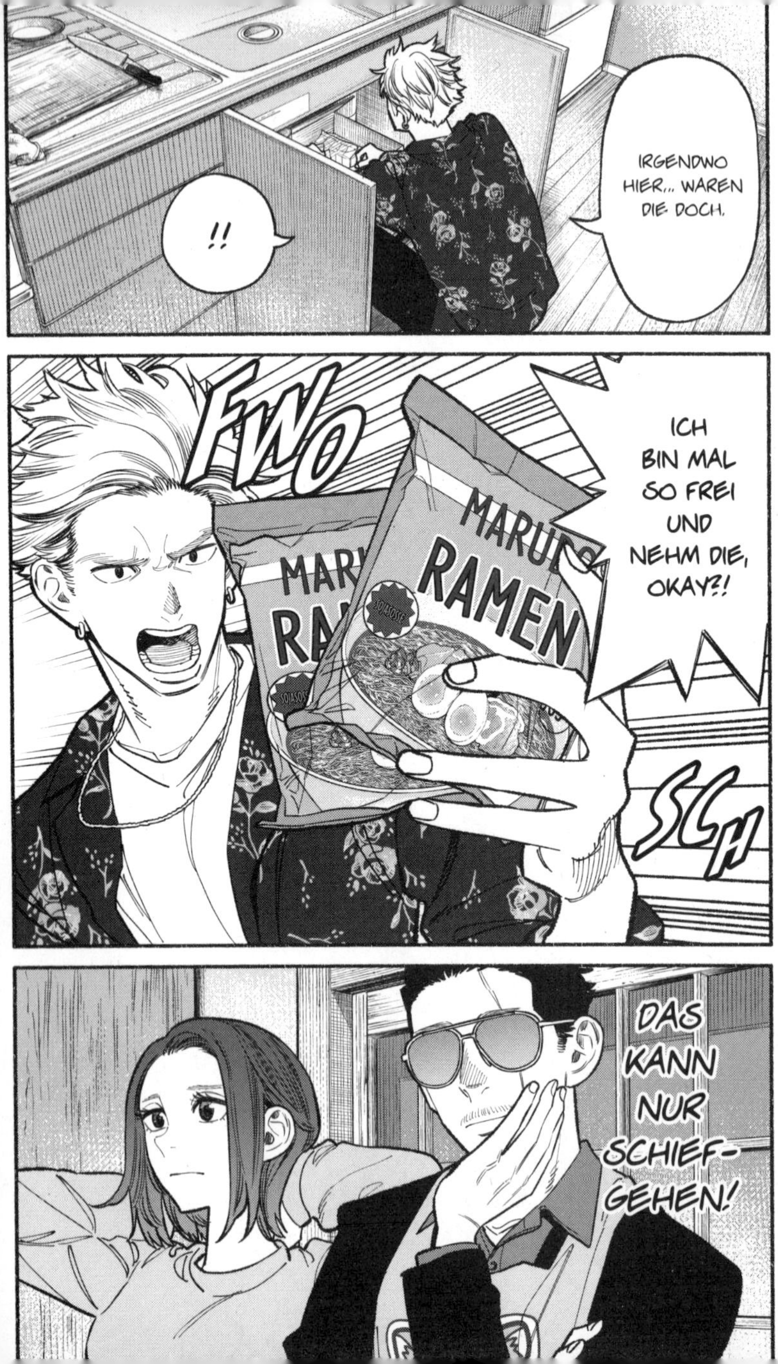
IRGENDWO HIER... WAREN DIE DOCH.
!!
FWO
ICH BIN MAL SO FREI UND NEHM DIE, OKAY?!
MARUDO RAMEN
SOJASOSSE
SCH
DAS KANN NUR SCHIEF-GEHEN!

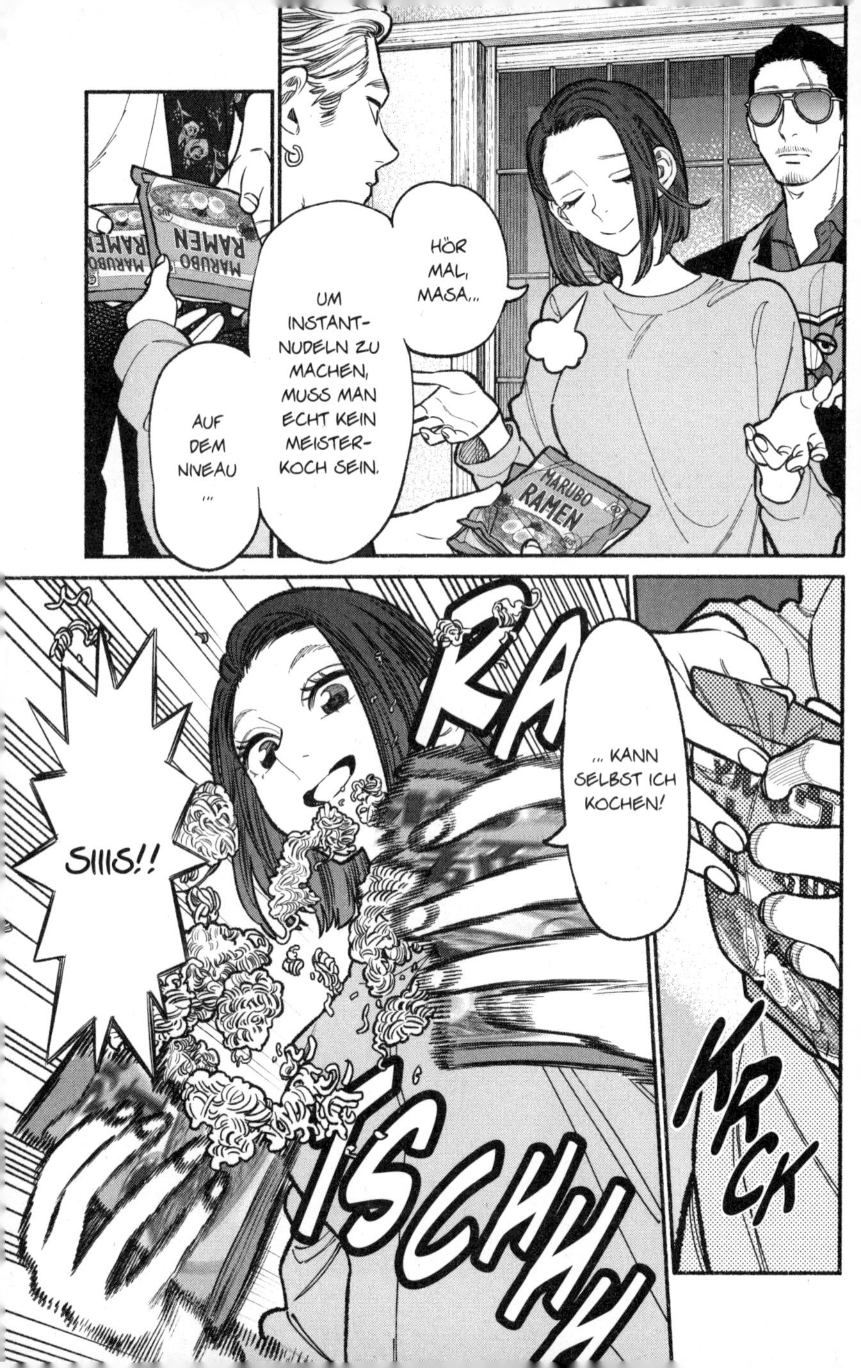
HÖR MAL, MASA...
UM INSTANT-NUDELN ZU MACHEN, MUSS MAN ECHT KEIN MEISTER-KOCH SEIN.
AUF DEM NIVEAU ...
MARUBO RAMEN
KA
... KANN SELBST ICH KOCHEN!
KRCK
SIIIS!!
ISCHHH

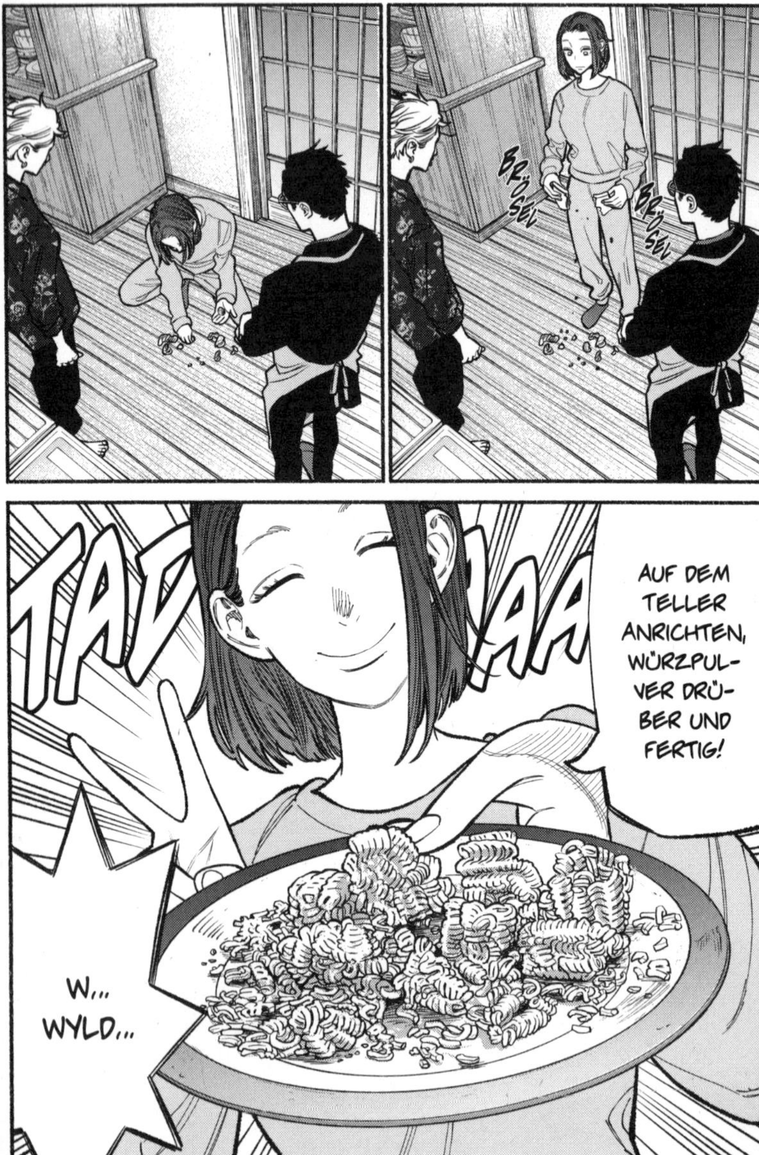
BRÖSEL
BRÖSEL
TADAAA
AUF DEM TELLER ANRICHTEN, WÜRZPULVER DRÜBER UND FERTIG!
W... WYLD...

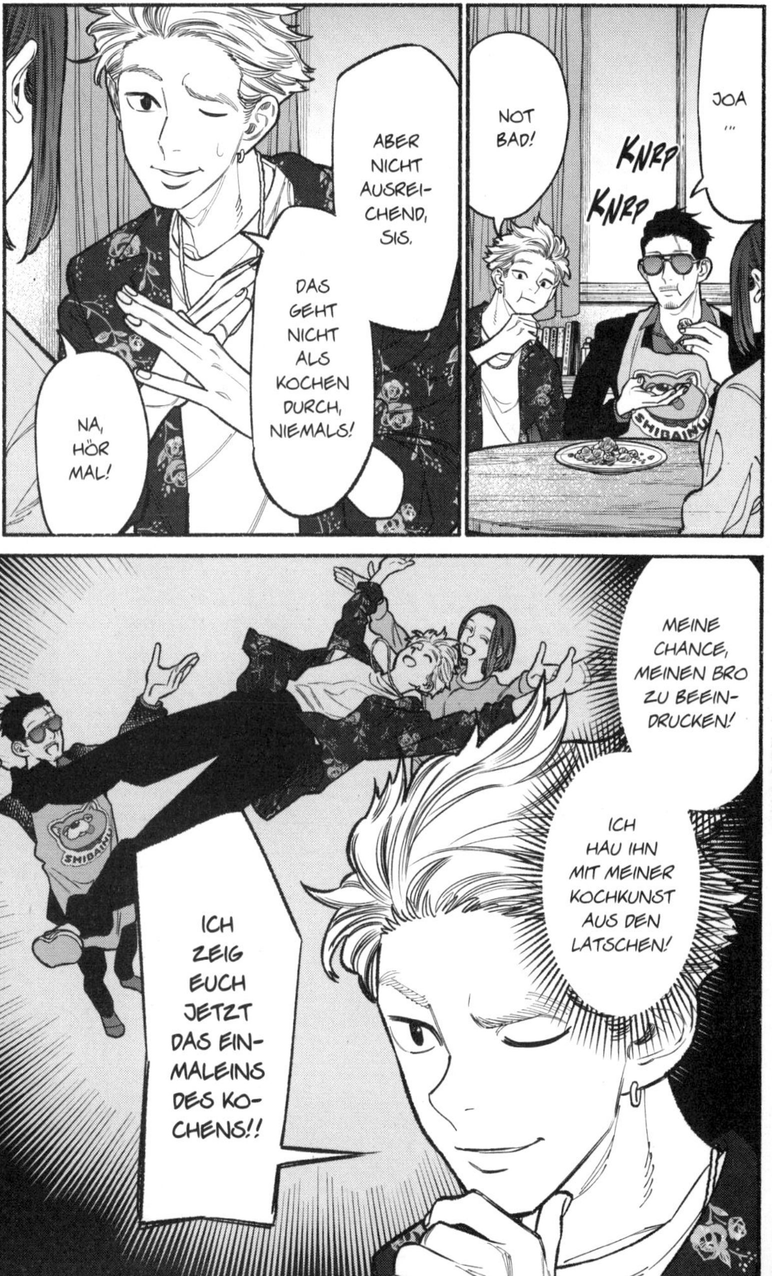
JOA ...
KNRP
KNRP
NOT BAD!
ABER NICHT AUSREI-CHEND, SIS.
DAS GEHT NICHT ALS KOCHEN DURCH, NIEMALS!
NA, HÖR MAL!
MEINE CHANCE, MEINEN BRO ZU BEEIN-DRUCKEN!
ICH HAU IHN MIT MEINER KOCHKUNST AUS DEN LATSCHEN!
ICH ZEIG EUCH JETZT DAS EIN-MALEINS DES KO-CHENS!!

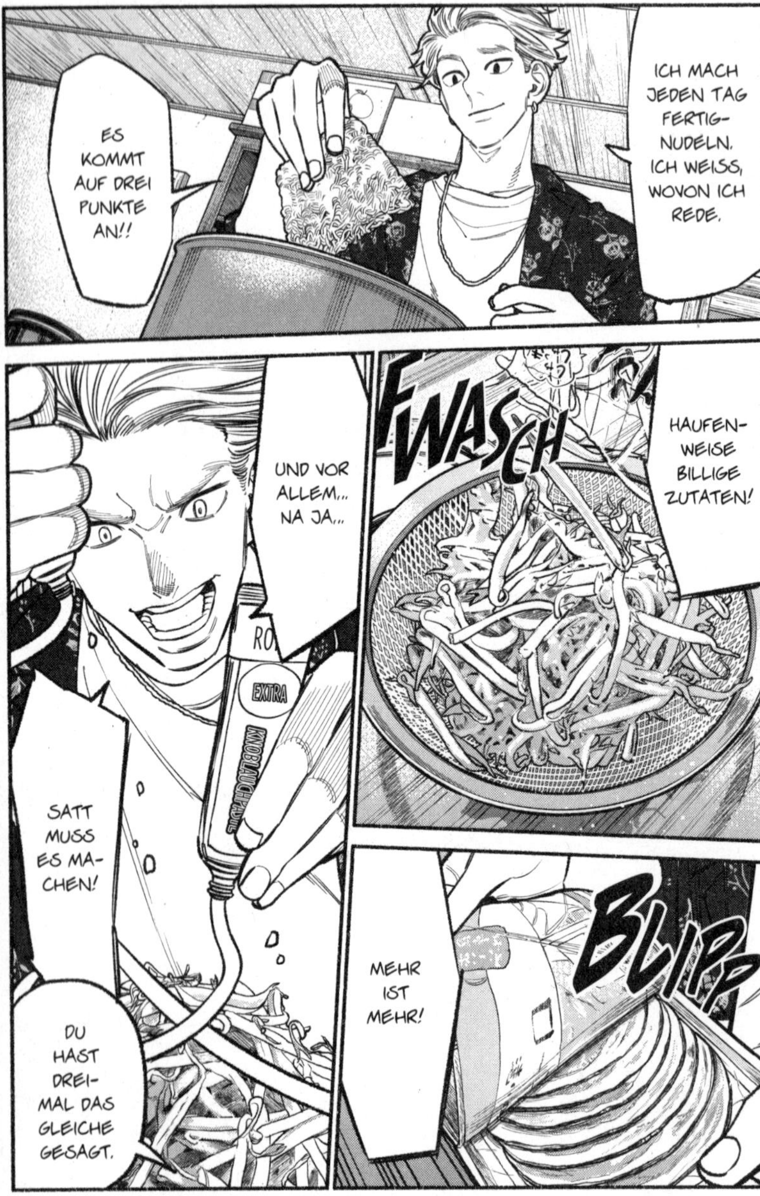
ICH MACH JEDEN TAG FERTIG-NUDELN. ICH WEISS, WOVON ICH REDE.
ES KOMMT AUF DREI PUNKTE AN!!
FWASCH
HAUFEN-WEISE BILLIGE ZUTATEN!
BLIPP
MEHR IST MEHR!
UND VOR ALLEM... NA JA...
EXTRA
SATT MUSS ES MA-CHEN!
DU HAST DREI-MAL DAS GLEICHE GESAGT.

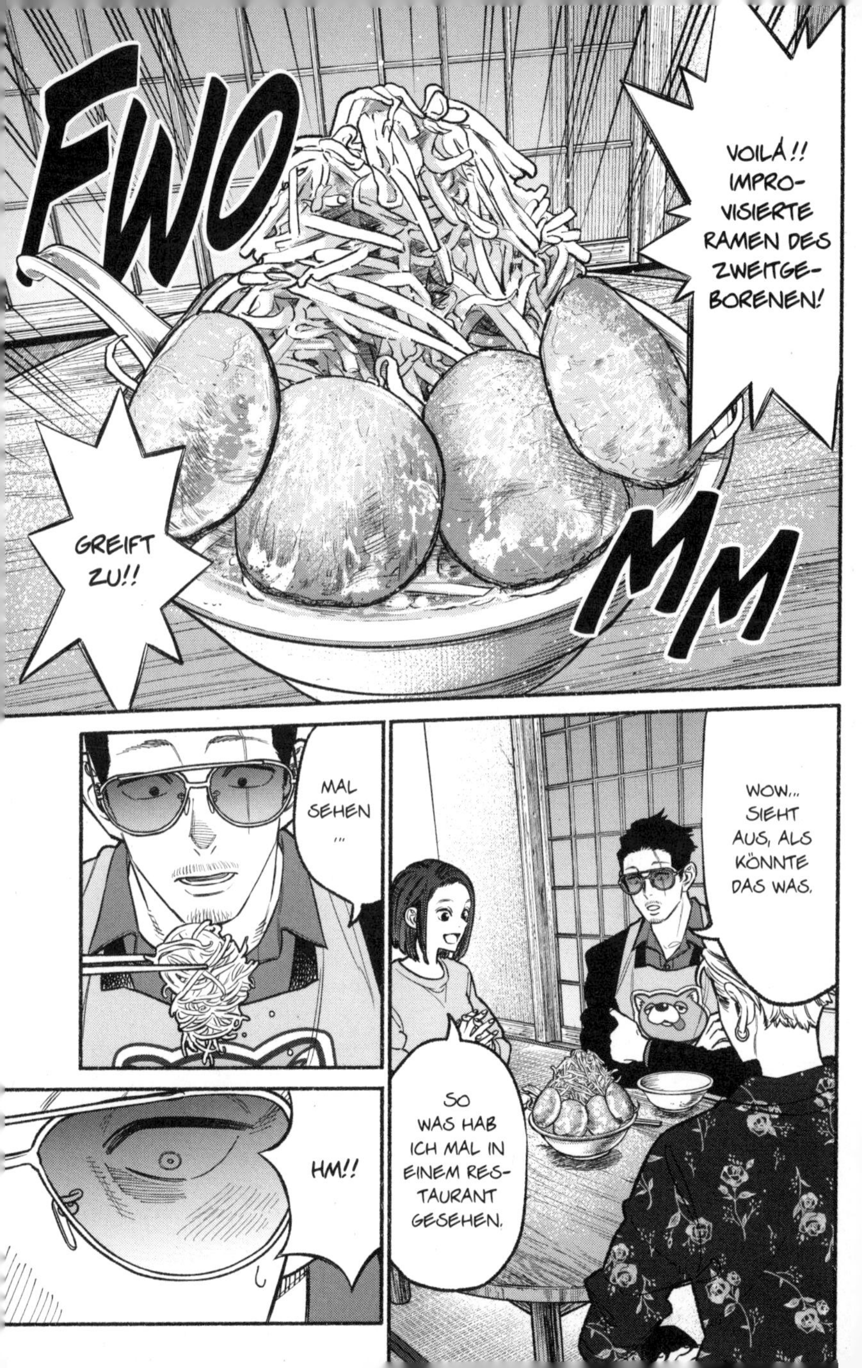
FWO
VOILÀ!! IMPRO-VISIERTE RAMEN DES ZWEITGE-BORENEN!
MM
GREIFT ZU!!
WOW... SIEHT AUS, ALS KÖNNTE DAS WAS.
MAL SEHEN ...
SO WAS HAB ICH MAL IN EINEM RES-TAURANT GESEHEN.
HM!!

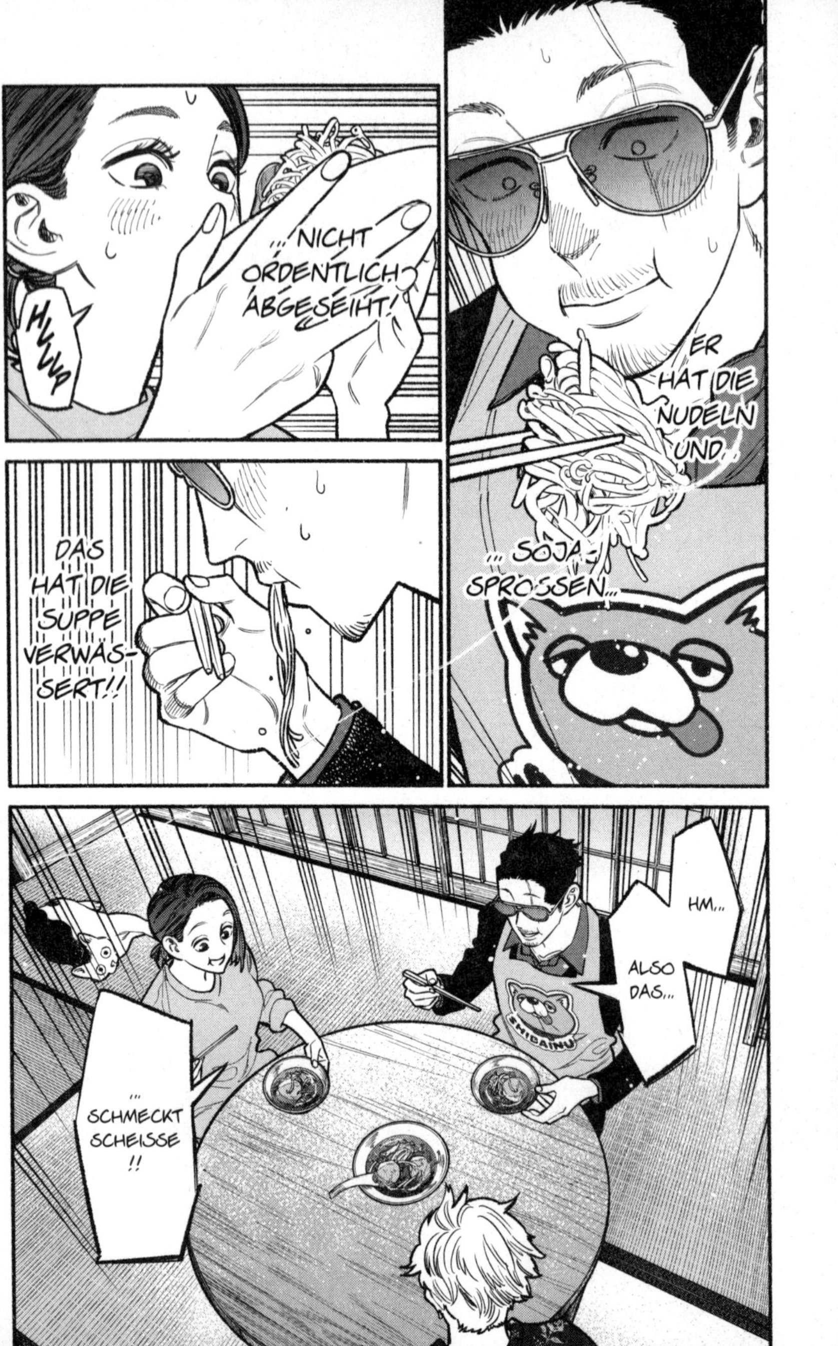
ER HAT DIE NUDELN UND...
... SOJA-SPROSSEN...
... NICHT ORDENTLICH ABGESEIHT!
HUUA
DAS HAT DIE SUPPE VERWÄSSERT!!
HM...
ALSO DAS...
... SCHMECKT SCHEISSE !!

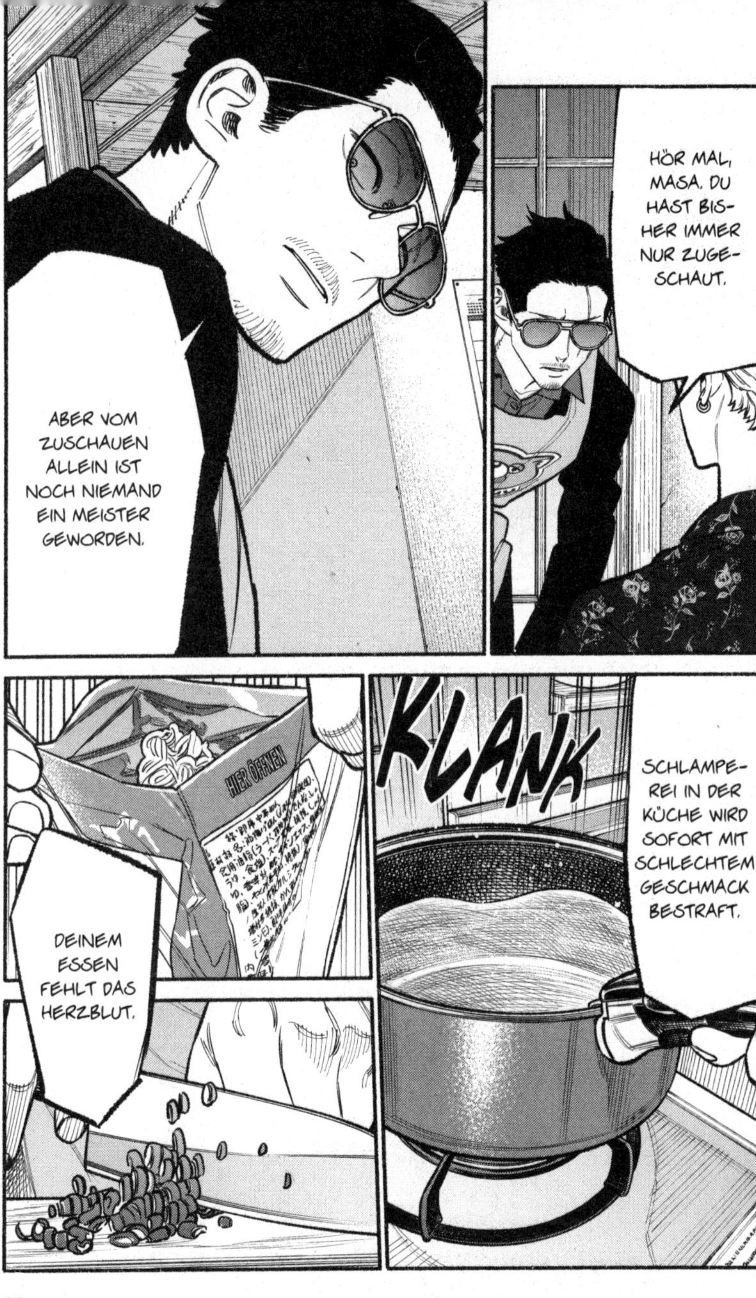
HÖR MAL, MASA. DU HAST BISHER IMMER NUR ZUGESCHAUT.
ABER VOM ZUSCHAUEN ALLEIN IST NOCH NIEMAND EIN MEISTER GEWORDEN.
KLANK
SCHLAMPEREI IN DER KÜCHE WIRD SOFORT MIT SCHLECHTEM GESCHMACK BESTRAFT.
HIER ÖFFNEN
DEINEM ESSEN FEHLT DAS HERZBLUT.

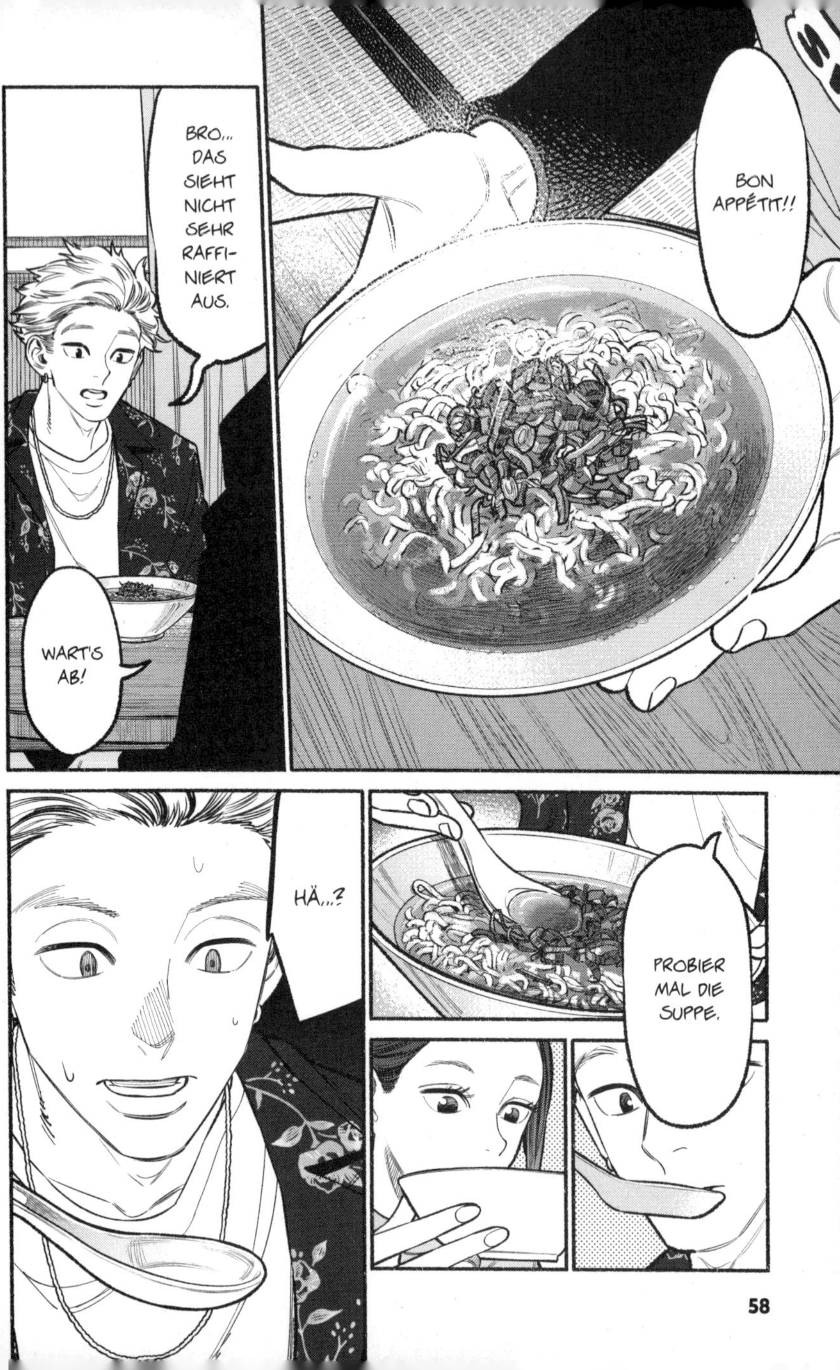
BON APPÉTIT!!
BRO... DAS SIEHT NICHT SEHR RAFFINIERT AUS.
WART'S AB!
PROBIER MAL DIE SUPPE.
HÄ...?

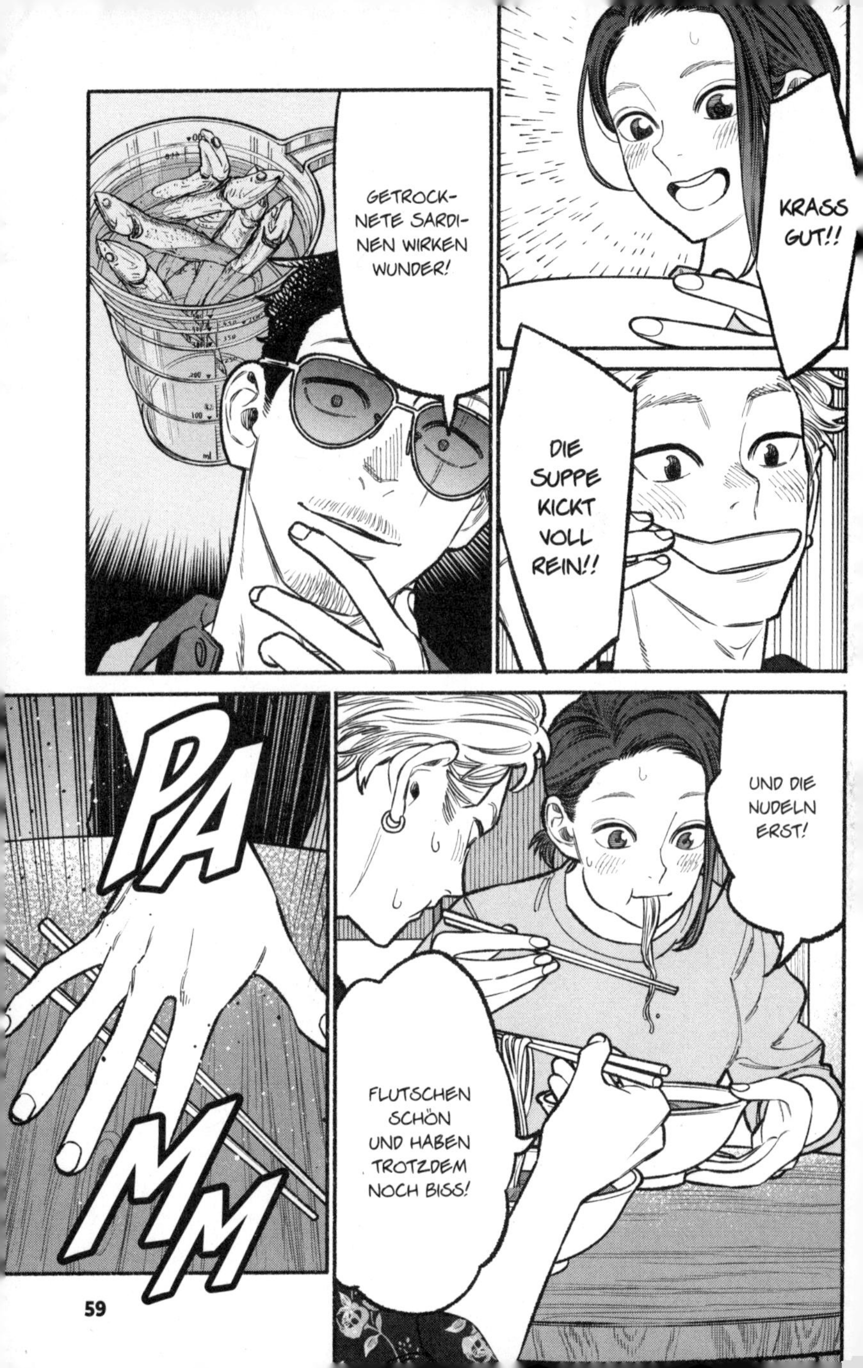
KRASS GUT!!
DIE SUPPE KICKT VOLL REIN!!
GETROCK-NETE SARDI-NEN WIRKEN WUNDER!
UND DIE NUDELN ERST!
FLUTSCHEN SCHÖN UND HABEN TROTZDEM NOCH BISS!
PAMM

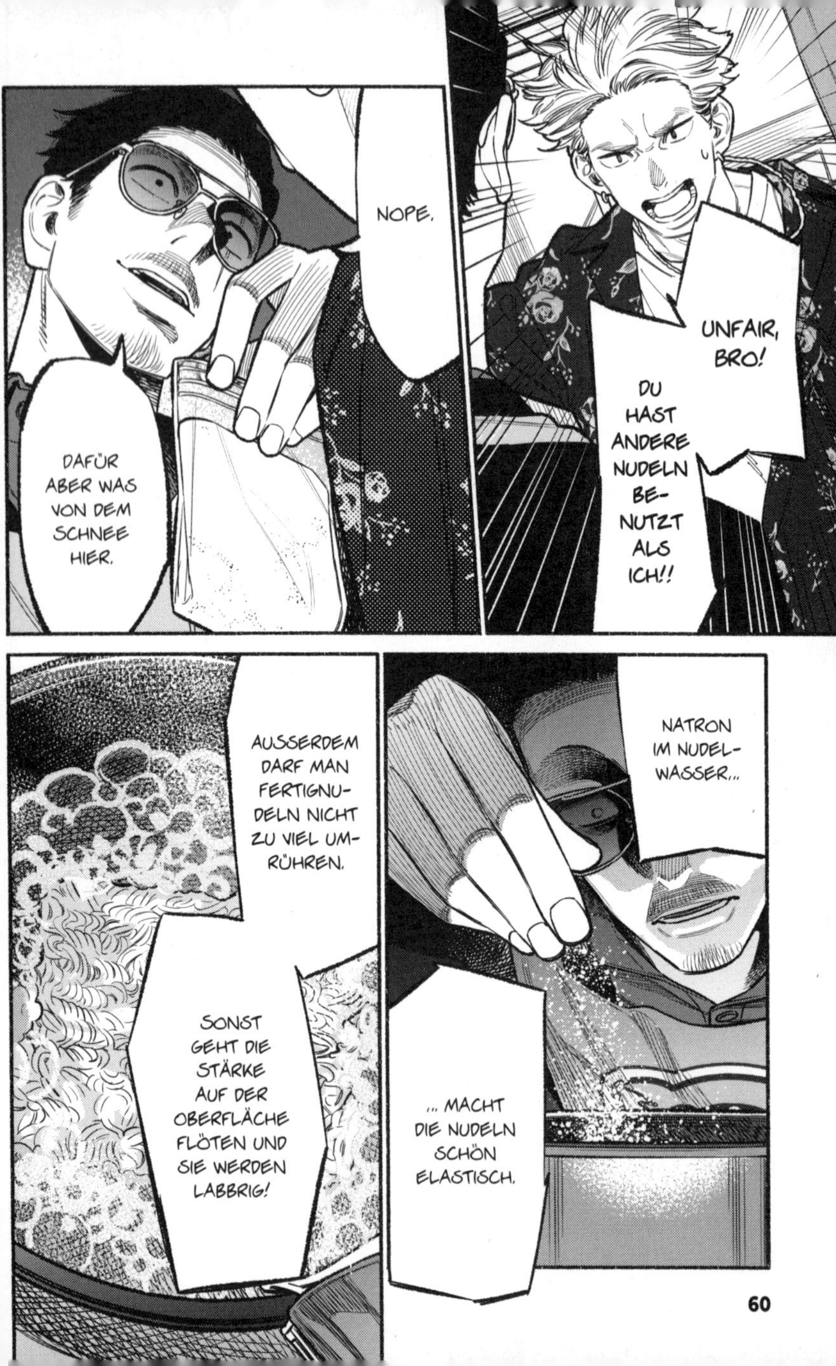
UNFAIR, BRO!
DU HAST ANDERE NUDELN BENUTZT ALS ICH!!
NOPE.
DAFÜR ABER WAS VON DEM SCHNEE HIER.
NATRON IM NUDELWASSER...
... MACHT DIE NUDELN SCHÖN ELASTISCH.
AUSSERDEM DARF MAN FERTIGNUDELN NICHT ZU VIEL UMRÜHREN.
SONST GEHT DIE STÄRKE AUF DER OBERFLÄCHE FLÖTEN UND SIE WERDEN LABBRIG!

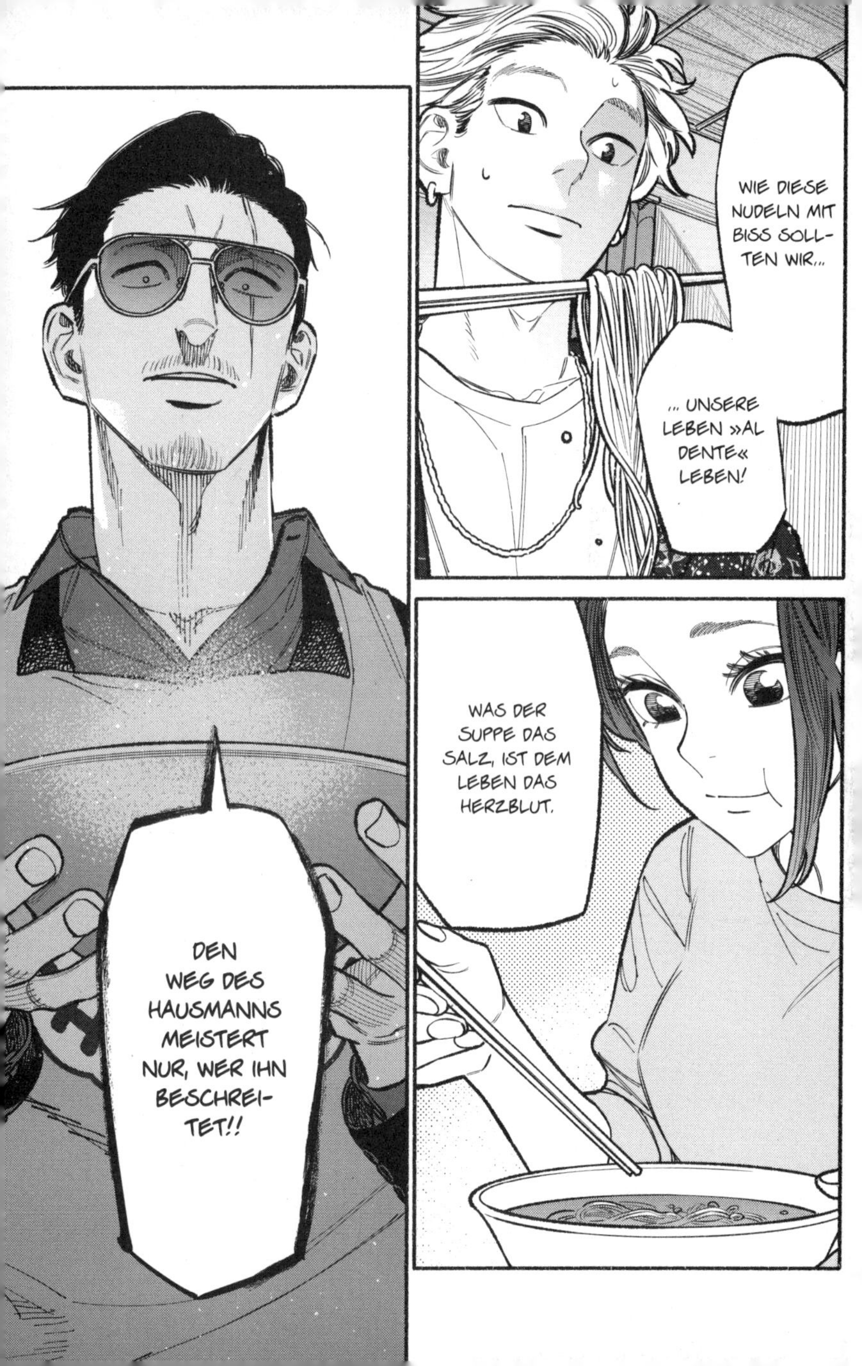

WIE DIESE NUDELN MIT BISS SOLL-TEN WIR...
... UNSERE LEBEN »AL DENTE« LEBEN!
WAS DER SUPPE DAS SALZ, IST DEM LEBEN DAS HERZBLUT.
DEN WEG DES HAUSMANNS MEISTERT NUR, WER IHN BESCHREI-TET!!

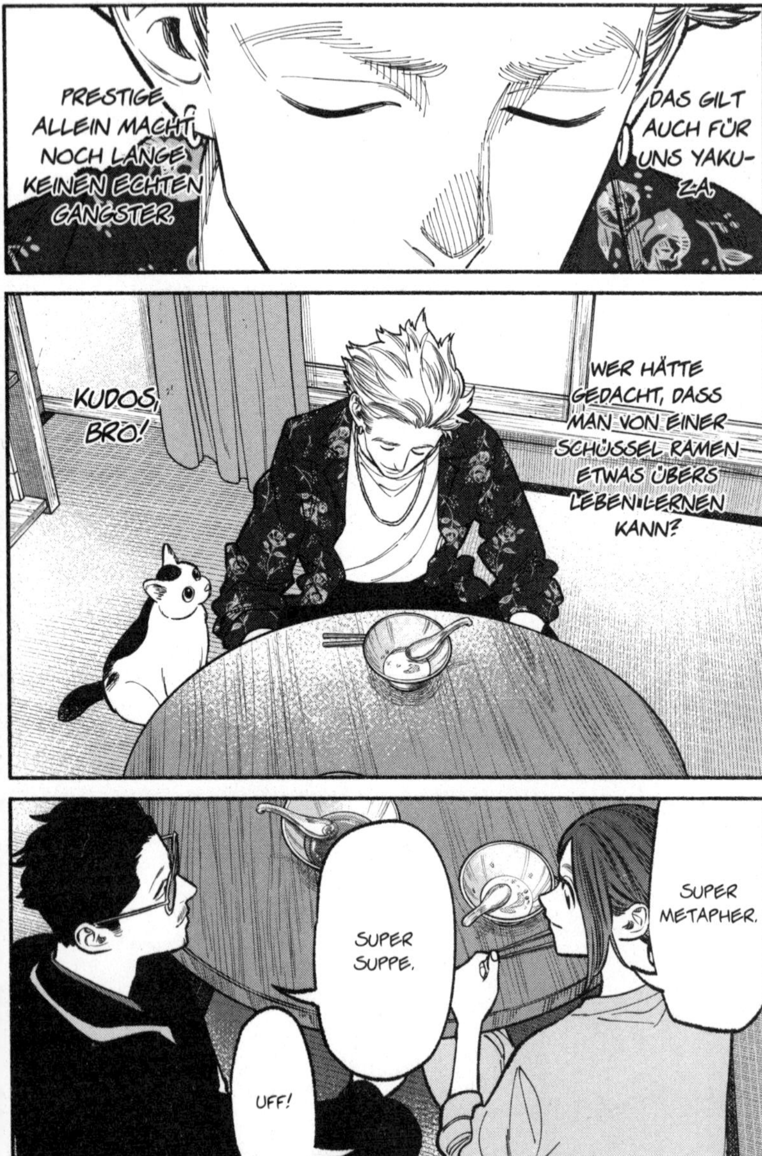
PRESTIGE ALLEIN MACHT NOCH LANGE KEINEN ECHTEN GANGSTER.
DAS GILT AUCH FÜR UNS YAKU-ZA.
WER HÄTTE GEDACHT, DASS MAN VON EINER SCHÜSSEL RAMEN ETWAS ÜBERS LEBEN LERNEN KANN?
KUDOS, BRO!
SUPER METAPHER.
SUPER SUPPE.
UFF!

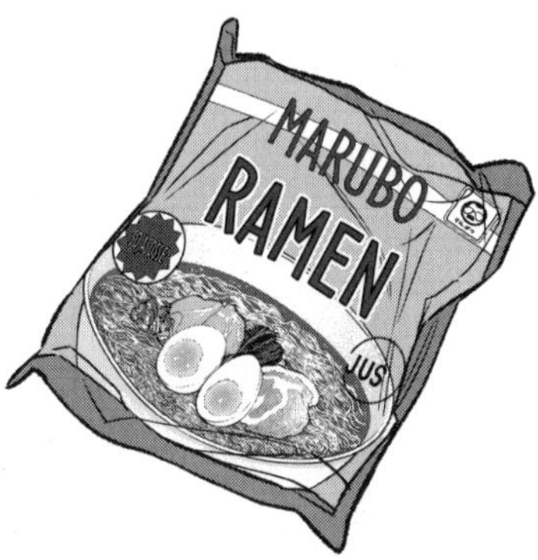
MARUBO
RAMEN
JUS

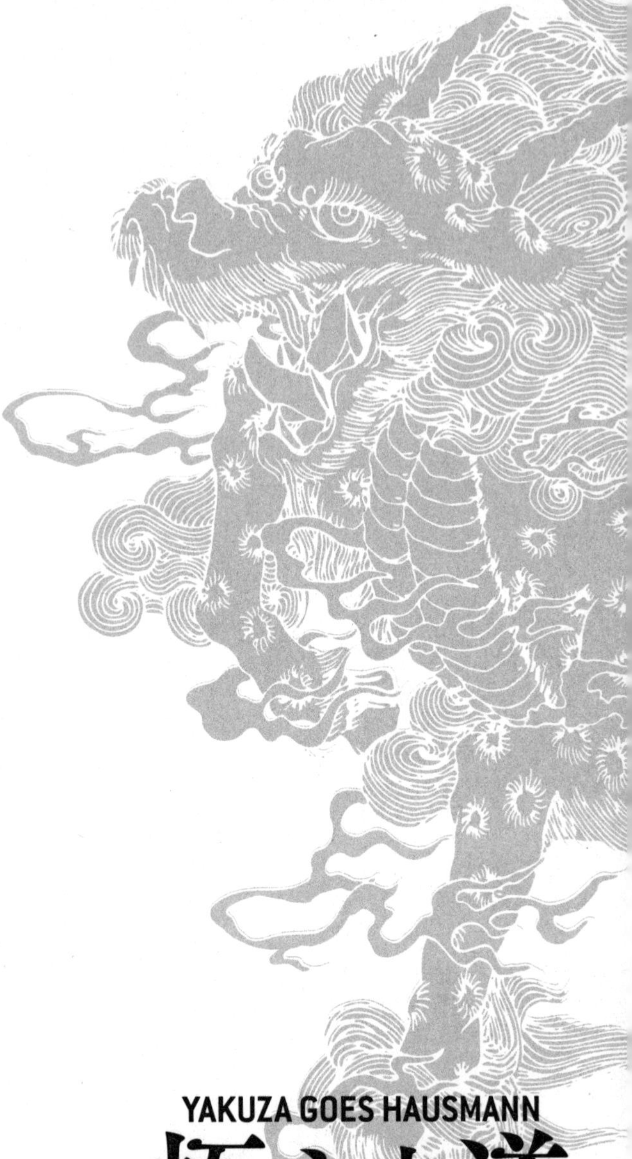

YAKUZA GOES HAUSMANN

極主夫道

GOKUSHUFUDO

KAPITEL 95

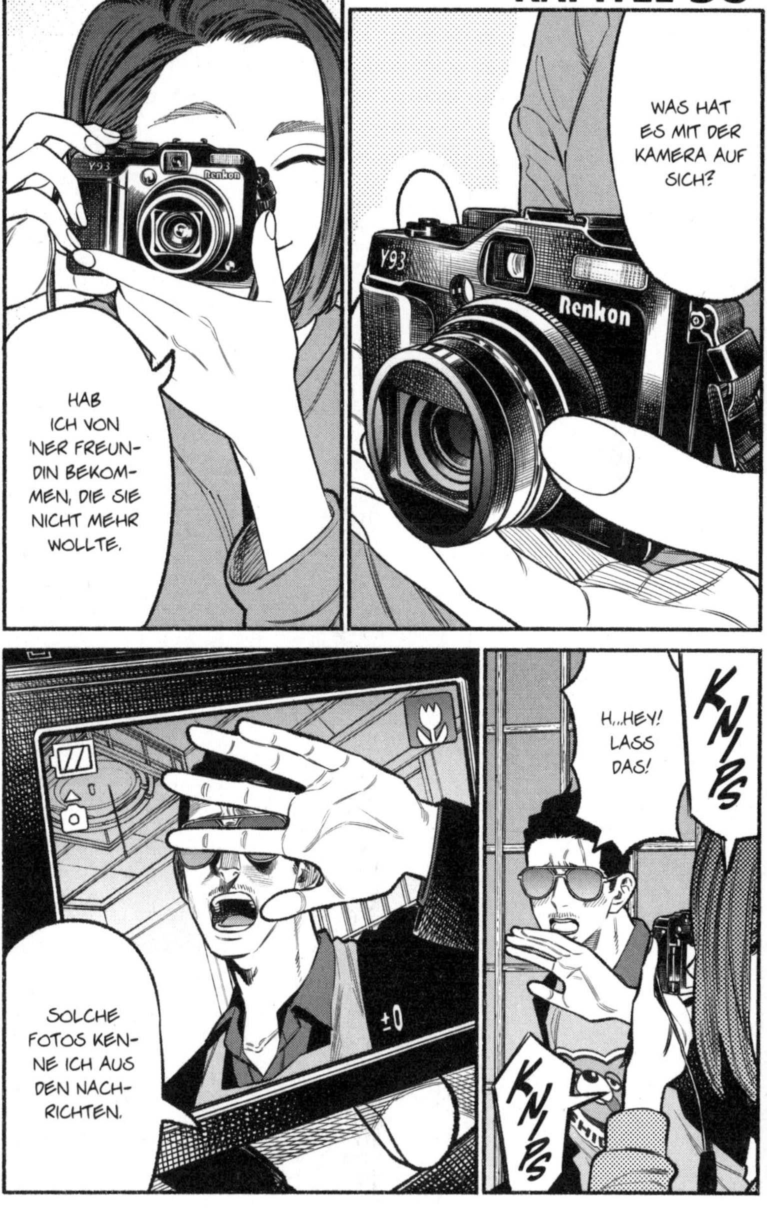
WAS HAT ES MIT DER KAMERA AUF SICH?
HAB ICH VON 'NER FREUN-DIN BEKOM-MEN, DIE SIE NICHT MEHR WOLLTE.
KNIPS
H...HEY! LASS DAS!
KNIPS
SOLCHE FOTOS KEN-NE ICH AUS DEN NACH-RICHTEN.

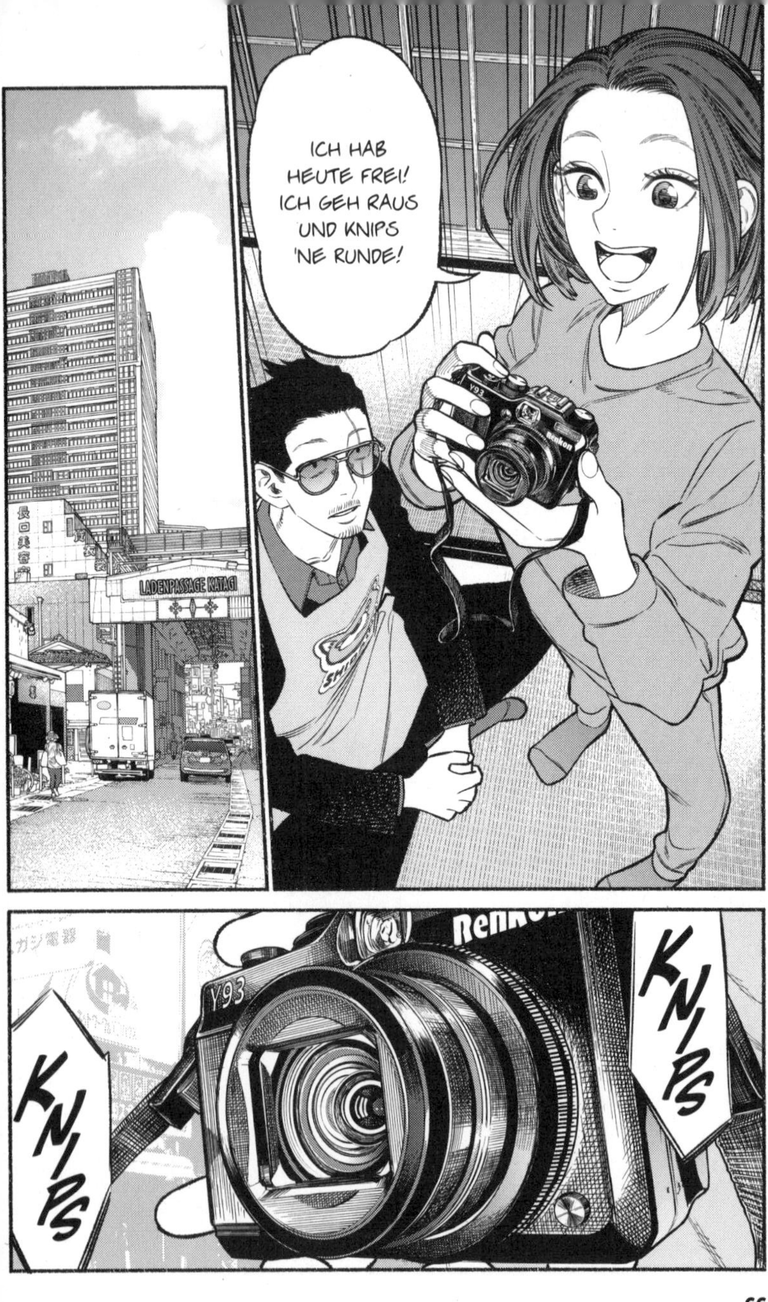
ICH HAB HEUTE FREI! ICH GEH RAUS UND KNIPS 'NE RUNDE!
LADENPASSAGE KATAGI
KNIPS
KNIPS

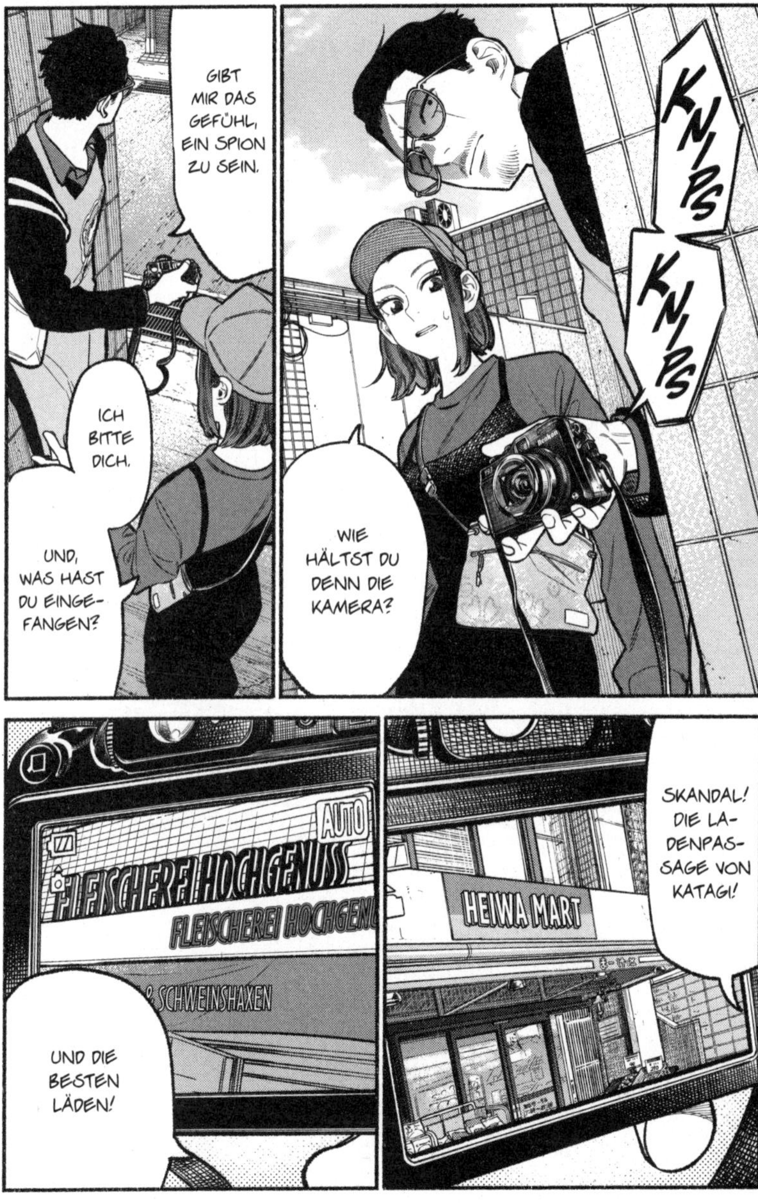
KNIPS
KNIPS
WIE HÄLTST DU DENN DIE KAMERA?
GIBT MIR DAS GEFÜHL, EIN SPION ZU SEIN.
ICH BITTE DICH.
UND, WAS HAST DU EINGE-FANGEN?
SKANDAL! DIE LA-DENPAS-SAGE VON KATAGI!
HEIWA MART
AUTO
FLEISCHEREI HOCHGENUSS
FLEISCHEREI HOCHGENU
SCHWEINSHAXEN
UND DIE BESTEN LÄDEN!

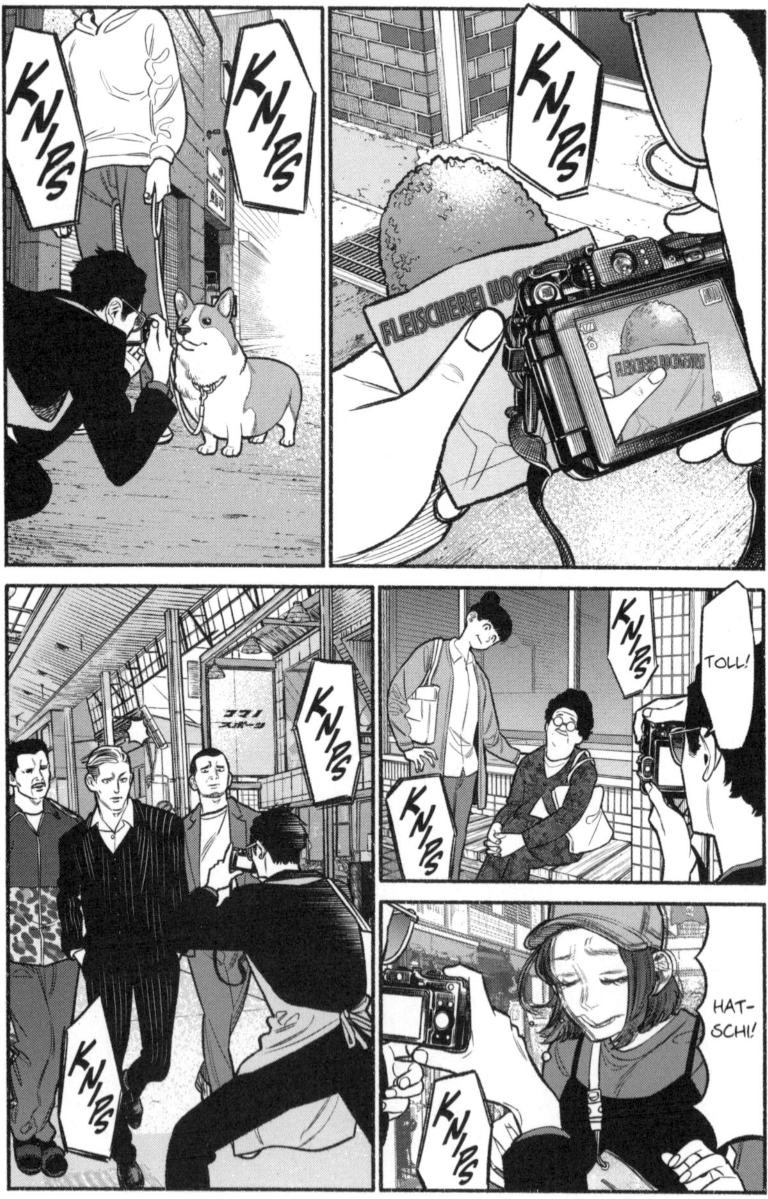
KNIPS
FLEISCHEREI HOCHGENUSS
KNIPS
KNIPS
TOLL!
KNIPS
KNIPS
HAT-SCHI!
KNIPS
KNIPS
KNIPS

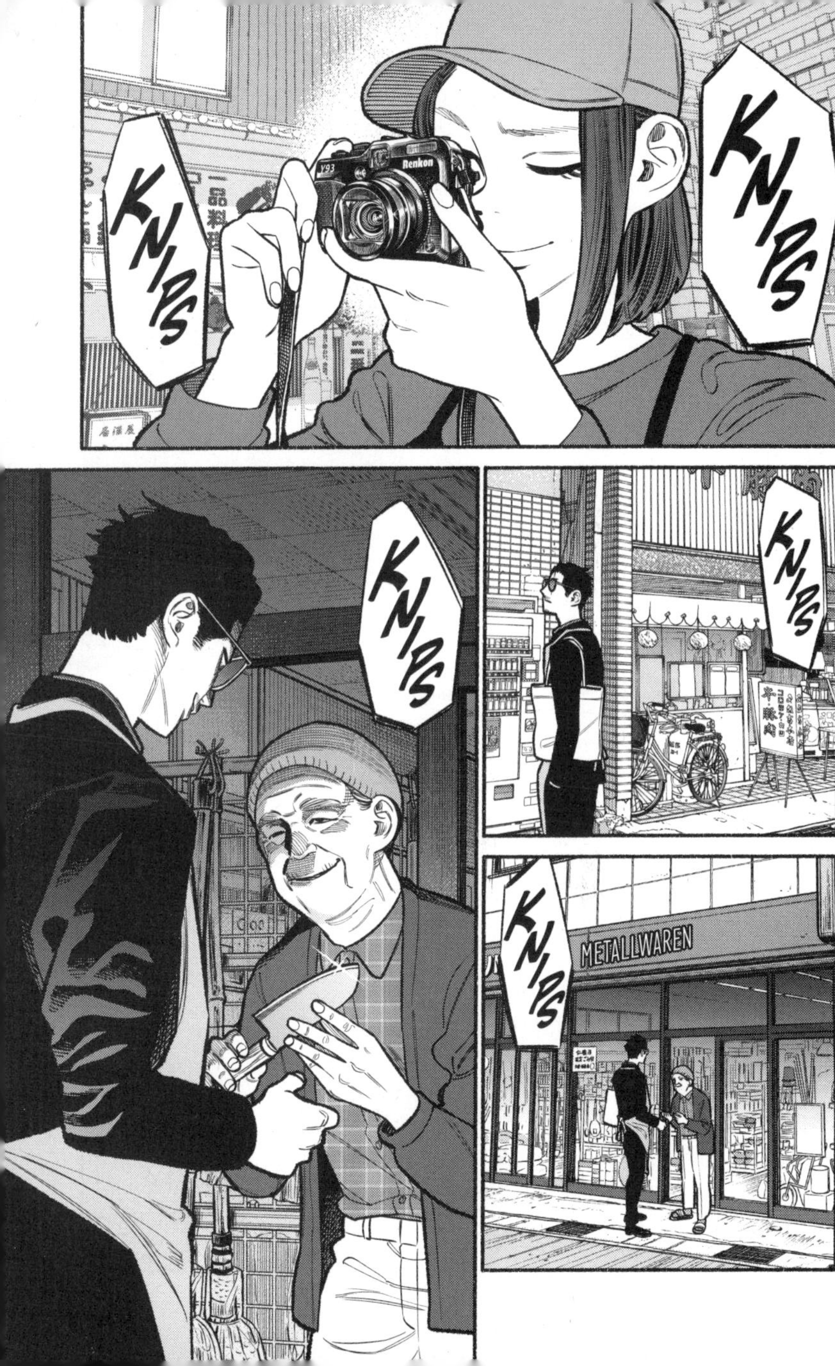
KNIPS
KNIPS
KNIPS
KNIPS
METALLWAREN
KNIPS

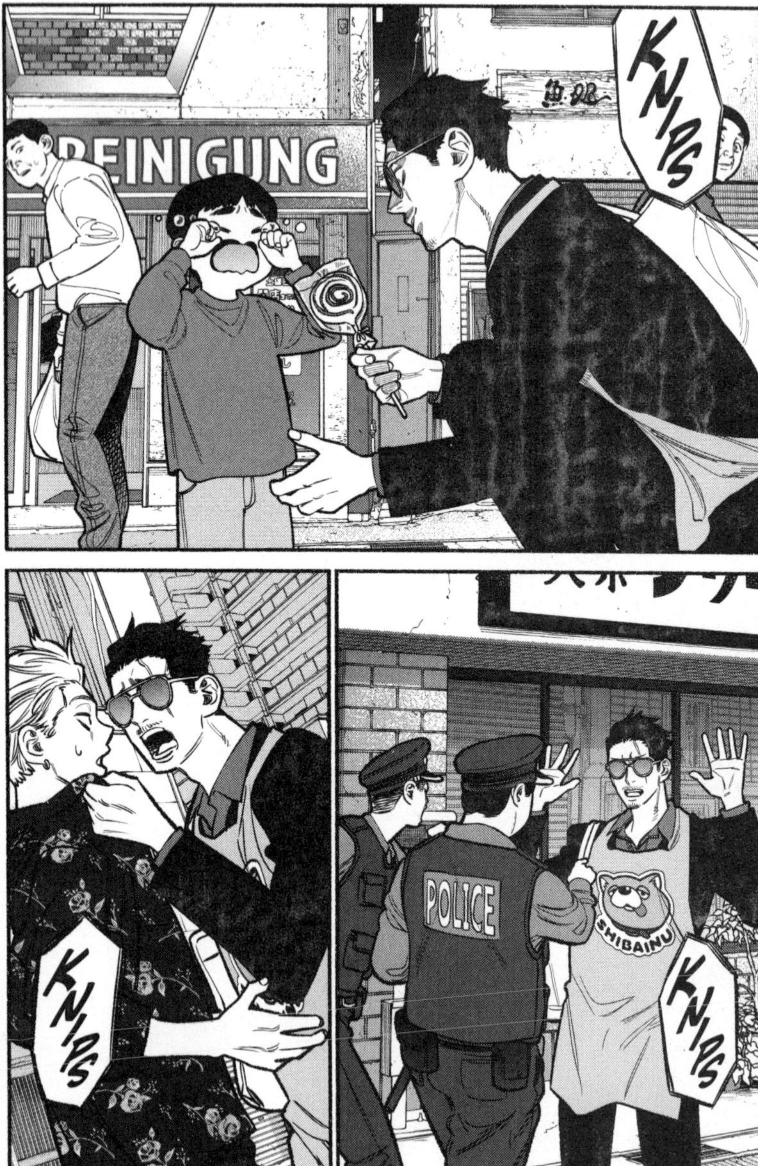
KNIPS
REINIGUNG
KNIPS
POLICE
SHIBAINU
KNIPS

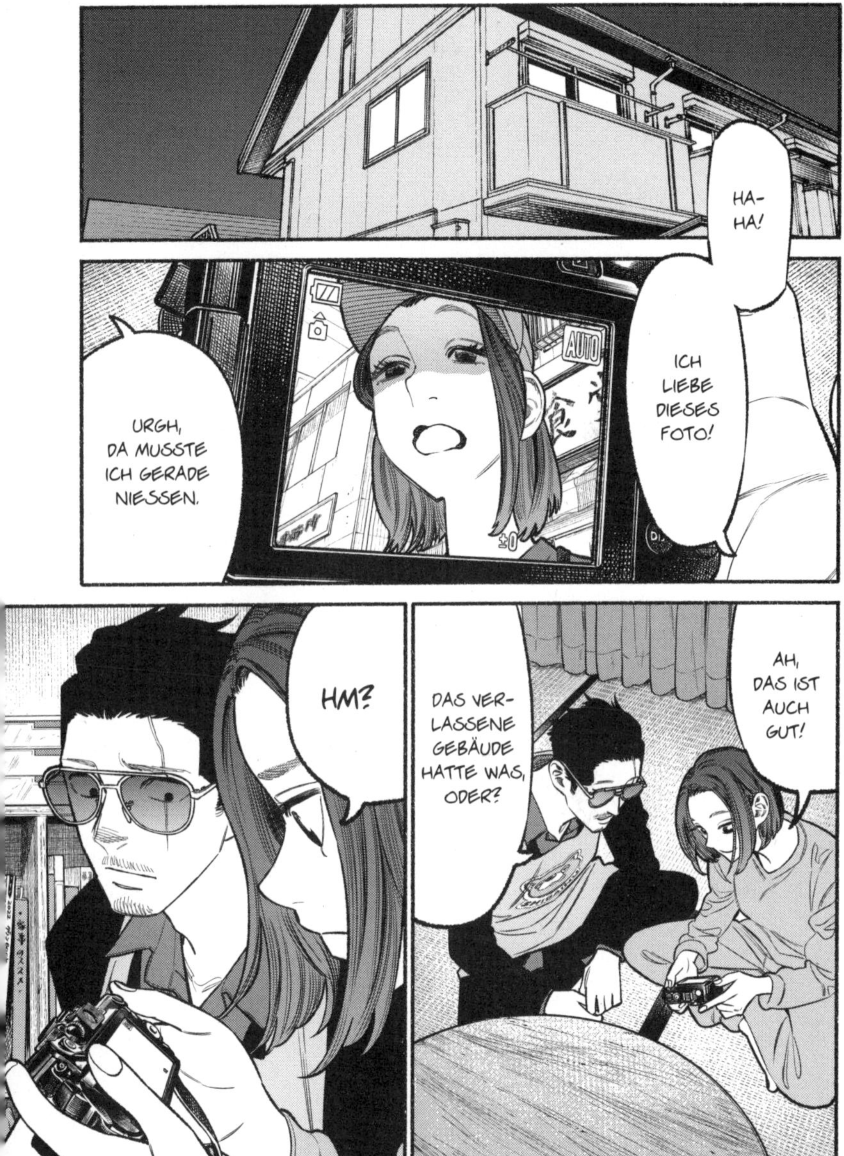
HA-HA!
ICH LIEBE DIESES FOTO!
URGH, DA MUSSTE ICH GERADE NIESSEN.
AH, DAS IST AUCH GUT!
DAS VER-LASSENE GEBÄUDE HATTE WAS, ODER?
HM?

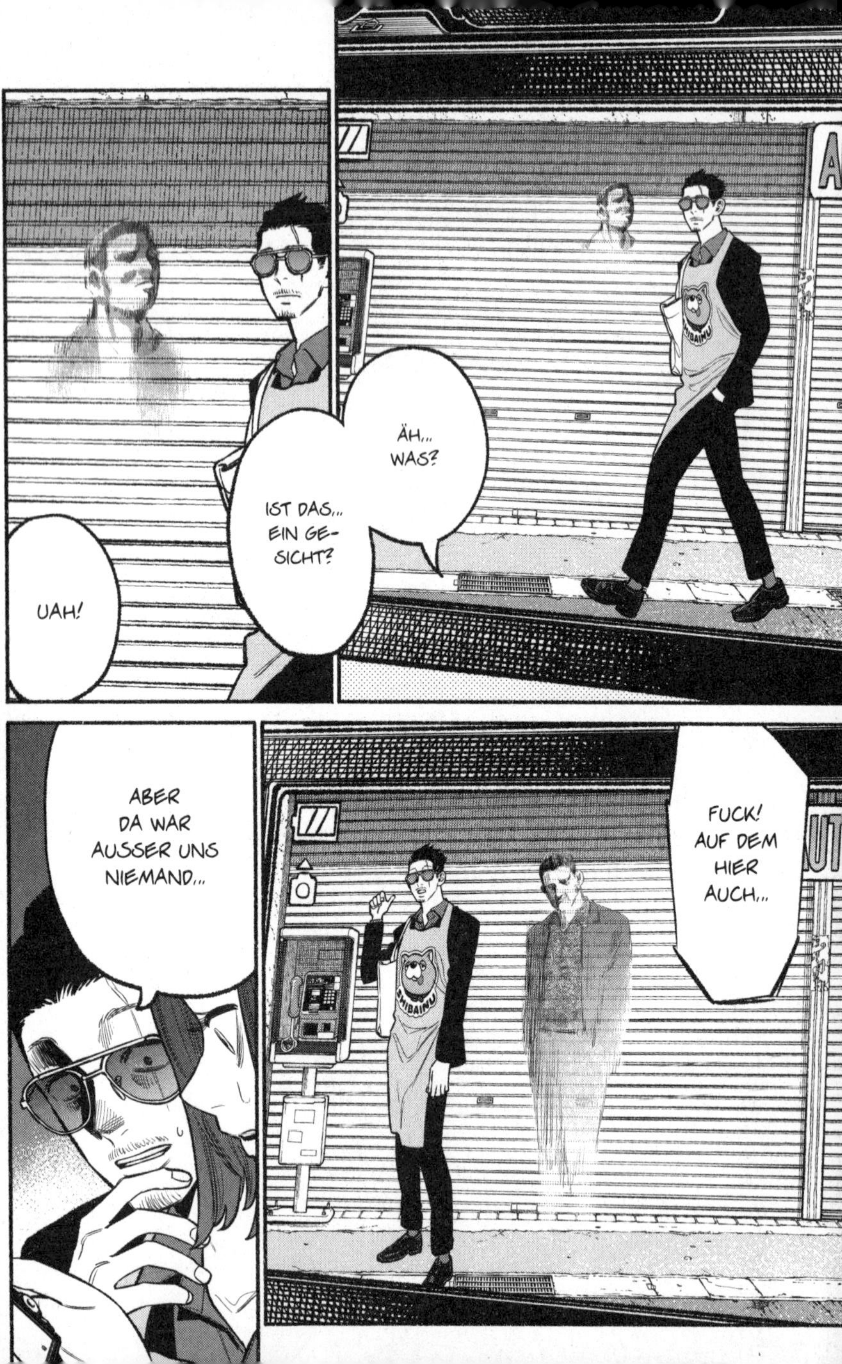
ÄH... WAS?
IST DAS... EIN GESICHT?
UAH!
FUCK! AUF DEM HIER AUCH...
ABER DA WAR AUSSER UNS NIEMAND...

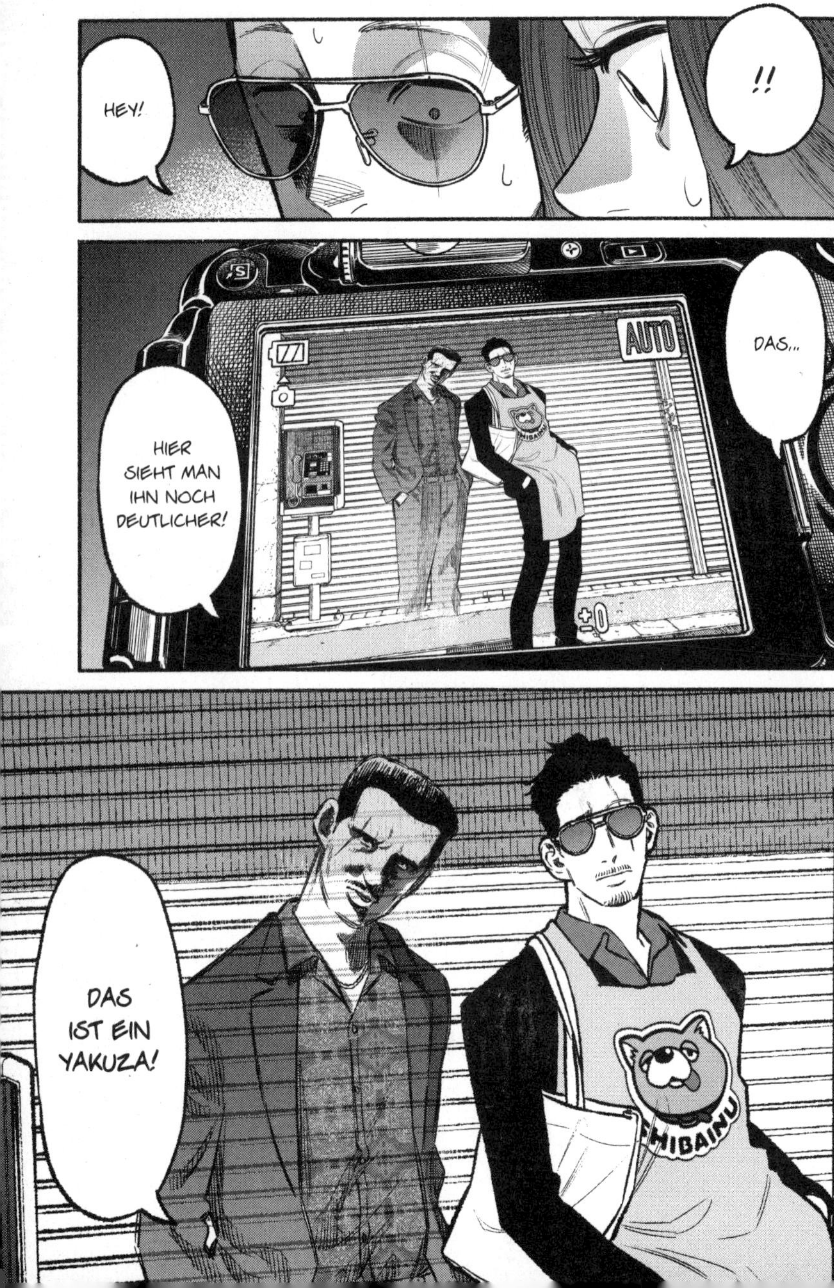
!!
HEY!
DAS...
AUTO
HIER SIEHT MAN IHN NOCH DEUTLICHER!
DAS IST EIN YAKUZA!
SHIBAINU

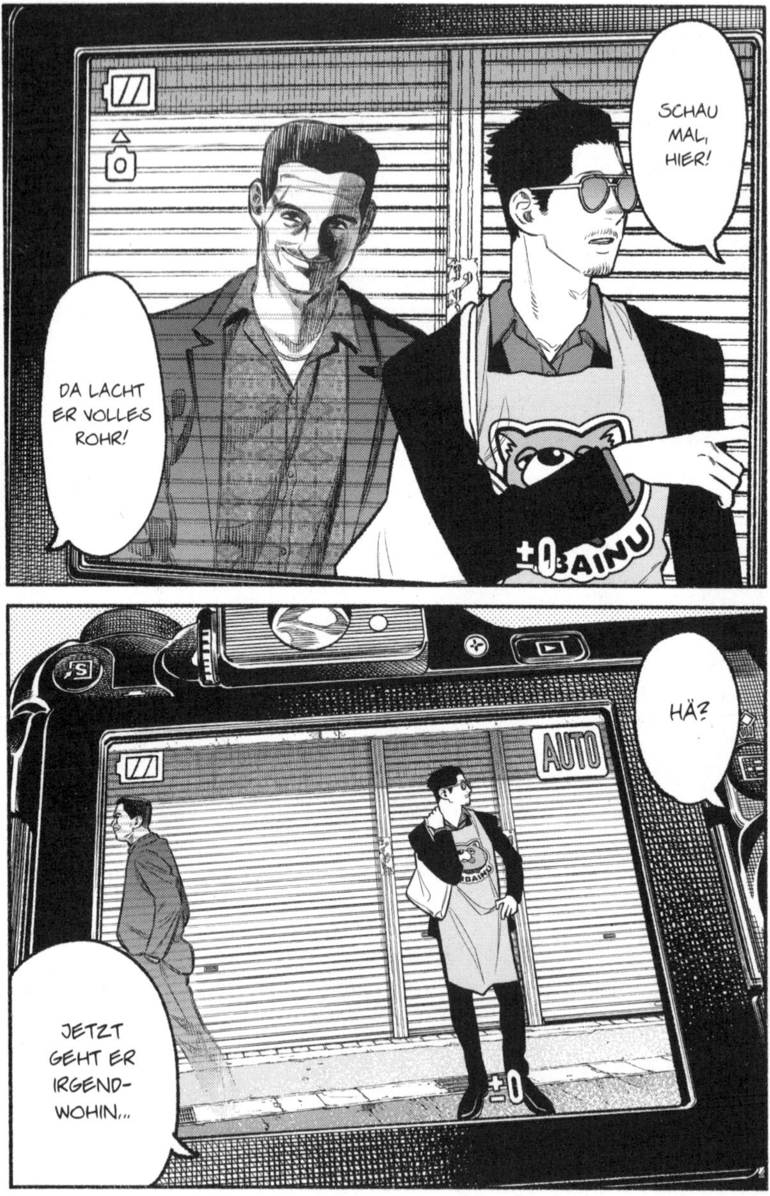
SCHAU MAL, HIER!
DA LACHT ER VOLLES ROHR!
HÄ?
AUTO
JETZT GEHT ER IRGEND-WOHIN...

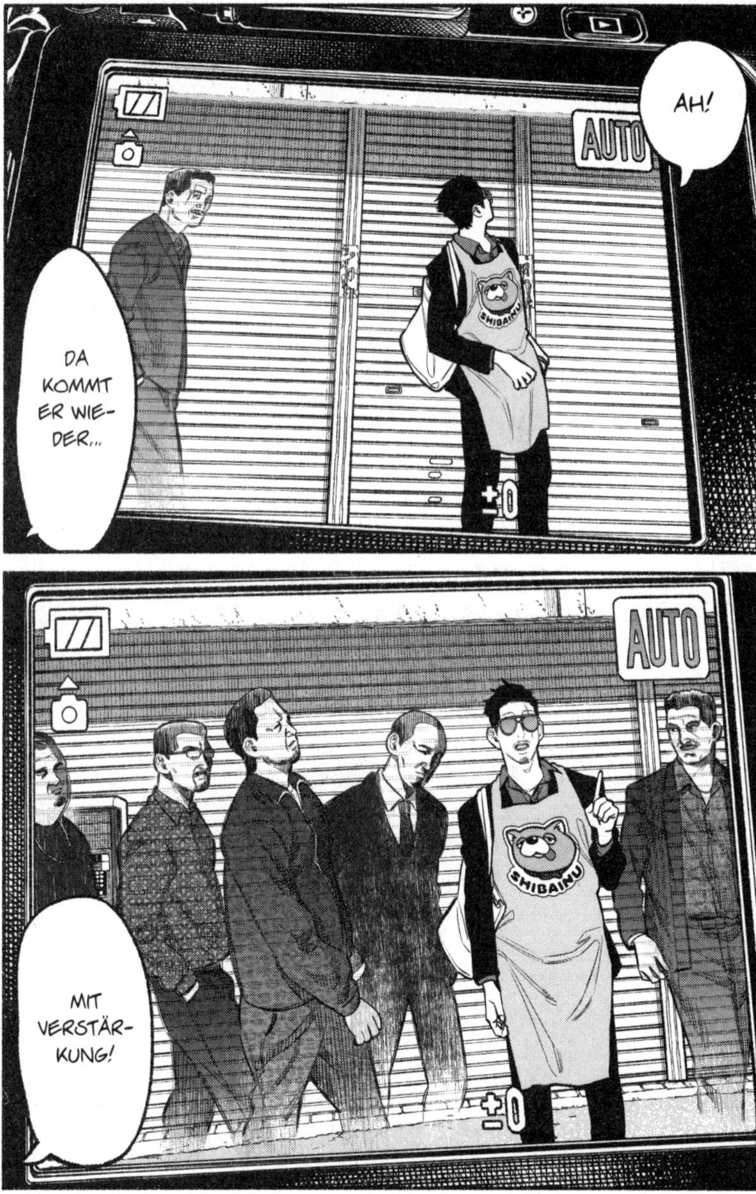
AUTO
AH!
SHIBAINU
DA KOMMT ER WIEDER...
AUTO
SHIBAINU
MIT VERSTÄRKUNG!

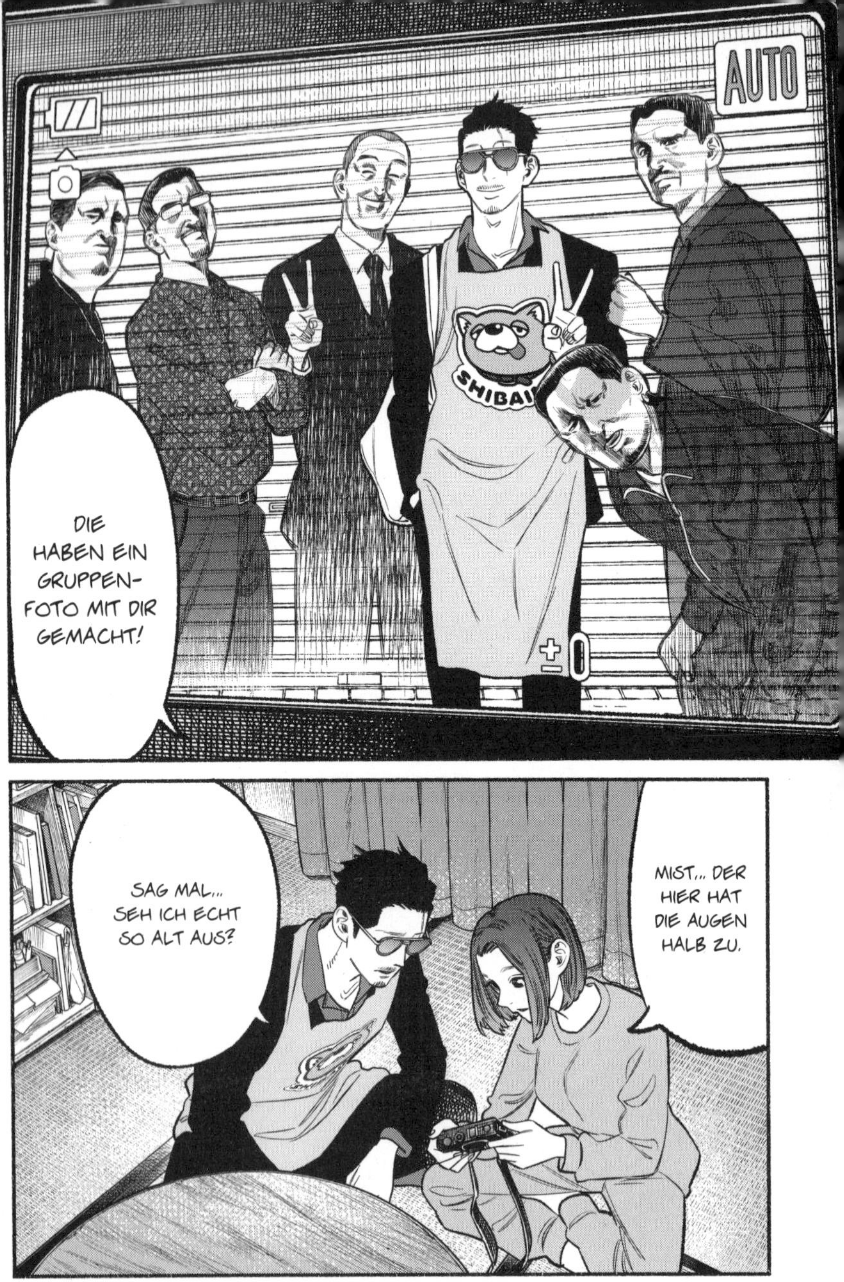
AUTO
SHIBAI
DIE HABEN EIN GRUPPEN-FOTO MIT DIR GEMACHT!
MIST... DER HIER HAT DIE AUGEN HALB ZU.
SAG MAL... SEH ICH ECHT SO ALT AUS?

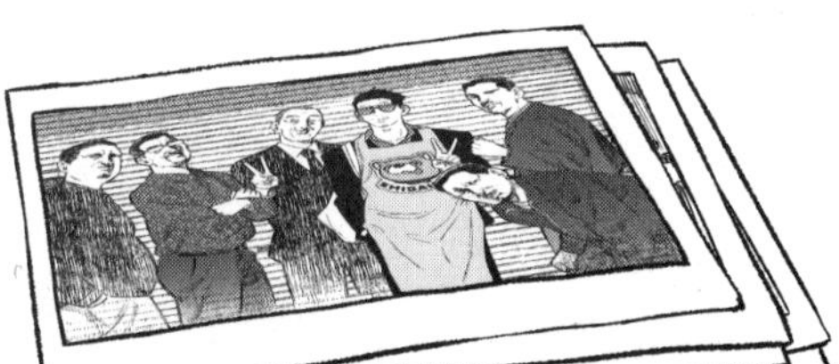

YAKUZA GOES HAUSMANN

極主夫道

GOKUSHUFUDO

KAPITEL 96

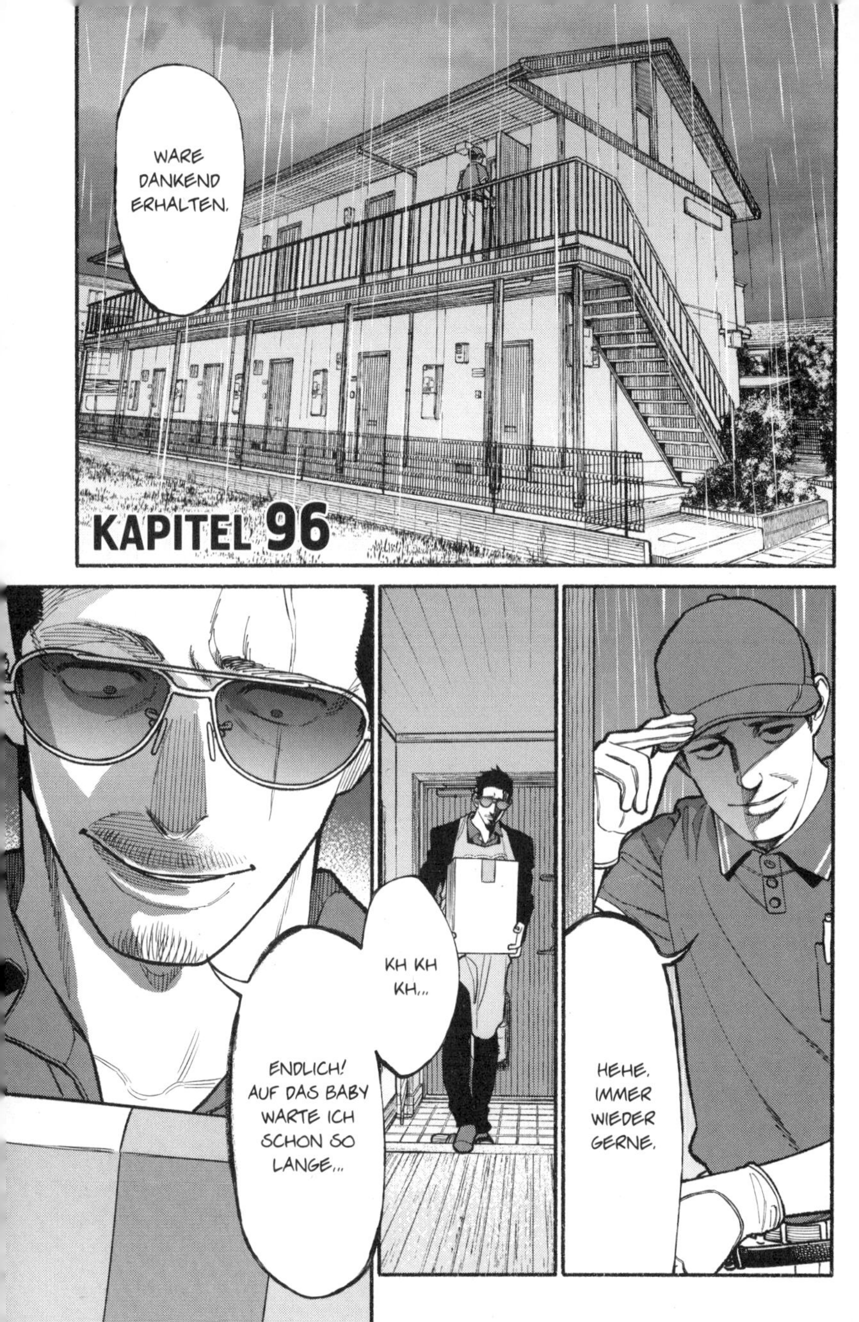
WARE DANKEND ERHALTEN.
HEHE. IMMER WIEDER GERNE.
KH KH KH...
ENDLICH! AUF DAS BABY WARTE ICH SCHON SO LANGE...

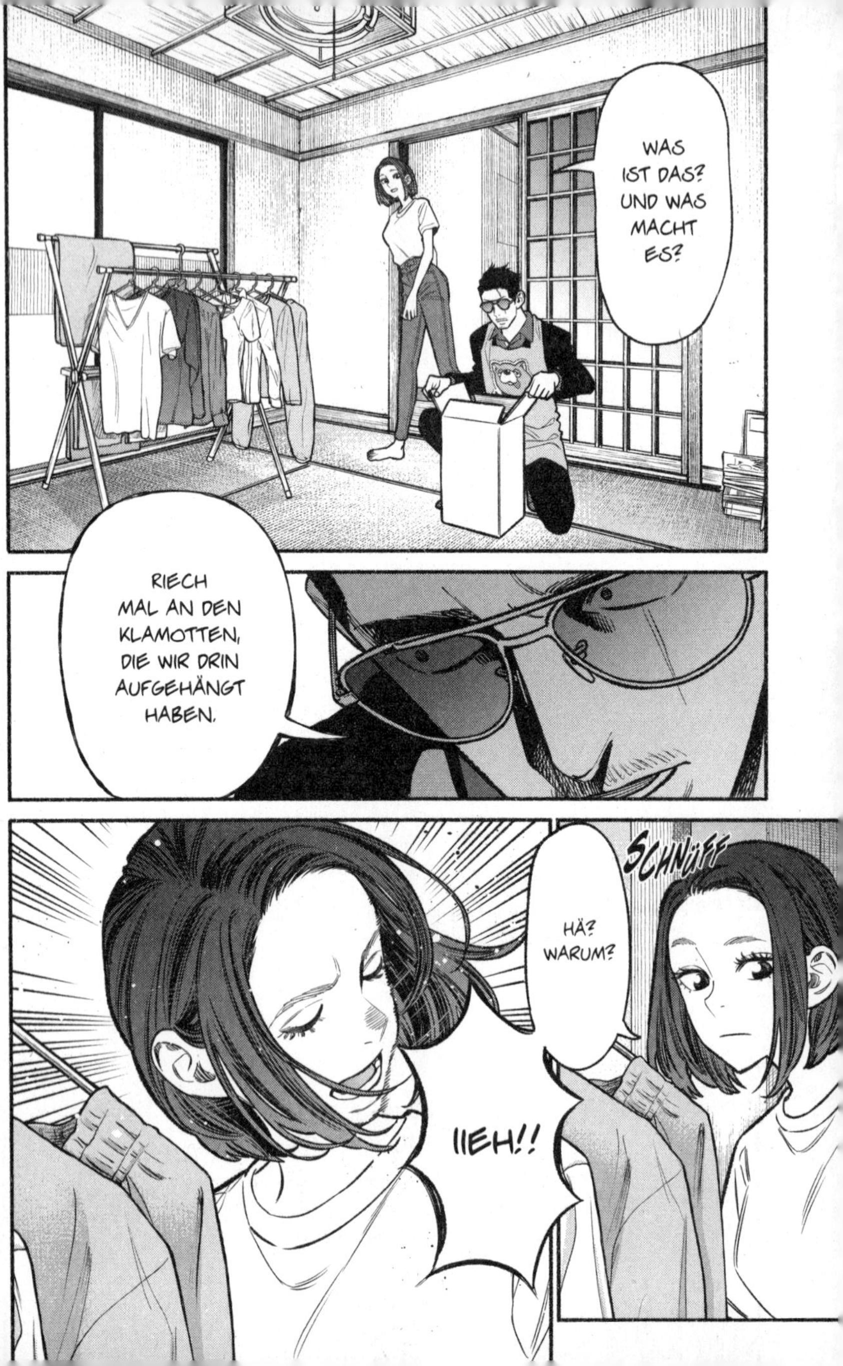
WAS IST DAS? UND WAS MACHT ES?
RIECH MAL AN DEN KLAMOTTEN, DIE WIR DRIN AUFGEHÄNGT HABEN.
SCHNÜFF
HÄ? WARUM?
IIEH!!

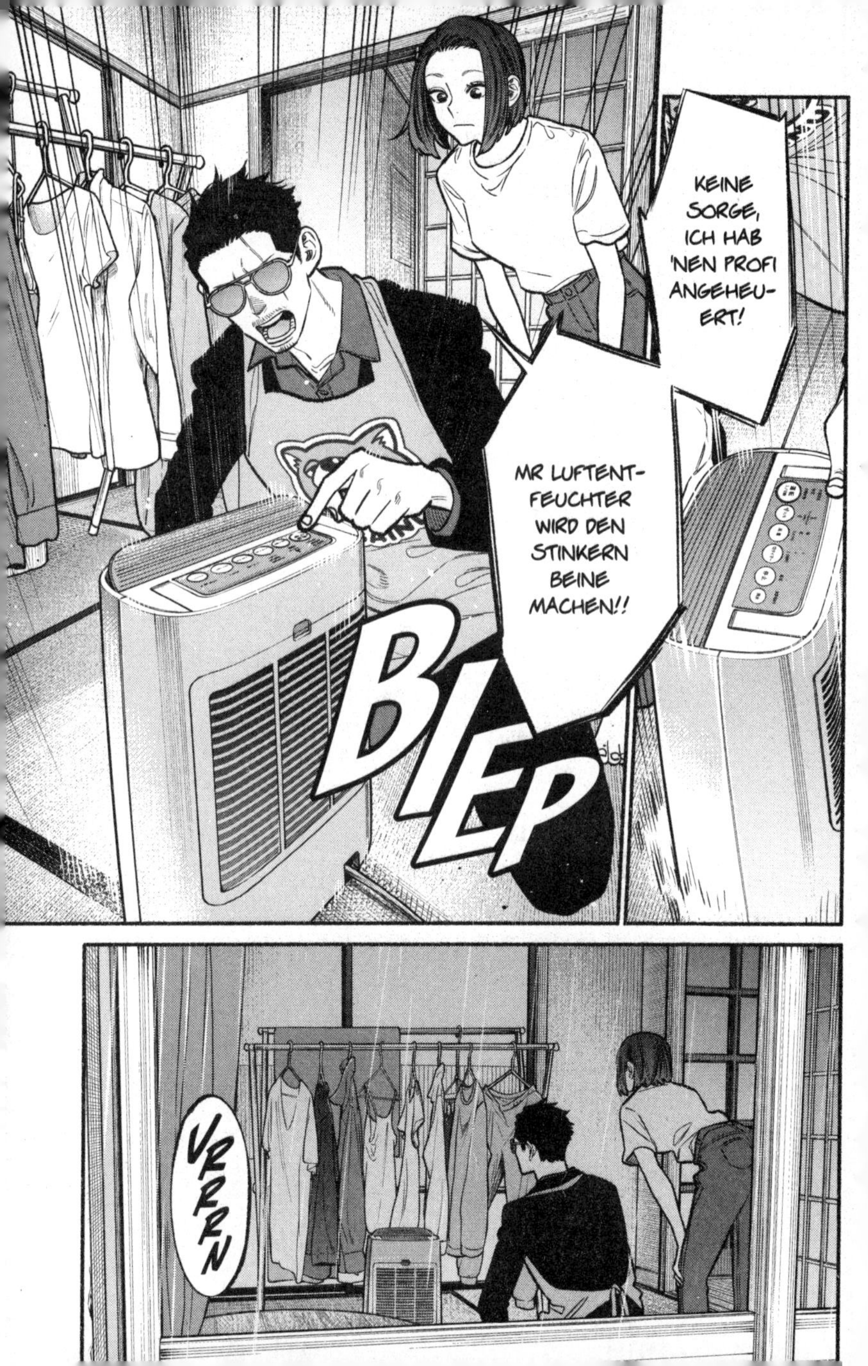
KEINE SORGE, ICH HAB 'NEN PROFI ANGEHEU-ERT!
MR LUFTENT-FEUCHTER WIRD DEN STINKERN BEINE MACHEN!!
BLEP
VRRRN

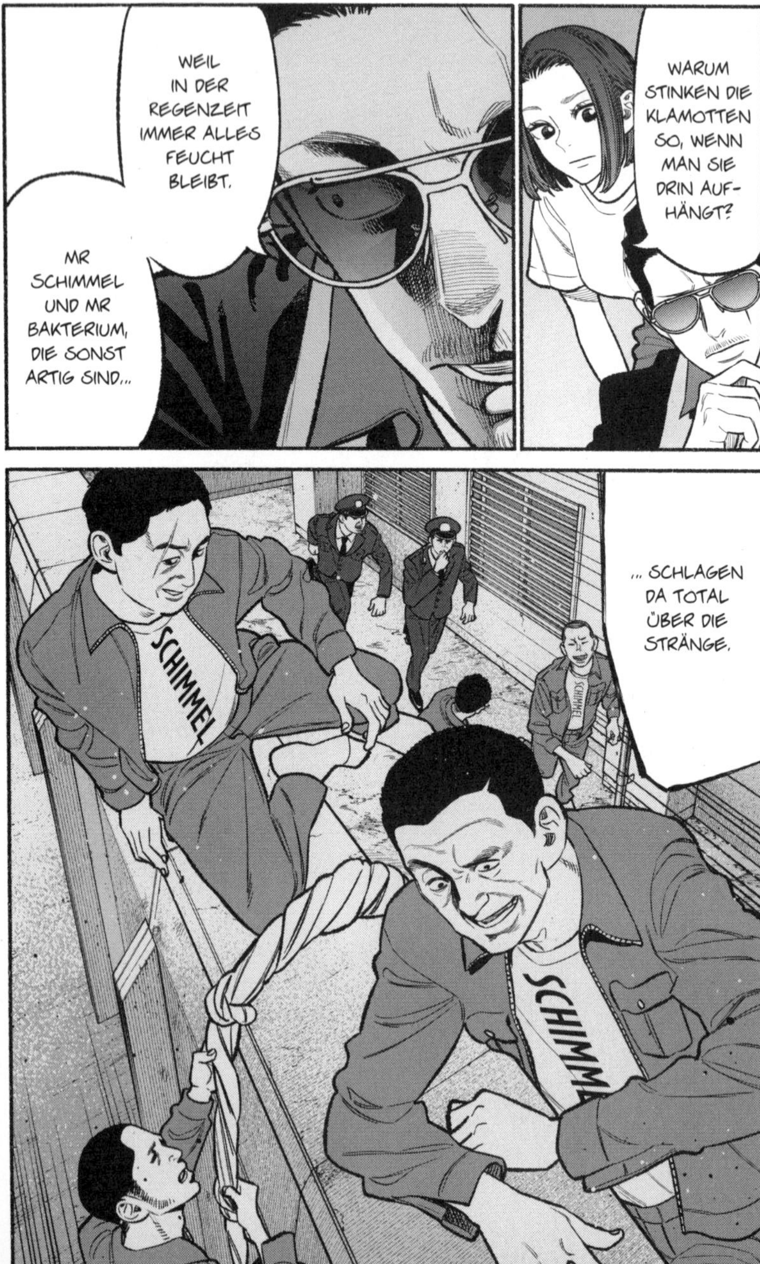
WARUM STINKEN DIE KLAMOTTEN SO, WENN MAN SIE DRIN AUF-HÄNGT?
WEIL IN DER REGENZEIT IMMER ALLES FEUCHT BLEIBT.
MR SCHIMMEL UND MR BAKTERIUM, DIE SONST ARTIG SIND...
... SCHLAGEN DA TOTAL ÜBER DIE STRÄNGE.
SCHIMMEL
SCHIMMEL
SCHIMMEL

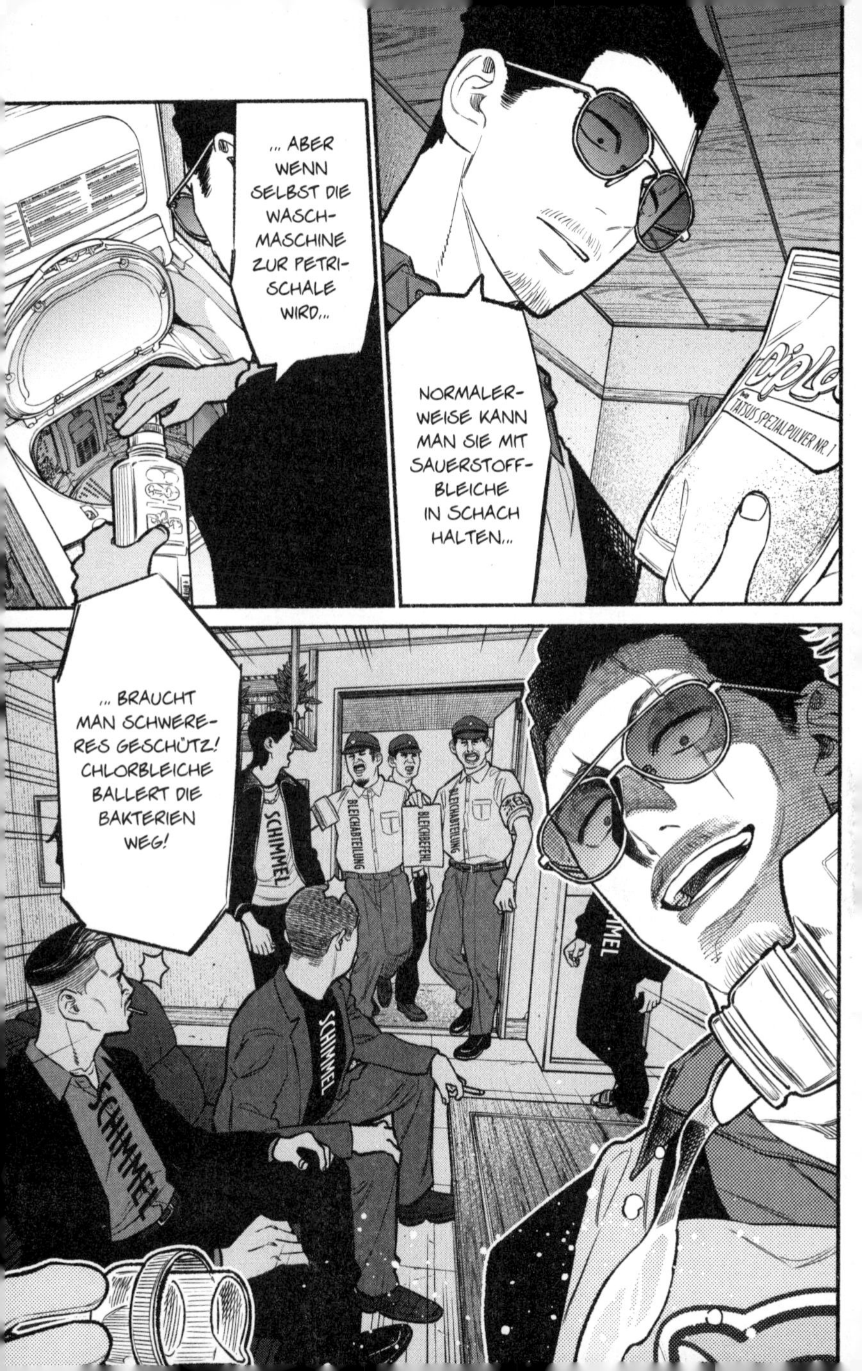

NORMALER-WEISE KANN MAN SIE MIT SAUERSTOFF-BLEICHE IN SCHACH HALTEN...
TATSUS SPEZIALPULVER NR. 1
... ABER WENN SELBST DIE WASCH-MASCHINE ZUR PETRI-SCHALE WIRD...
... BRAUCHT MAN SCHWERE-RES GESCHÜTZ! CHLORBLEICHE BALLERT DIE BAKTERIEN WEG!
BLEICHABTEILUNG
BLEICHBEFEHL
BLEICHABTEILUNG
SCHIMMEL
SCHIMMEL
SCHIMMEL
SCHIMMEL

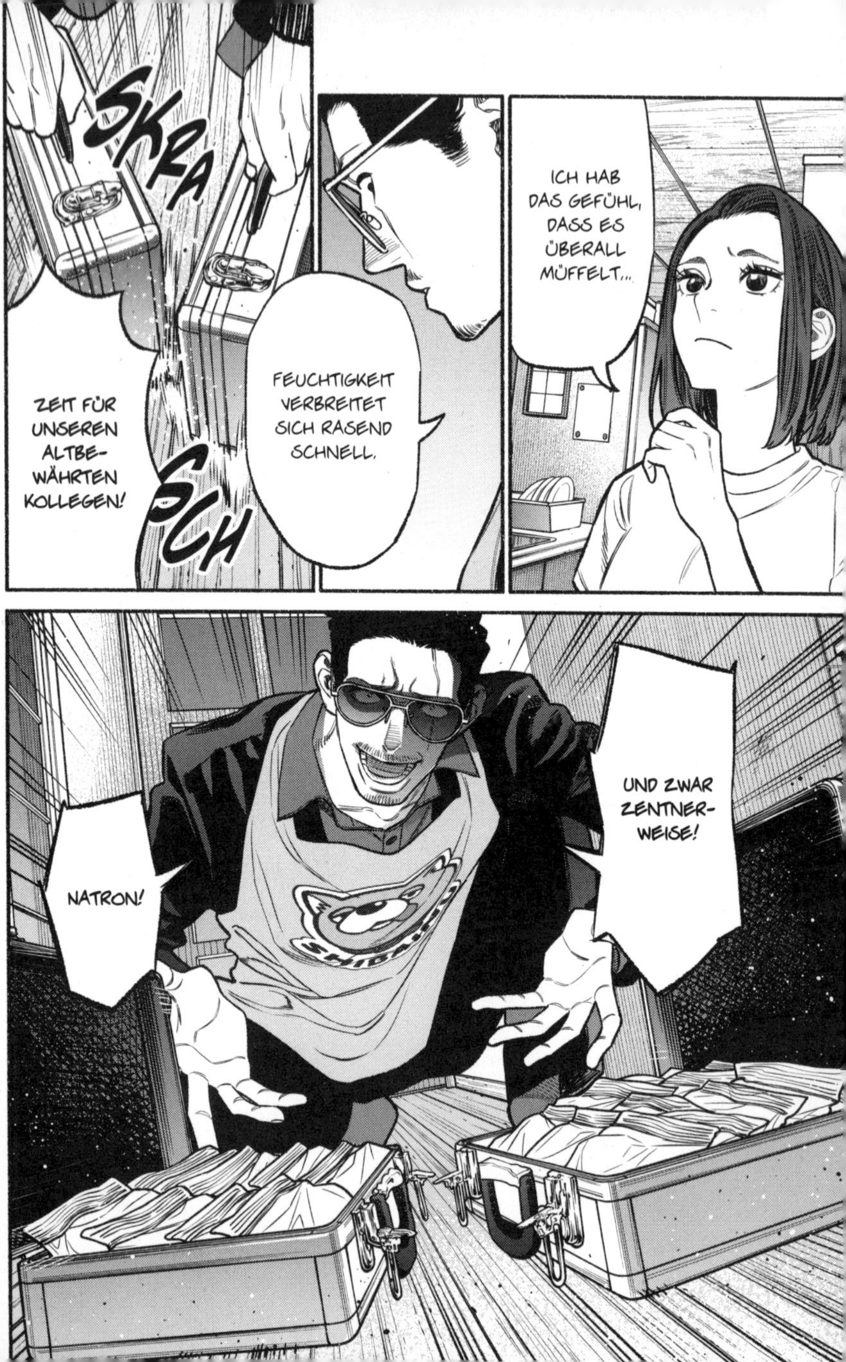

ICH HAB DAS GEFÜHL, DASS ES ÜBERALL MÜFFELT...
FEUCHTIGKEIT VERBREITET SICH RASEND SCHNELL.
ZEIT FÜR UNSEREN ALTBE-WÄHRTEN KOLLEGEN!
SKRA
SCH
UND ZWAR ZENTNER-WEISE!
NATRON!

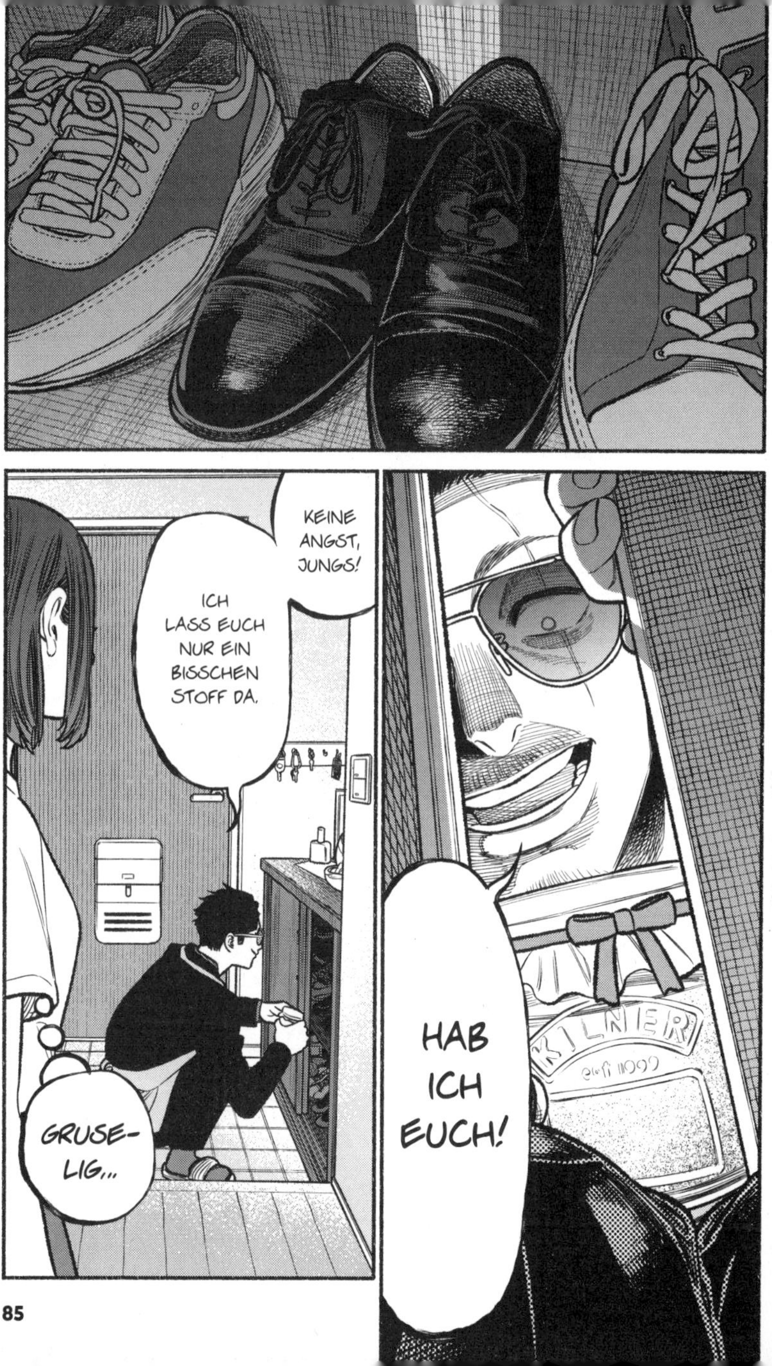
HAB ICH EUCH!
KILNER
KEINE ANGST, JUNGS!
ICH LASS EUCH NUR EIN BISSCHEN STOFF DA.
GRUSE-LIG...

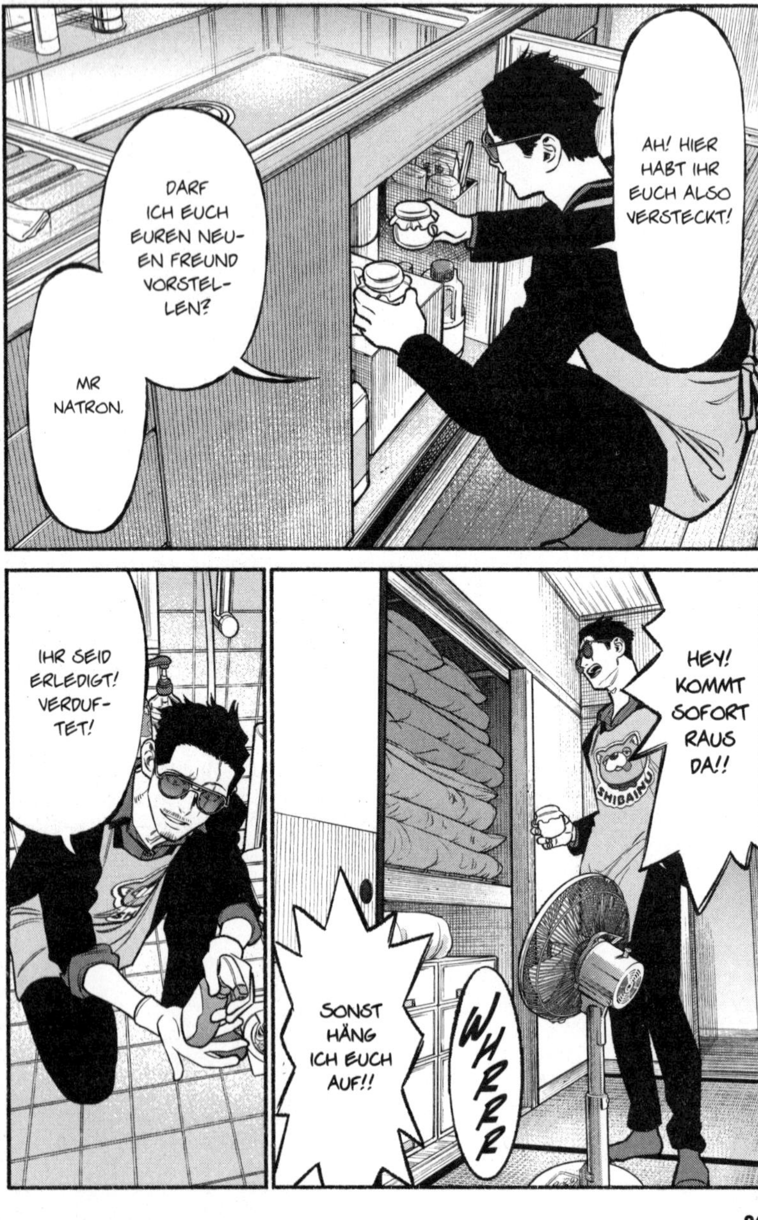
AH! HIER HABT IHR EUCH ALSO VERSTECKT!
DARF ICH EUCH EUREN NEU-EN FREUND VORSTEL-LEN?
MR NATRON.
HEY! KOMMT SOFORT RAUS DA!!
WHRRR
SONST HÄNG ICH EUCH AUF!!
IHR SEID ERLEDIGT! VERDUF-TET!

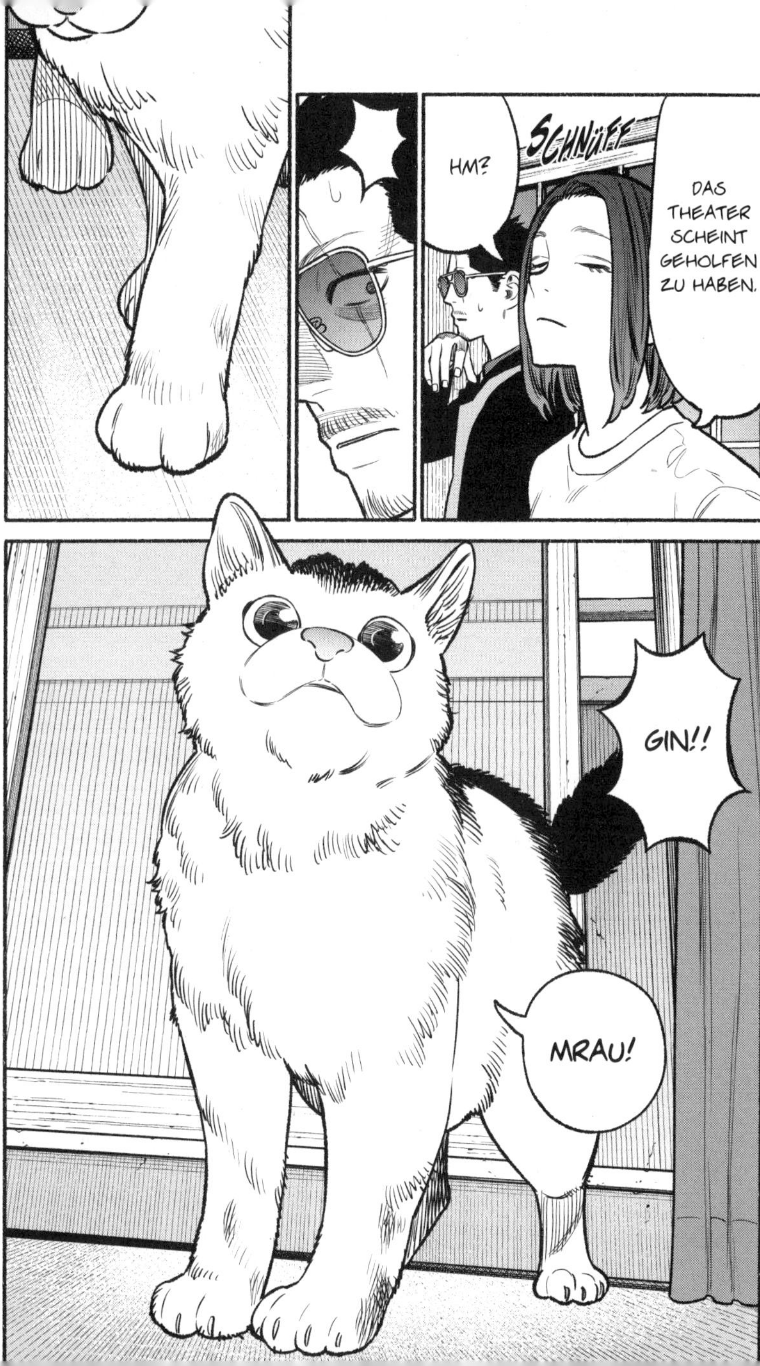
DAS THEATER SCHEINT GEHOLFEN ZU HABEN.
SCHNÜFF
HM?
GIN!!
MRAU!

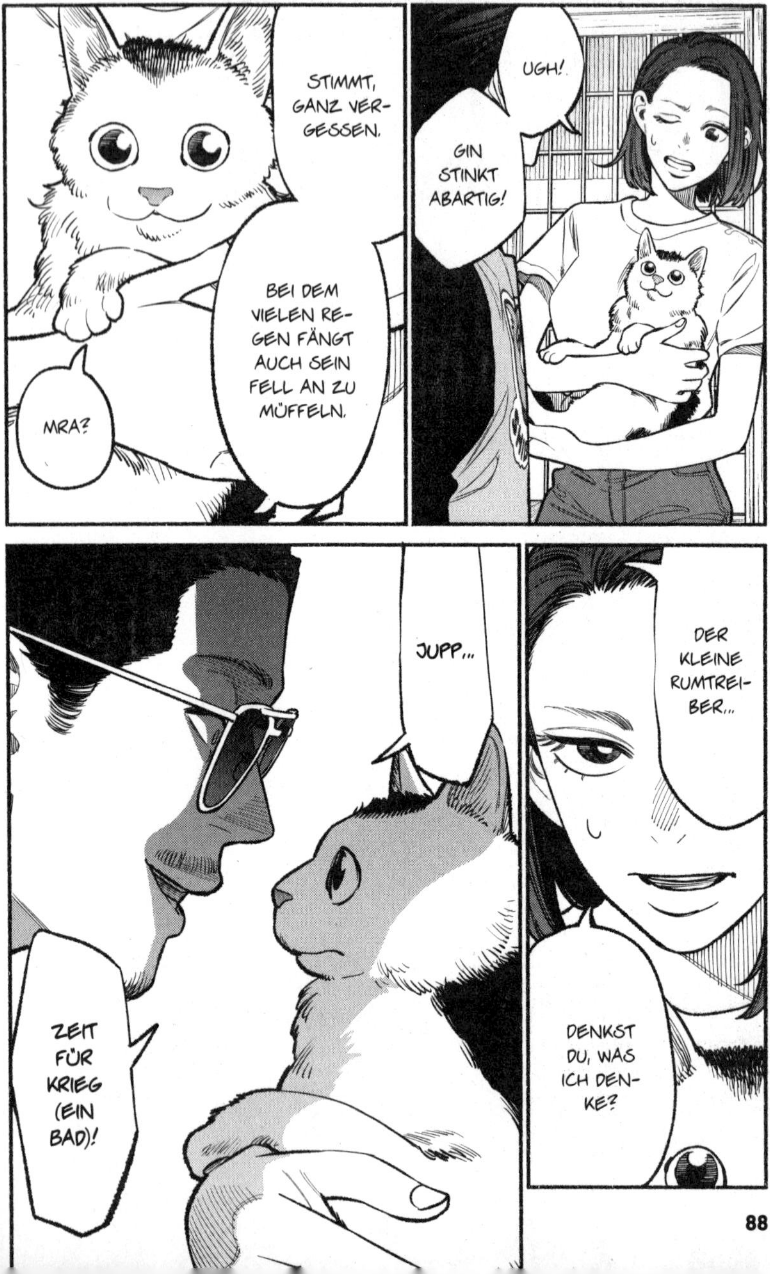

UGH!
GIN STINKT ABARTIG!
STIMMT, GANZ VERGESSEN.
BEI DEM VIELEN REGEN FÄNGT AUCH SEIN FELL AN ZU MÜFFELN.
MRA?
DER KLEINE RUMTREIBER...
DENKST DU, WAS ICH DENKE?
JUPP...
ZEIT FÜR KRIEG (EIN BAD)!

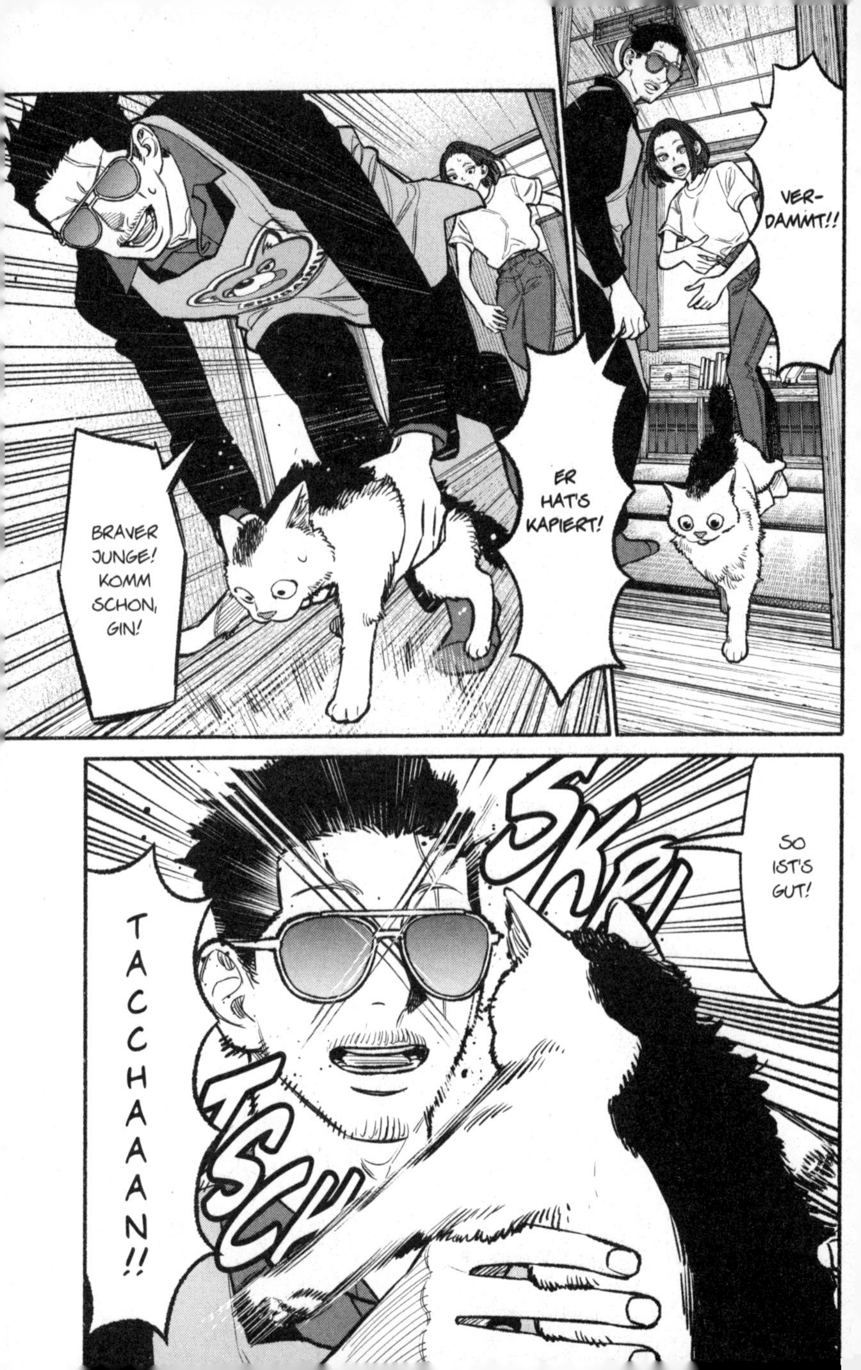

VER-
DAMMT!!
ER
HAT'S
KAPIERT!
BRAVER
JUNGE!
KOMM
SCHON,
GIN!
SO
IST'S
GUT!
SKRI
TACCHAAAAN!!
KTSCH

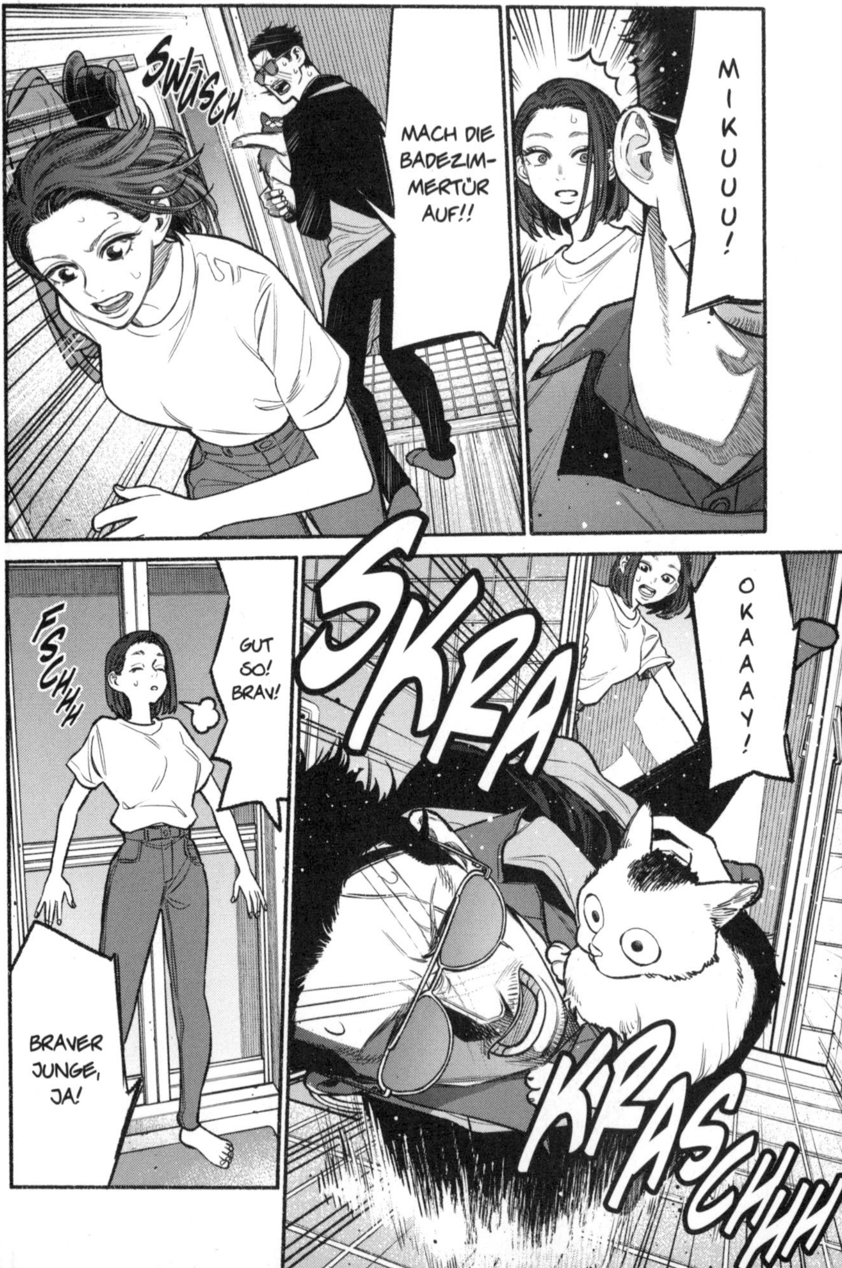
MIKUUUU!
MACH DIE BADEZIMMERTÜR AUF!!
SWUSCH
OKAAAAY!
SKRA
KRASCHHH
GUT SO! BRAV!
FSCHHH
BRAVER JUNGE, JA!

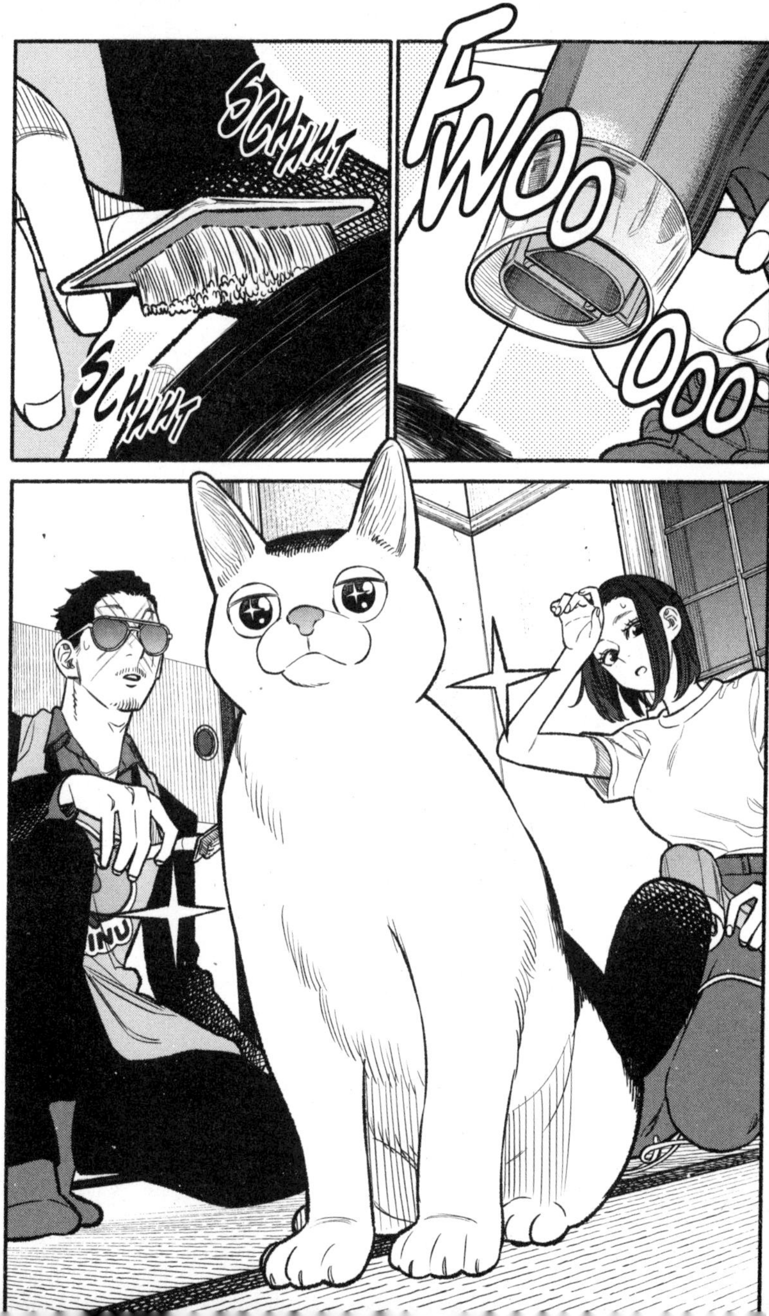
FWOOOOO...
INU

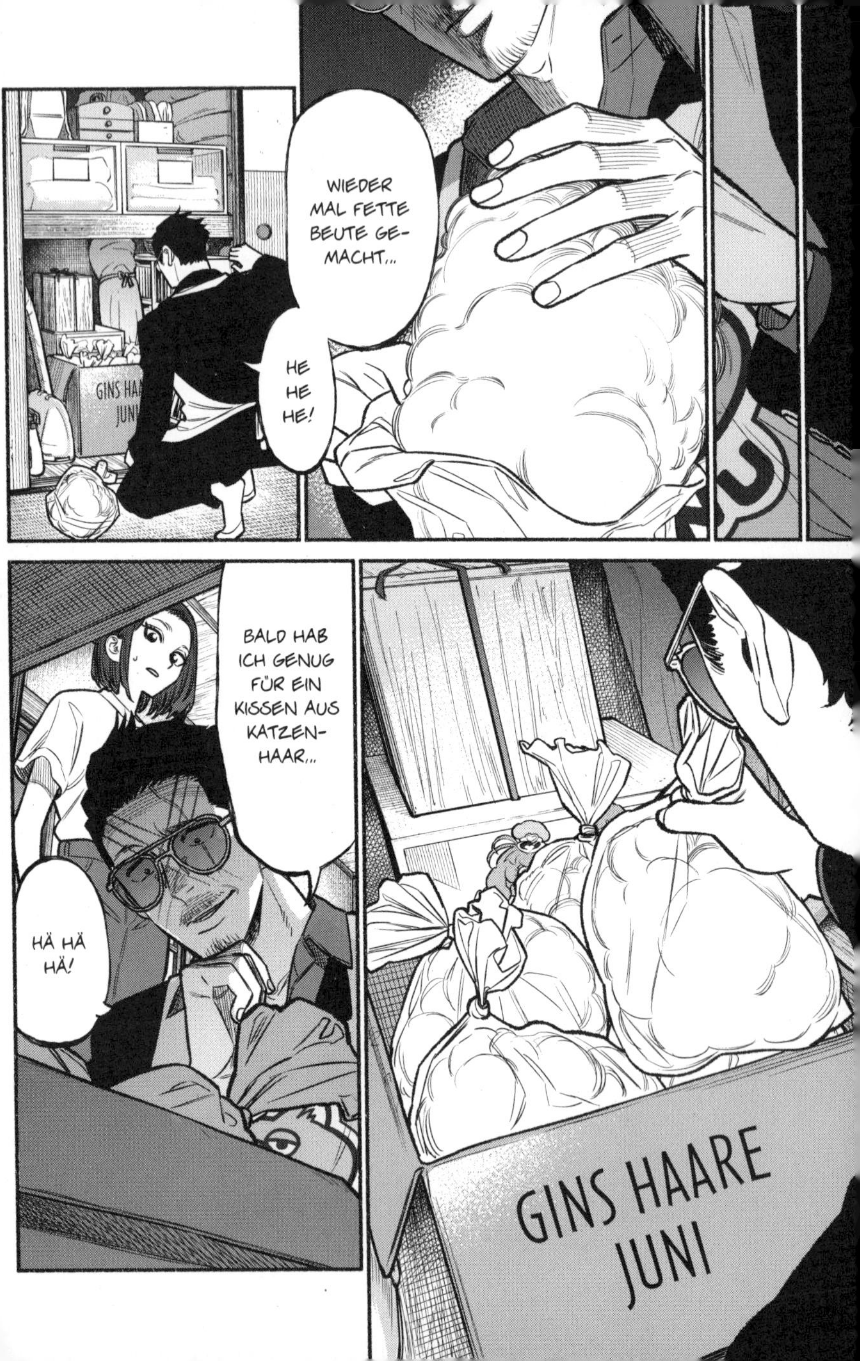
WIEDER MAL FETTE BEUTE GEMACHT…
HE HE HE!
GINS HAARE JUNI
BALD HAB ICH GENUG FÜR EIN KISSEN AUS KATZENHAAR…
HÄ HÄ HÄ!
GINS HAARE JUNI

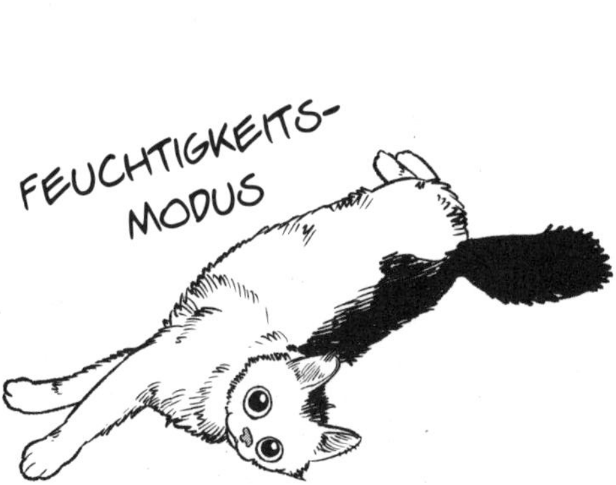
FEUCHTIGKEITS-
MODUS

YAKUZA GOES HAUSMANN

極主夫道

GOKUSHUFUDO

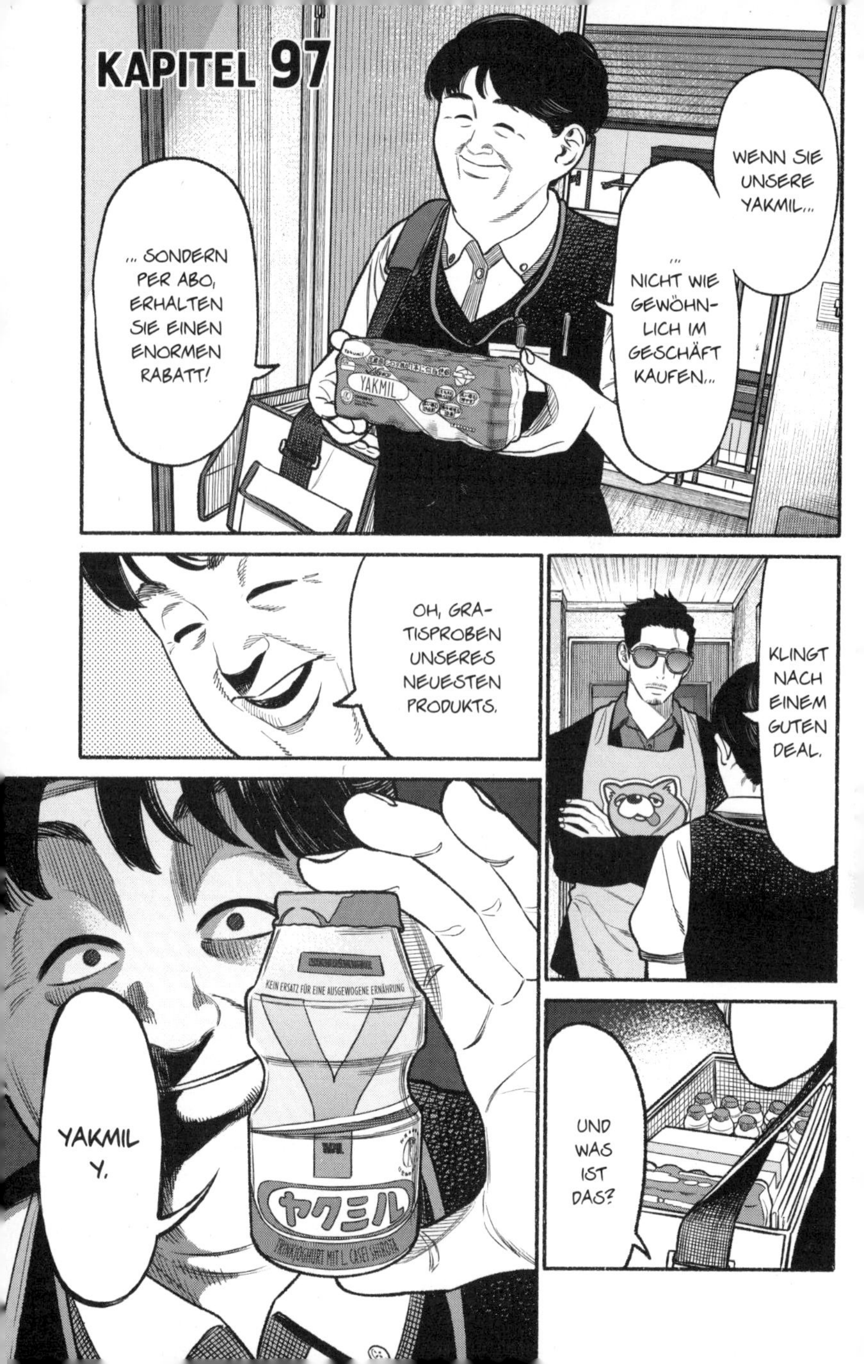
KAPITEL 97
WENN SIE UNSERE YAKMIL...
... NICHT WIE GEWÖHNLICH IM GESCHÄFT KAUFEN...
... SONDERN PER ABO, ERHALTEN SIE EINEN ENORMEN RABATT!
YAKMIL
KLINGT NACH EINEM GUTEN DEAL.
UND WAS IST DAS?
OH, GRATISPROBEN UNSERES NEUESTEN PRODUKTS.
YAKMIL Y.
KEIN ERSATZ FÜR EINE AUSGEWOGENE ERNÄHRUNG
ヤクミル
TRINKJOGHURT MIT L. CASEI SHIROTA

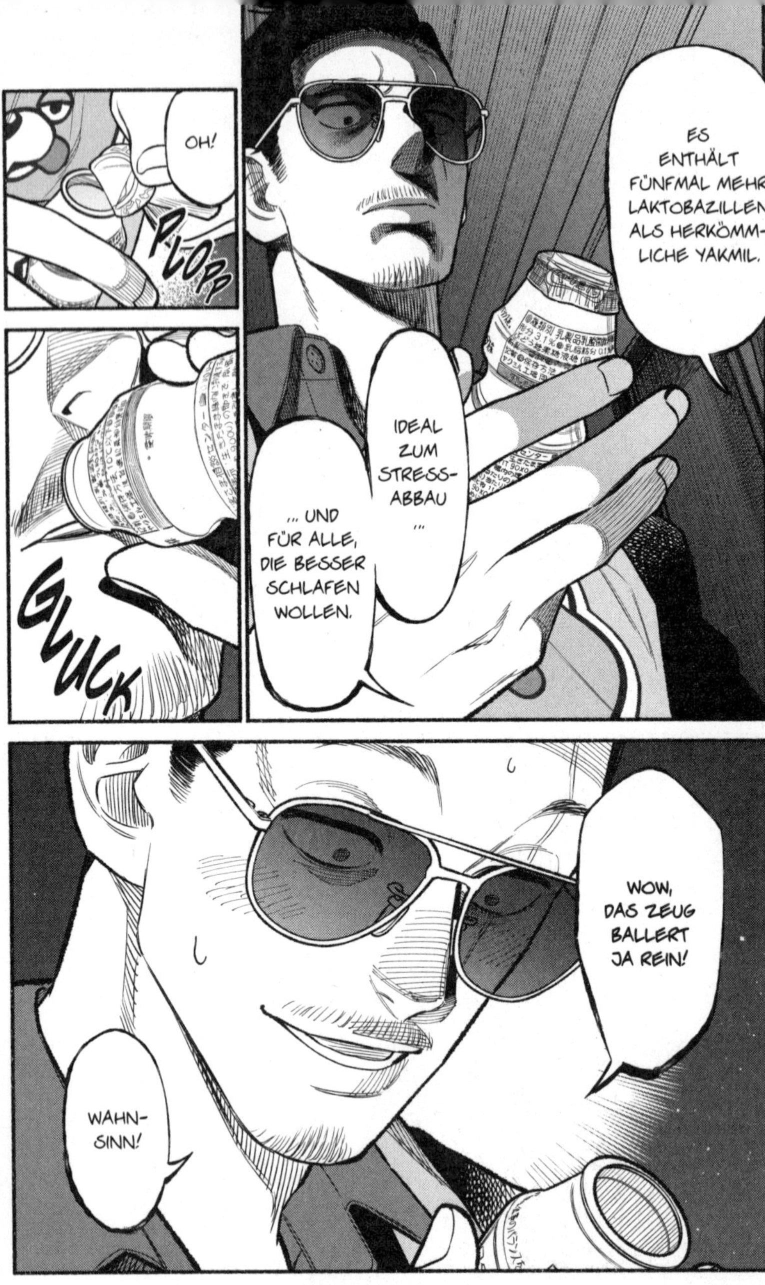
ES ENTHÄLT FÜNFMAL MEHR LAKTOBAZILLEN ALS HERKÖMM-LICHE YAKMIL.
IDEAL ZUM STRESS-ABBAU ...
... UND FÜR ALLE, DIE BESSER SCHLAFEN WOLLEN.
OH!
PLOPP
GLUCK
WOW, DAS ZEUG BALLERT JA REIN!
WAHN-SINN!

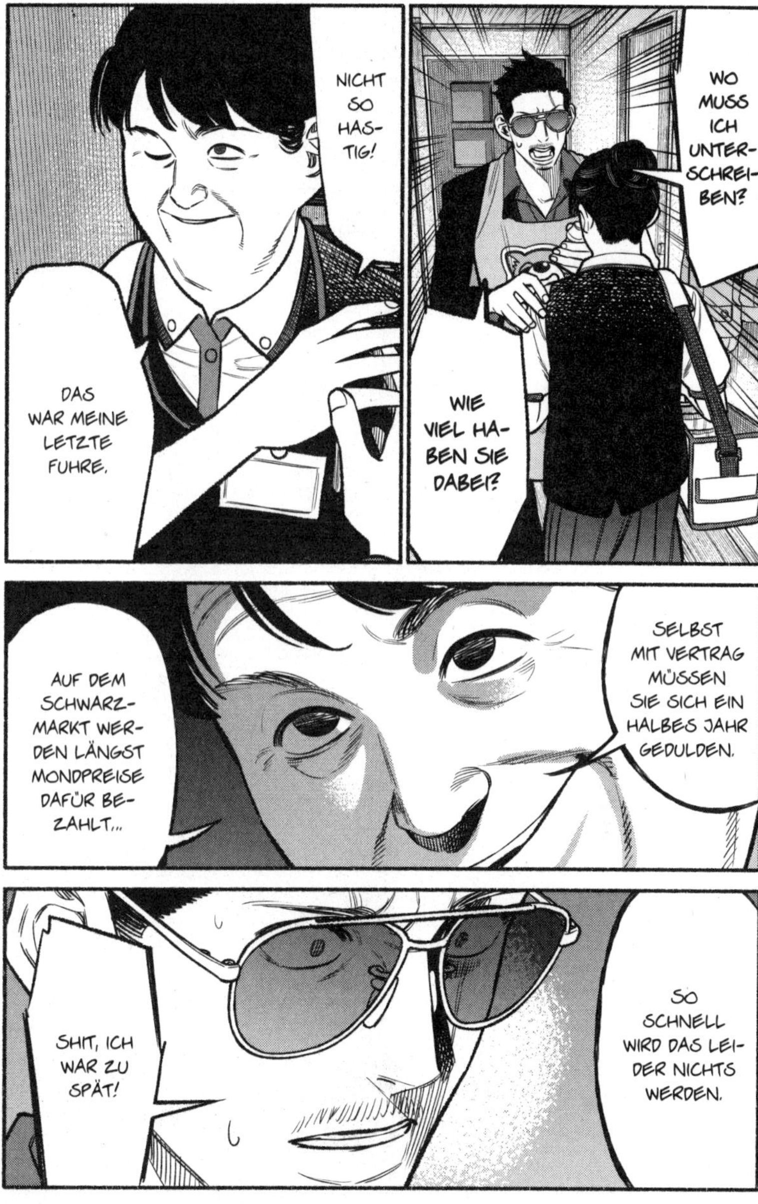
WO MUSS ICH UNTERSCHREIBEN?
WIE VIEL HABEN SIE DABEI?
NICHT SO HASTIG!
DAS WAR MEINE LETZTE FUHRE.
SELBST MIT VERTRAG MÜSSEN SIE SICH EIN HALBES JAHR GEDULDEN.
AUF DEM SCHWARZMARKT WERDEN LÄNGST MONDPREISE DAFÜR BEZAHLT...
SO SCHNELL WIRD DAS LEIDER NICHTS WERDEN.
SHIT, ICH WAR ZU SPÄT!

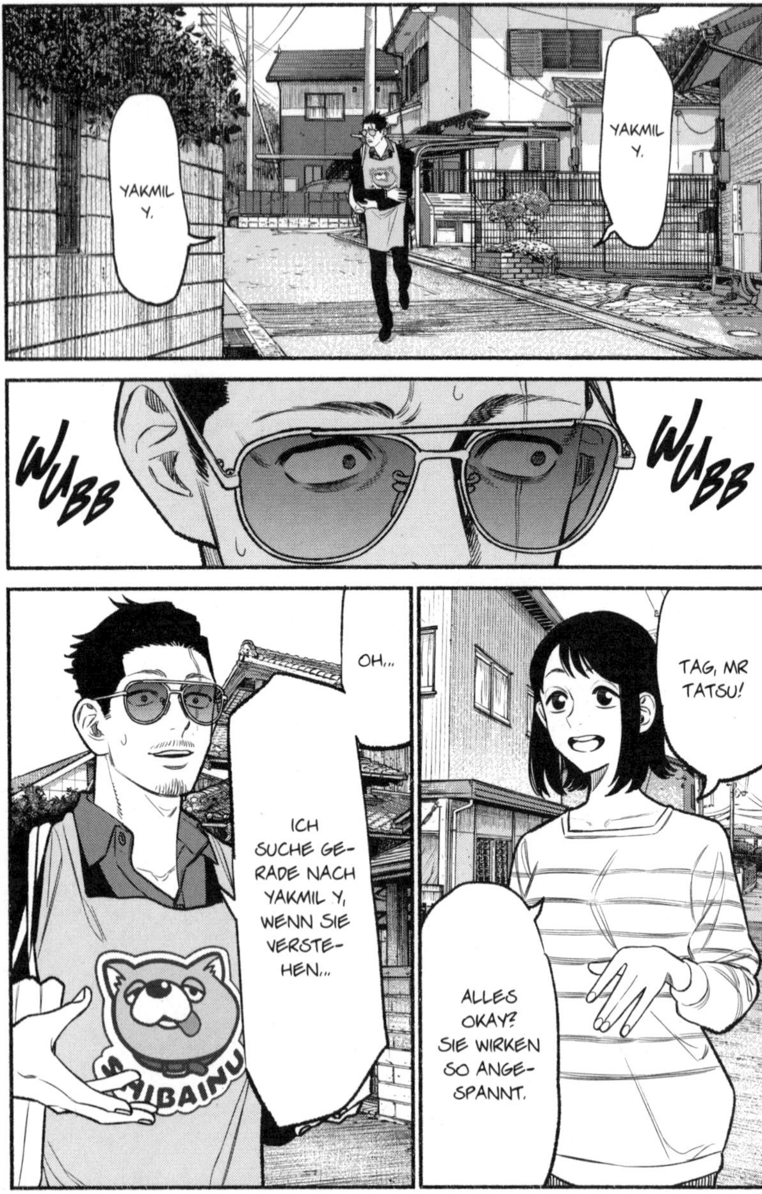
YAKMIL Y.
YAKMIL Y.
WUBB
WUBB
TAG, MR TATSU!
ALLES OKAY? SIE WIRKEN SO ANGE-SPANNT.
OH...
ICH SUCHE GE-RADE NACH YAKMIL Y, WENN SIE VERSTE-HEN...

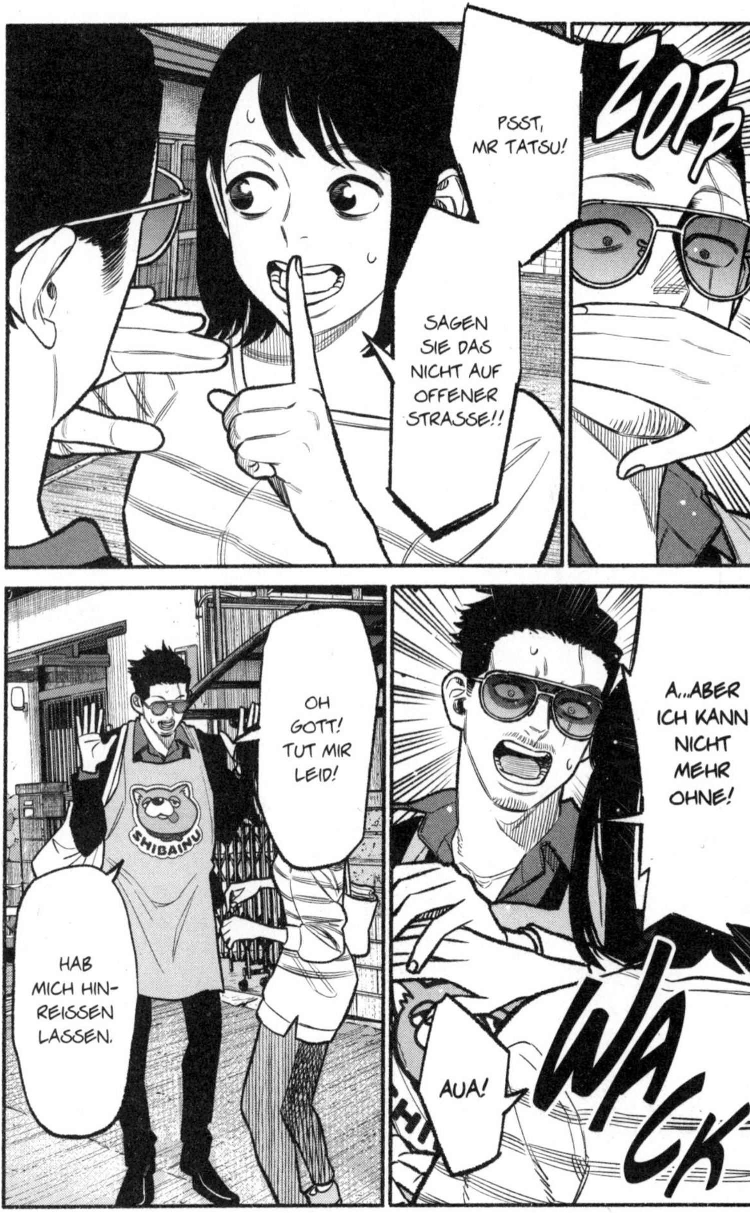
PSST, MR TATSU!
ZOPP
SAGEN SIE DAS NICHT AUF OFFENER STRASSE!!
A..ABER ICH KANN NICHT MEHR OHNE!
WACK
AUA!
OH GOTT! TUT MIR LEID!
HAB MICH HIN-REISSEN LASSEN.

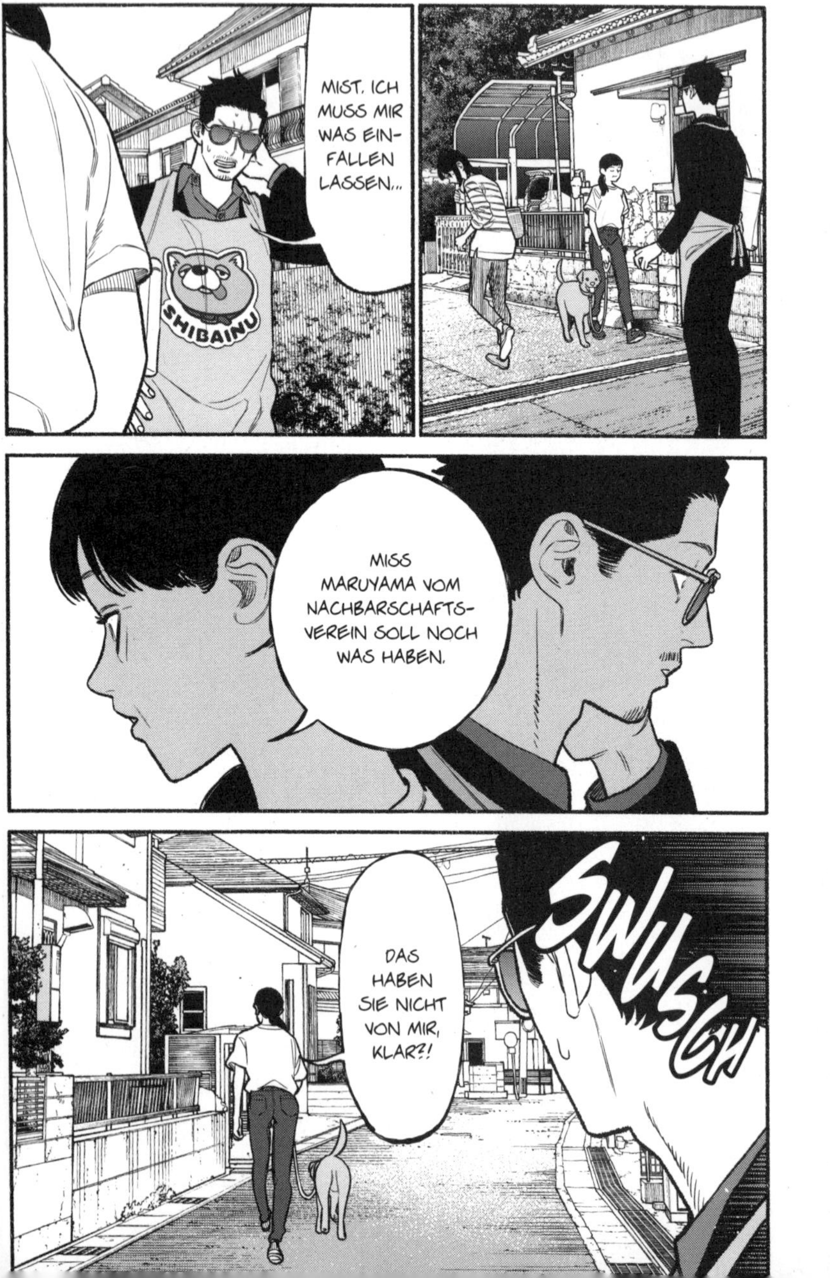
MIST. ICH MUSS MIR WAS EIN-FALLEN LASSEN...
SHIBAINU
MISS MARUYAMA VOM NACHBARSCHAFTS-VEREIN SOLL NOCH WAS HABEN.
SWUSCH
DAS HABEN SIE NICHT VON MIR, KLAR?!

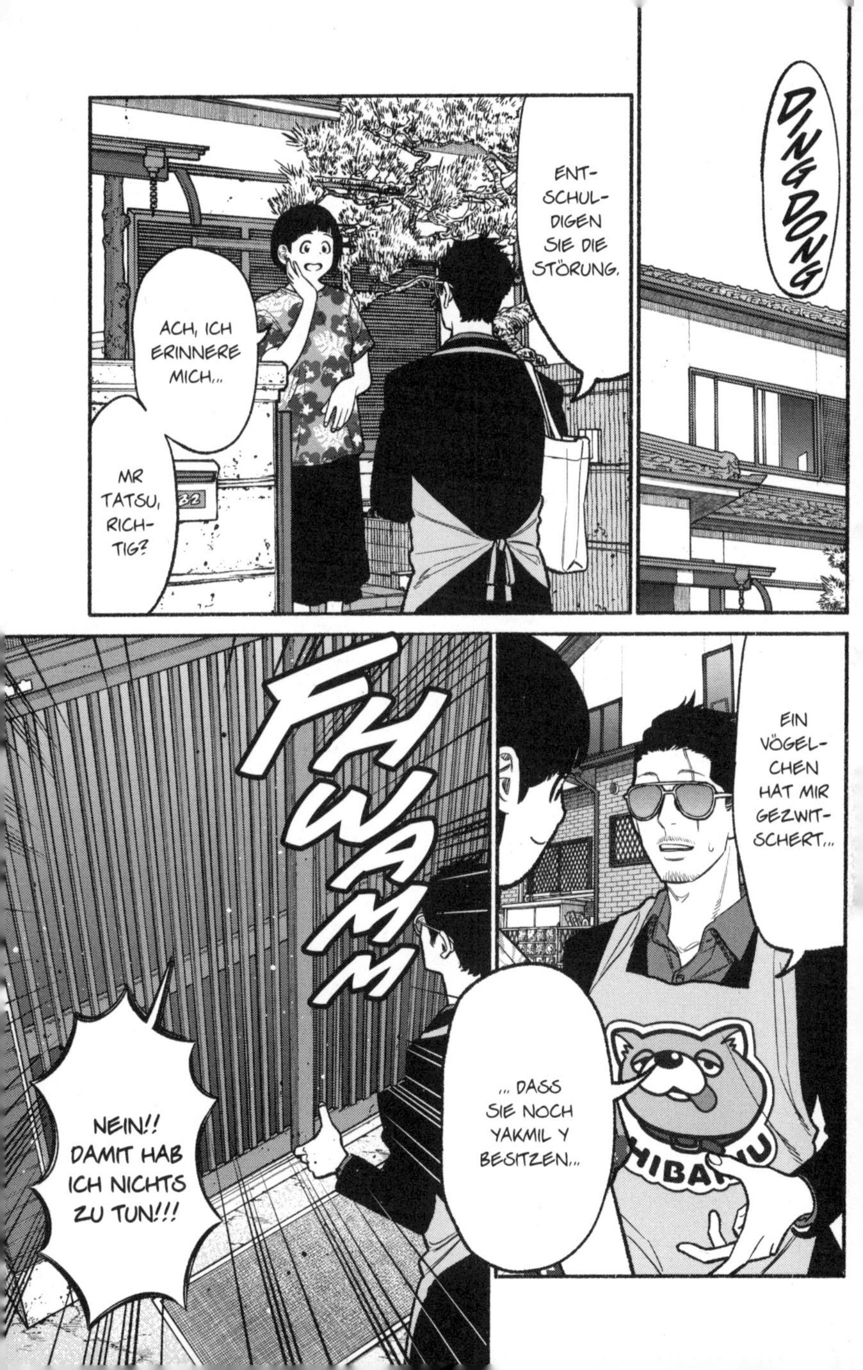
DINGDONG
ENT-SCHUL-DIGEN SIE DIE STÖRUNG.
ACH, ICH ERINNERE MICH...
MR TATSU, RICH-TIG?
EIN VÖGEL-CHEN HAT MIR GEZWIT-SCHERT...
... DASS SIE NOCH YAKMIL Y BESITZEN...
FWAMM
NEIN!! DAMIT HAB ICH NICHTS ZU TUN!!!

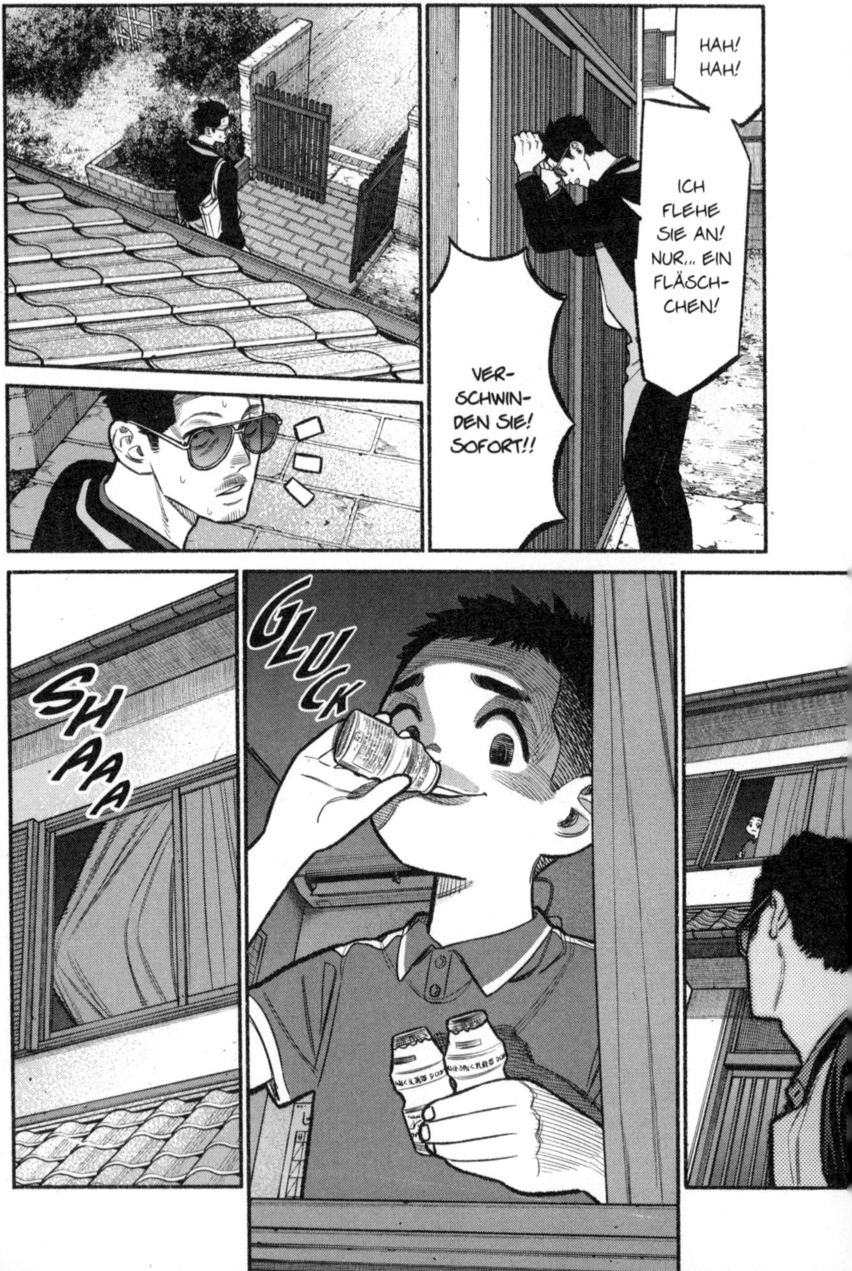
HAH! HAH!
ICH FLEHE SIE AN! NUR... EIN FLÄSCH-CHEN!
VER-SCHWIN-DEN SIE! SOFORT!!
GLUCK
SHAAA

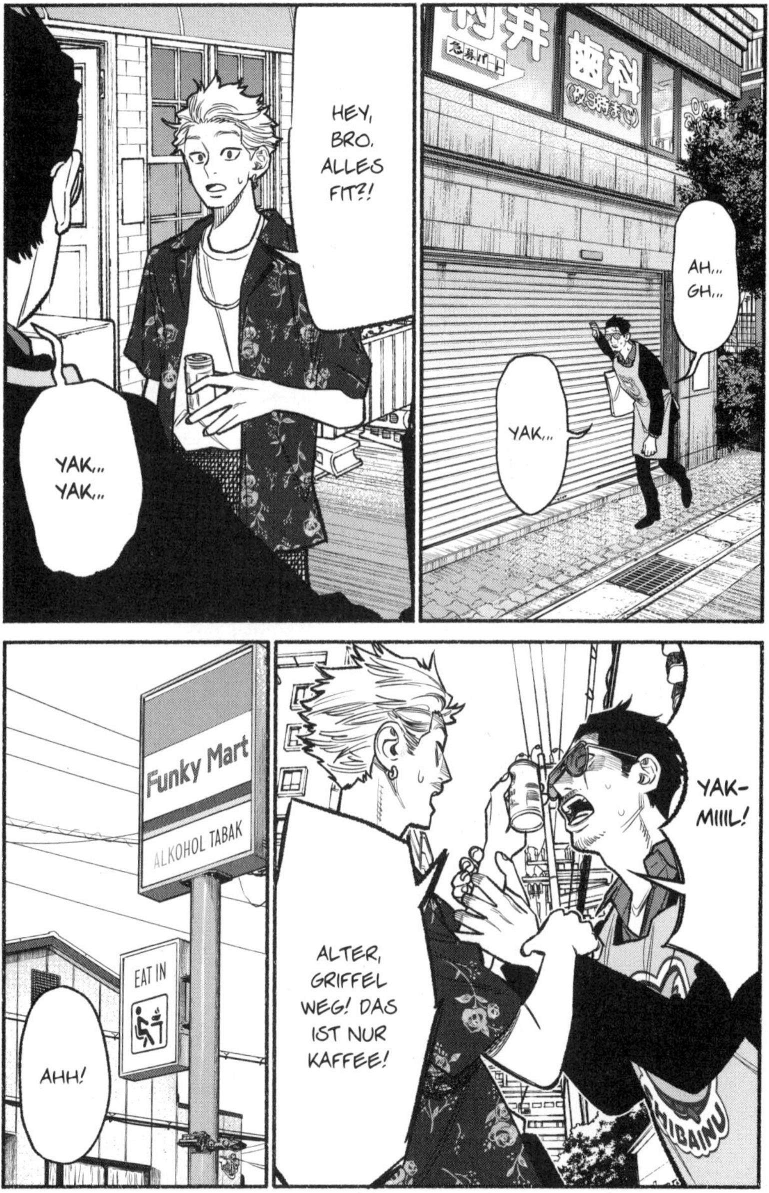
歯科
AH... GH...
YAK...
HEY, BRO. ALLES FIT?!
YAK... YAK...
YAK-MIIIL!
ALTER, GRIFFEL WEG! DAS IST NUR KAFFEE!
Funky Mart
ALKOHOL TABAK
EAT IN
AHH!

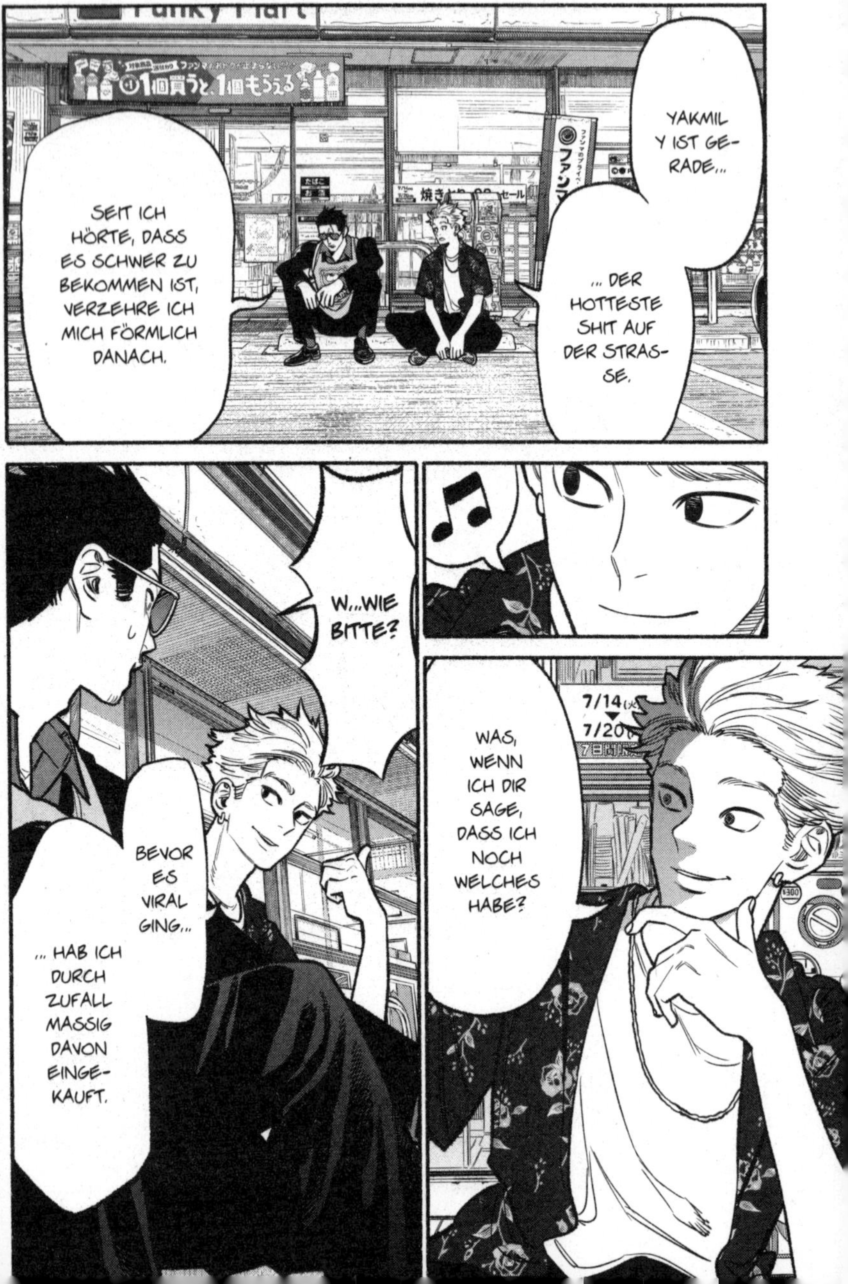

YAKMIL Y IST GERADE...
... DER HOTTESTE SHIT AUF DER STRASSE.
SEIT ICH HÖRTE, DASS ES SCHWER ZU BEKOMMEN IST, VERZEHRE ICH MICH FÖRMLICH DANACH.
WAS, WENN ICH DIR SAGE, DASS ICH NOCH WELCHES HABE?
W...WIE BITTE?
BEVOR ES VIRAL GING...
... HAB ICH DURCH ZUFALL MASSIG DAVON EINGEKAUFT.

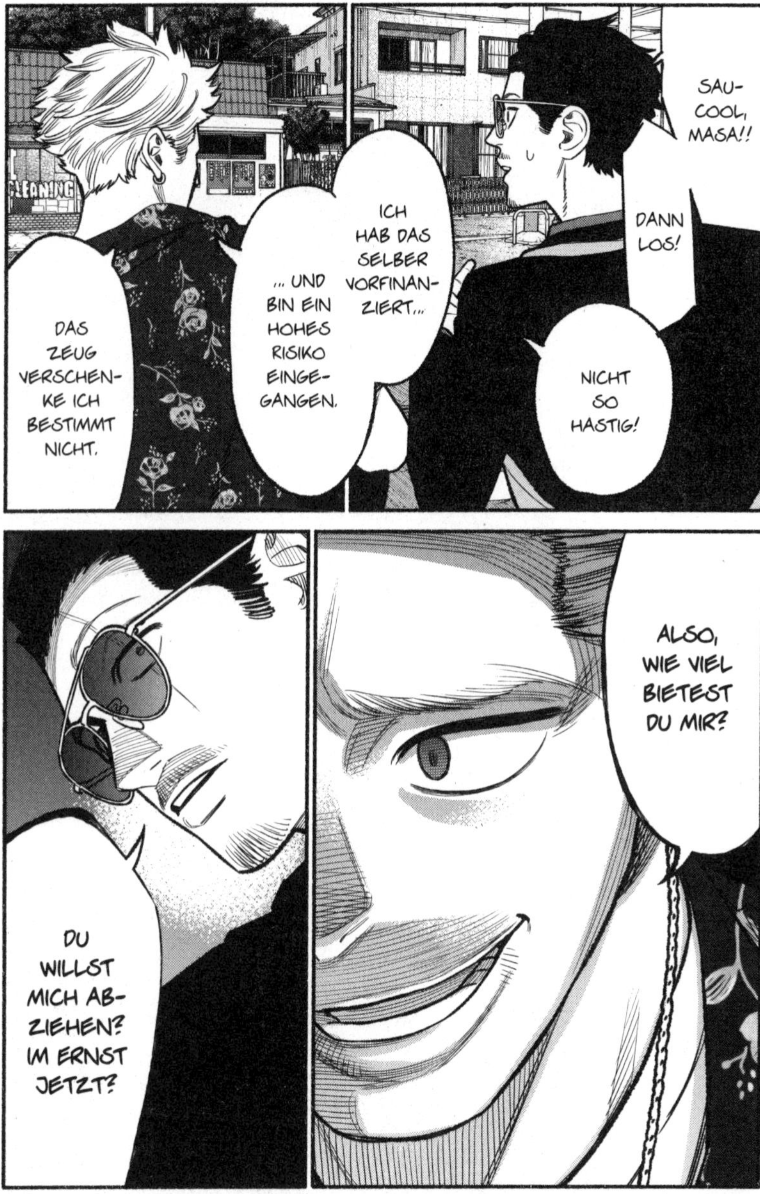
SAU-COOL, MASA!!
DANN LOS!
NICHT SO HASTIG!
ICH HAB DAS SELBER VORFINAN-ZIERT…
… UND BIN EIN HOHES RISIKO EINGE-GANGEN.
DAS ZEUG VERSCHEN-KE ICH BESTIMMT NICHT.
ALSO, WIE VIEL BIETEST DU MIR?
DU WILLST MICH AB-ZIEHEN? IM ERNST JETZT?

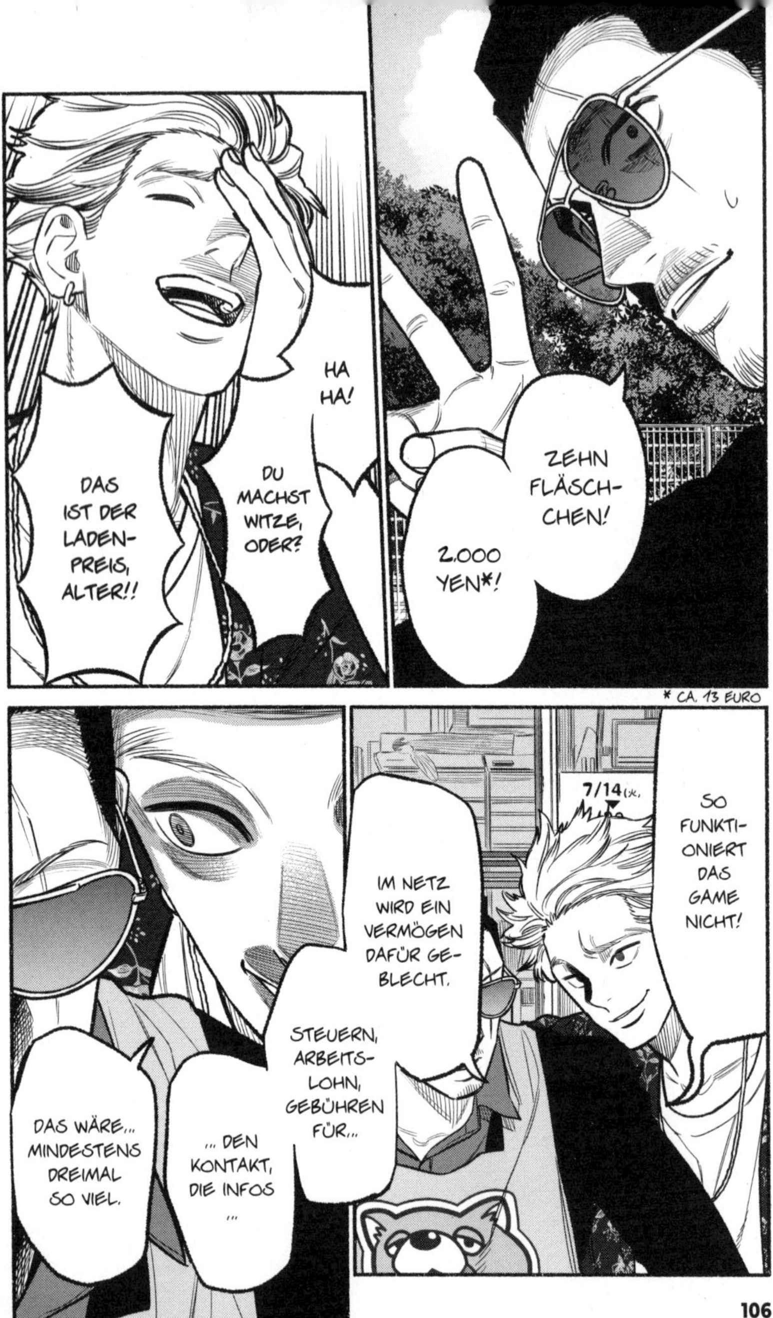
ZEHN FLÄSCHCHEN!
2.000 YEN*!
HA HA!
DU MACHST WITZE, ODER?
DAS IST DER LADENPREIS, ALTER!!
SO FUNKTIONIERT DAS GAME NICHT!
IM NETZ WIRD EIN VERMÖGEN DAFÜR GEBLECHT.
STEUERN, ARBEITSLOHN, GEBÜHREN FÜR...
... DEN KONTAKT, DIE INFOS ...
DAS WÄRE... MINDESTENS DREIMAL SO VIEL.

* CA. 13 EURO

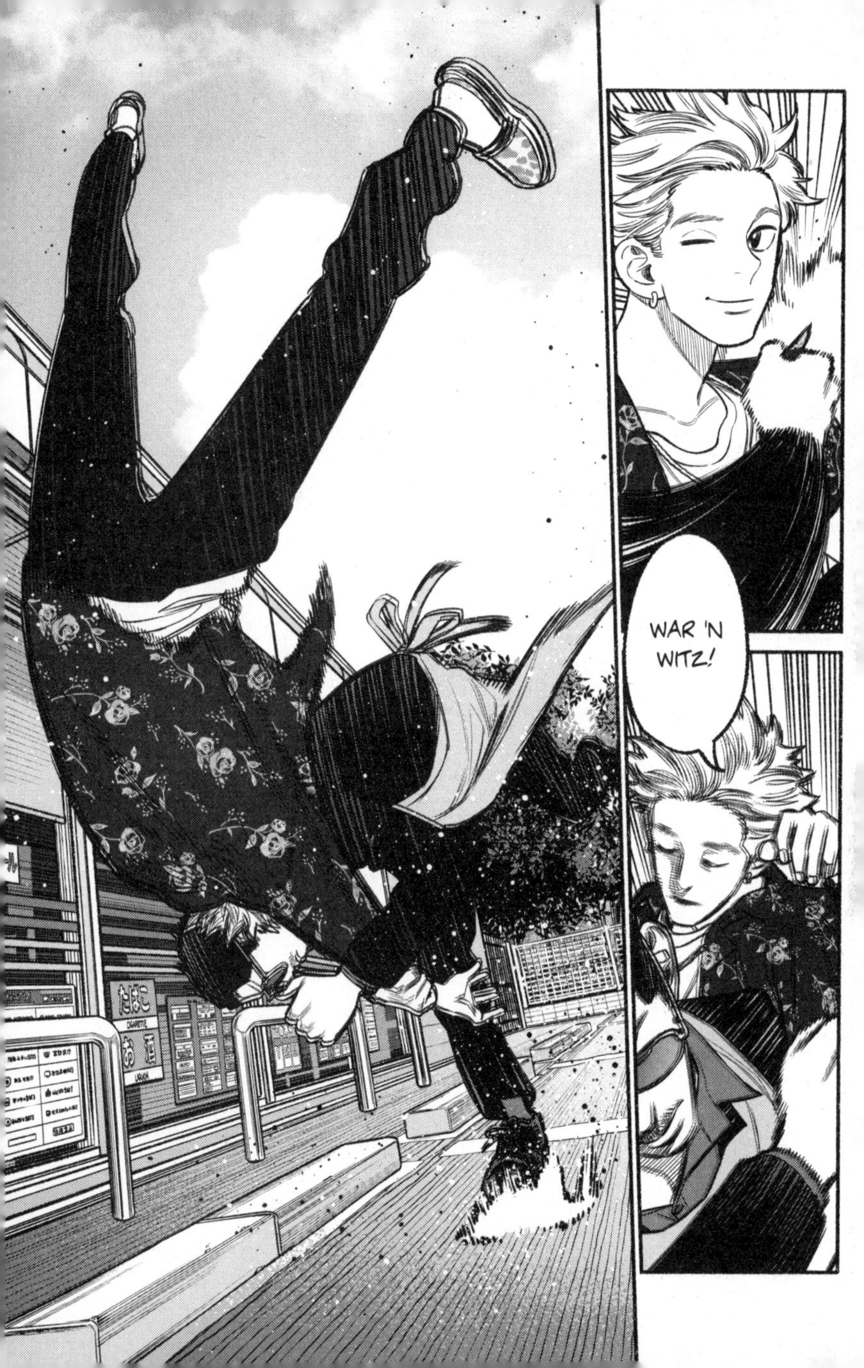
WAR 'N
WITZ!

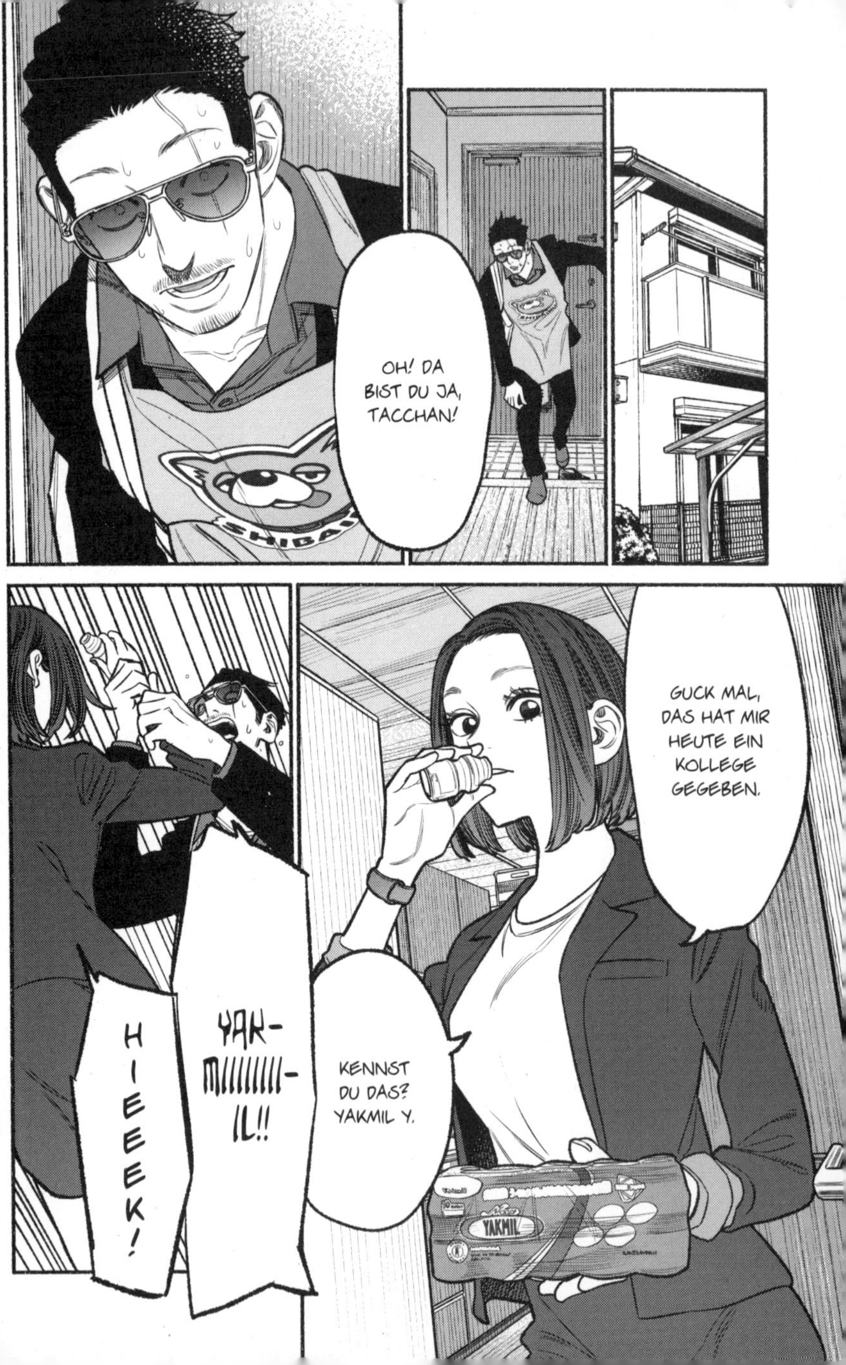
OH! DA BIST DU JA, TACCHAN!
GUCK MAL, DAS HAT MIR HEUTE EIN KOLLEGE GEGEBEN.
KENNST DU DAS? YAKMIL Y.
YAK-MIIIIIIII-IL!!
HIEEEK!

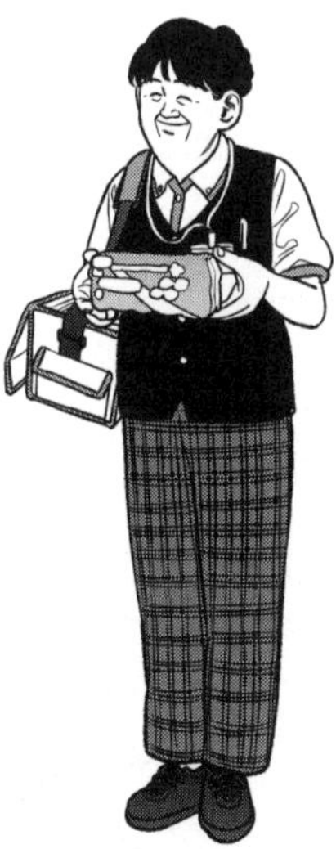

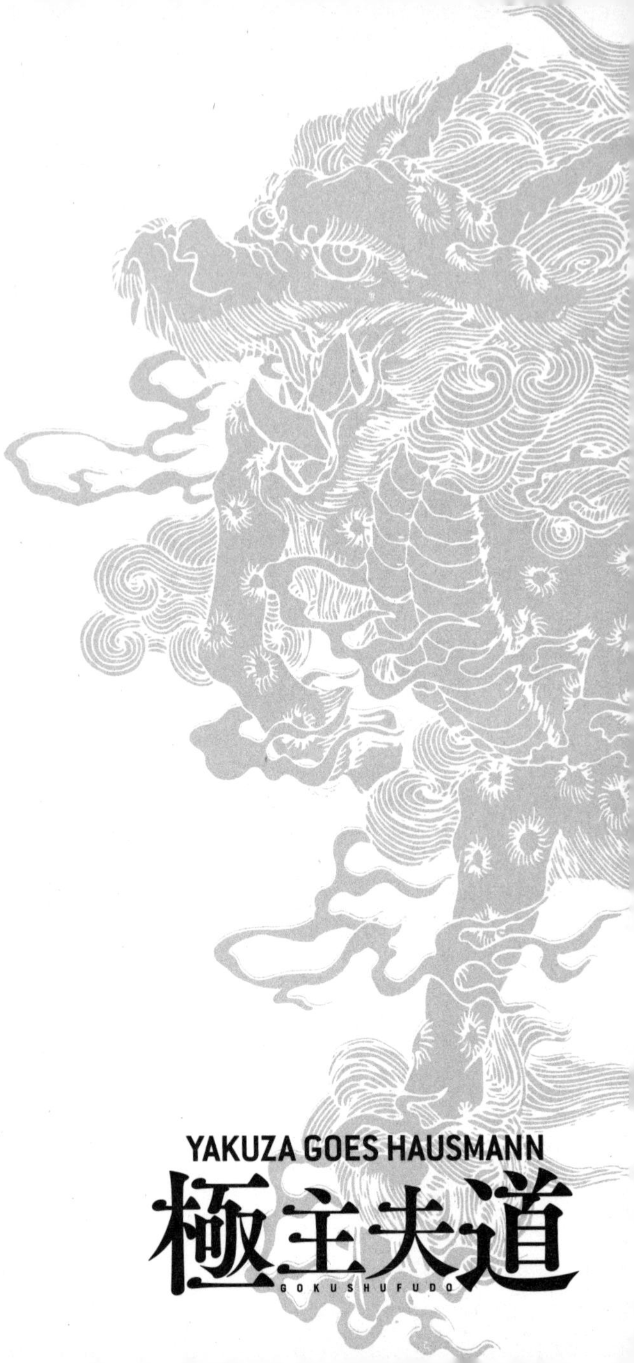

YAKUZA GOES HAUSMANN

極主夫道

GOKUSHUFUDO

KAPITEL 98

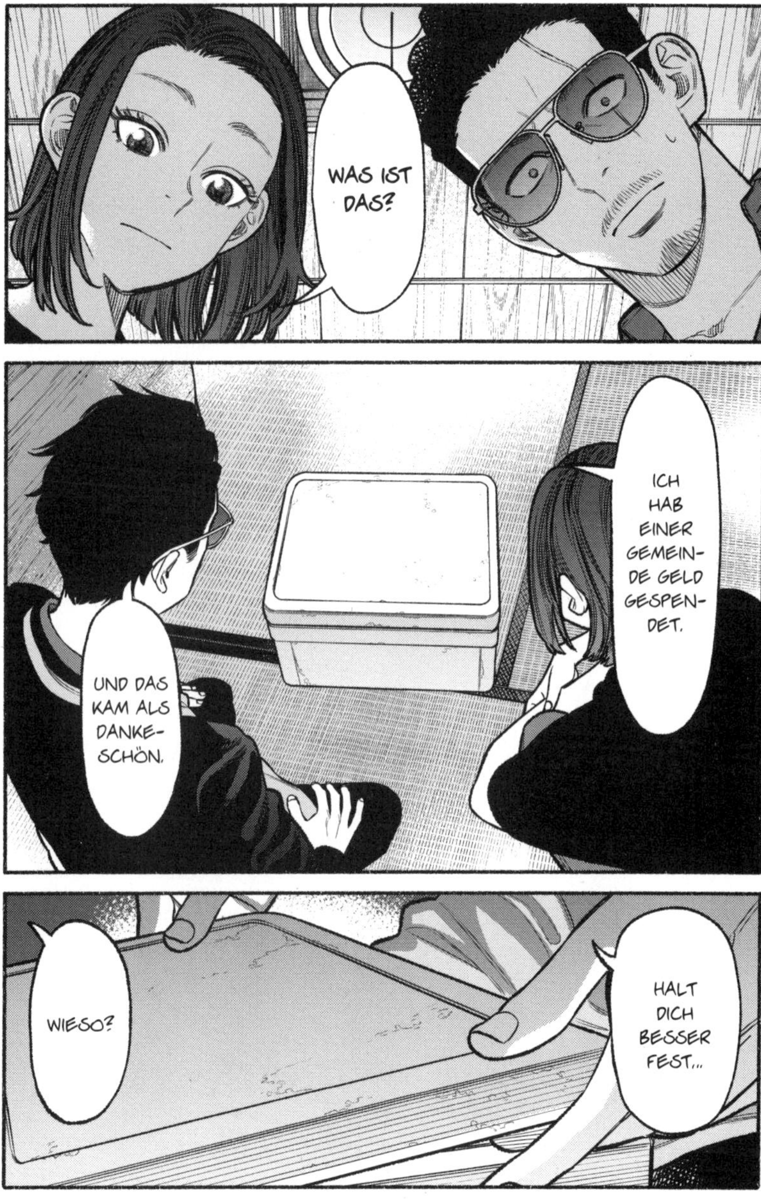
WAS IST DAS?
ICH HAB EINER GEMEIN-DE GELD GESPEN-DET.
UND DAS KAM ALS DANKE-SCHÖN.
HALT DICH BESSER FEST...
WIESO?

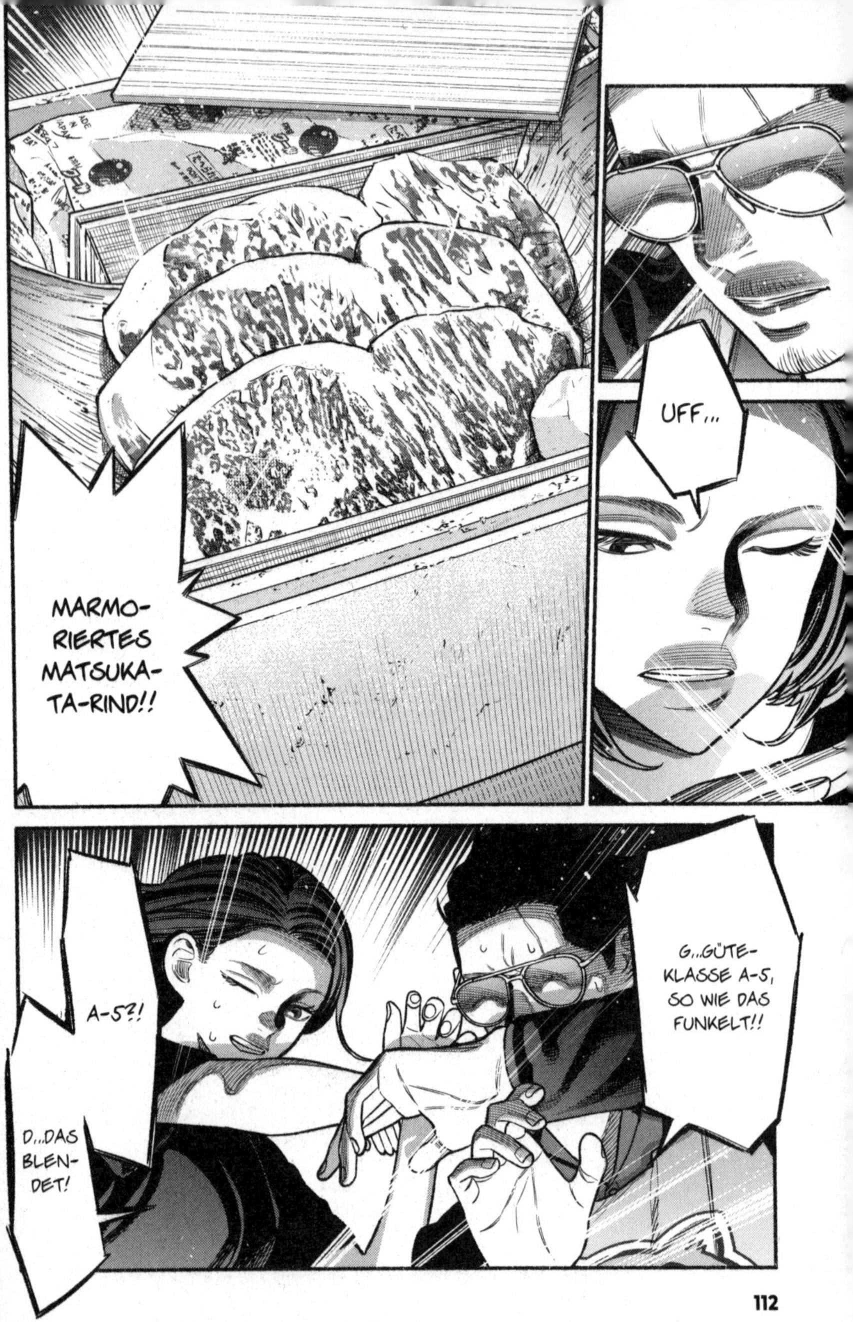
UFF...
MARMORIERTES MATSUKATA-RIND!!
G...GÜTEKLASSE A-5, SO WIE DAS FUNKELT!!
A-5?!
D...DAS BLENDET!

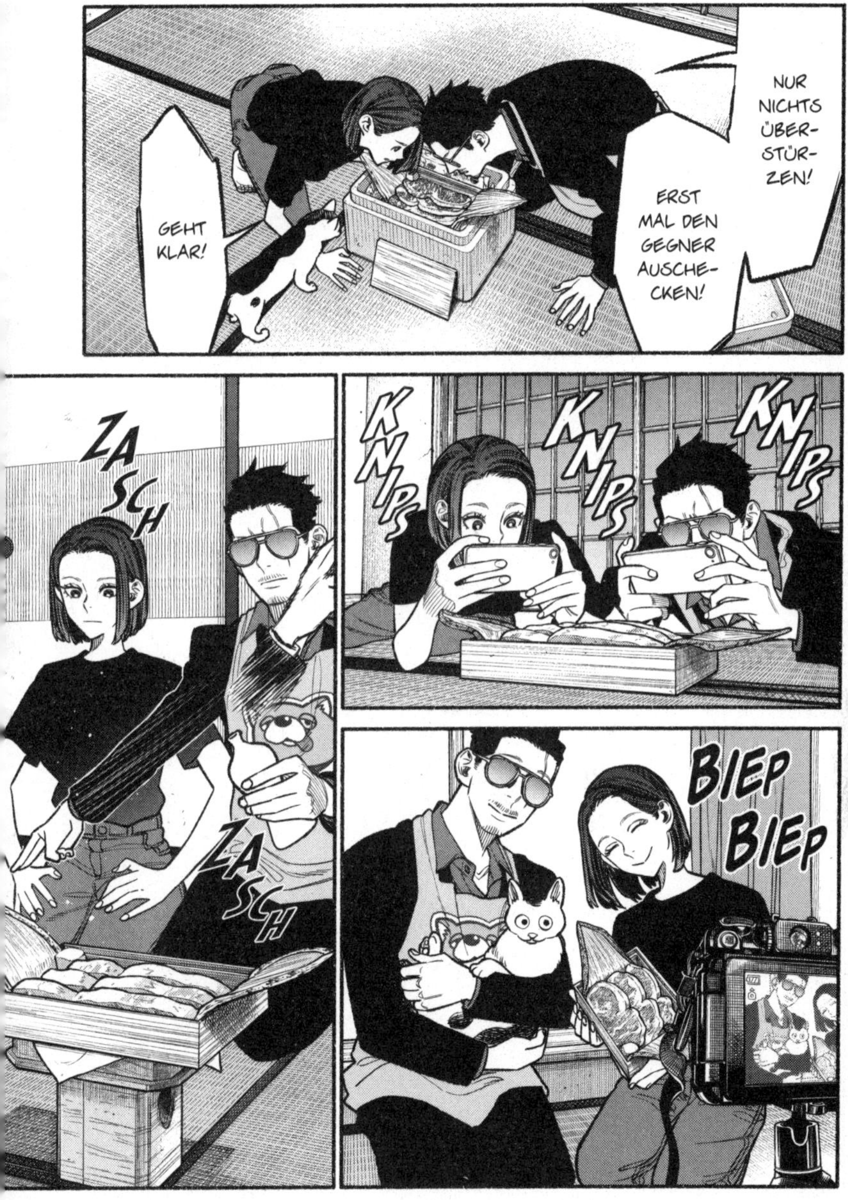
NUR NICHTS ÜBER- STÜR- ZEN!
ERST MAL DEN GEGNER AUSCHE- CKEN!
GEHT KLAR!
KNIPS
KNIPS
KNIPS
ZASCH
ZASCH
BIEP BIEP

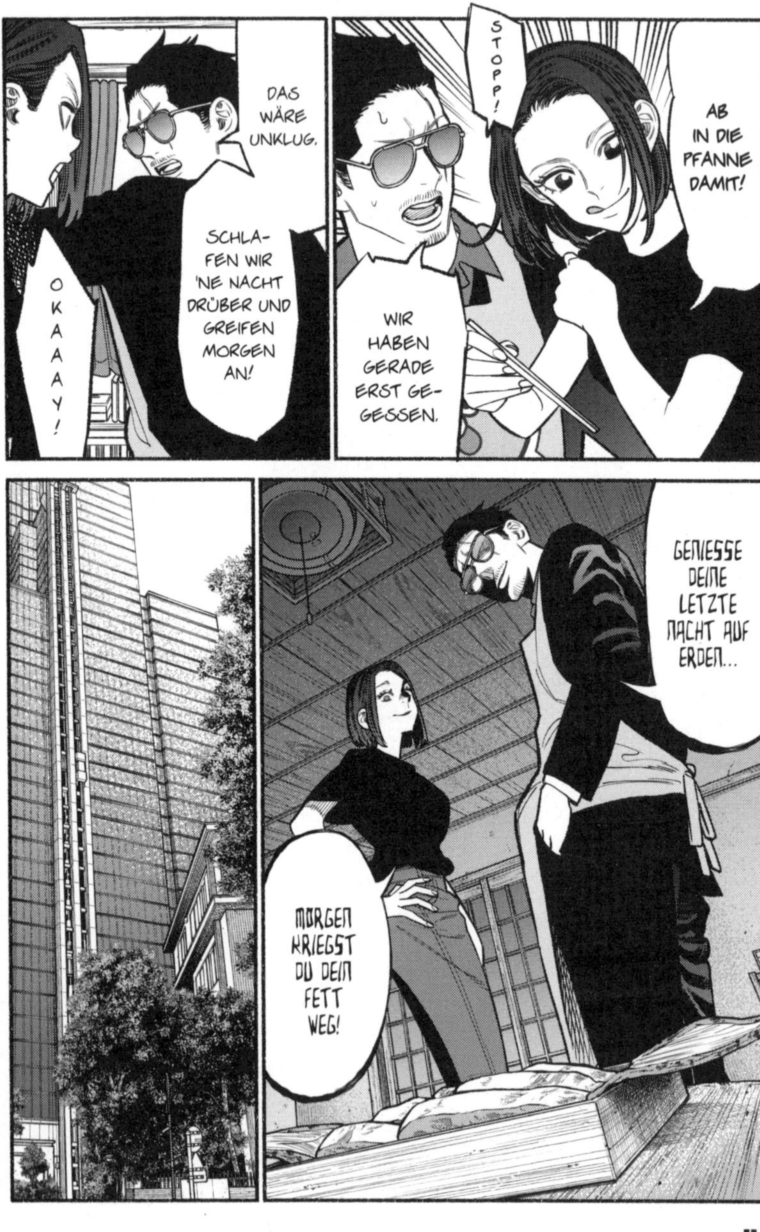
AB IN DIE PFANNE DAMIT!
STOPP!
WIR HABEN GERADE ERST GE-GESSEN.
DAS WÄRE UNKLUG.
SCHLA-FEN WIR 'NE NACHT DRÜBER UND GREIFEN MORGEN AN!
OKAAAAY!
GENIESSE DEINE LETZTE NACHT AUF ERDEN...
MORGEN KRIEGST DU DEIN FETT WEG!

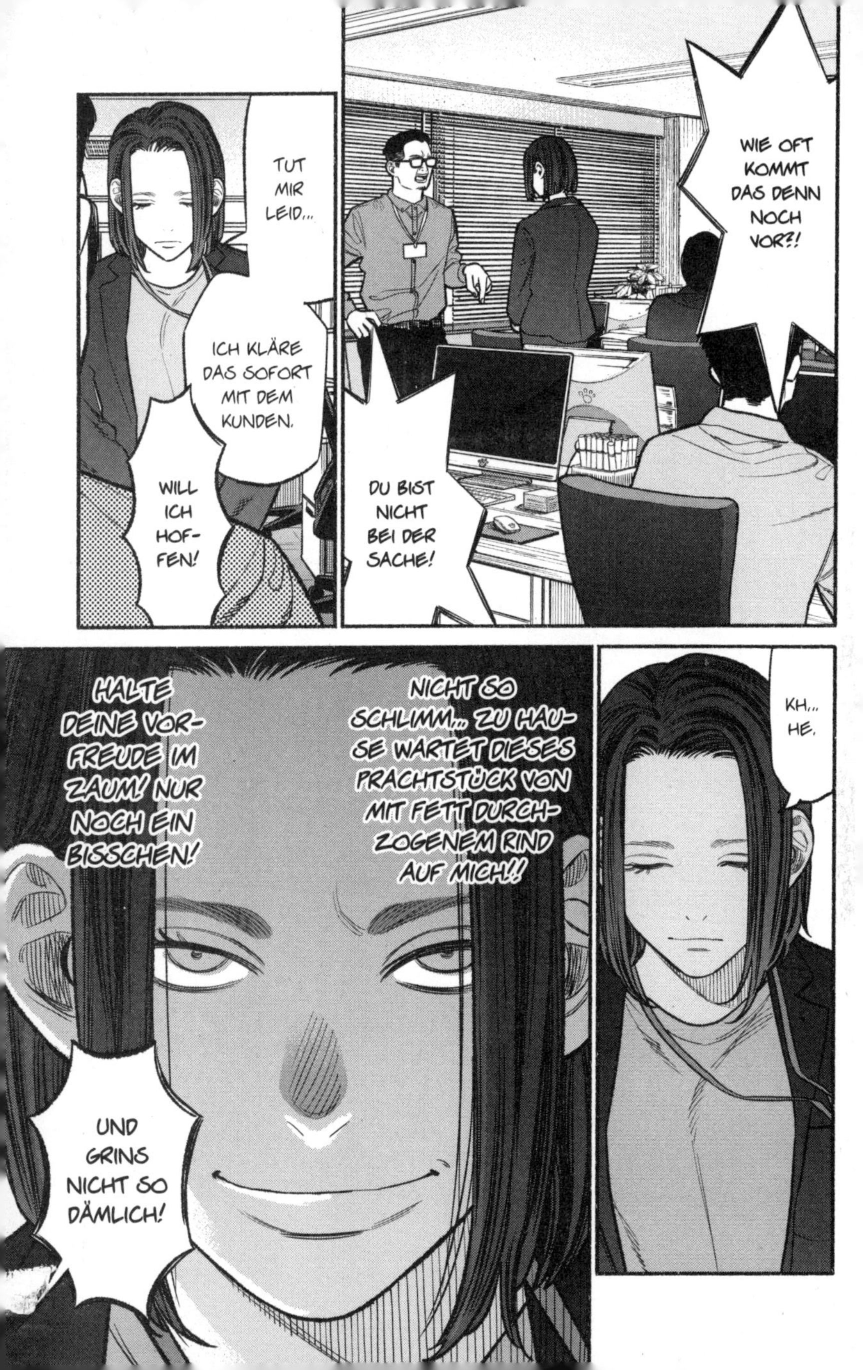
WIE OFT KOMMT DAS DENN NOCH VOR?!
DU BIST NICHT BEI DER SACHE!
TUT MIR LEID...
ICH KLÄRE DAS SOFORT MIT DEM KUNDEN.
WILL ICH HOFFEN!
KH... HE.
NICHT SO SCHLIMM... ZU HAUSE WARTET DIESES PRACHTSTÜCK VON MIT FETT DURCHZOGENEM RIND AUF MICH!!
HALTE DEINE VORFREUDE IM ZAUM! NUR NOCH EIN BISSCHEN!
UND GRINS NICHT SO DÄMLICH!

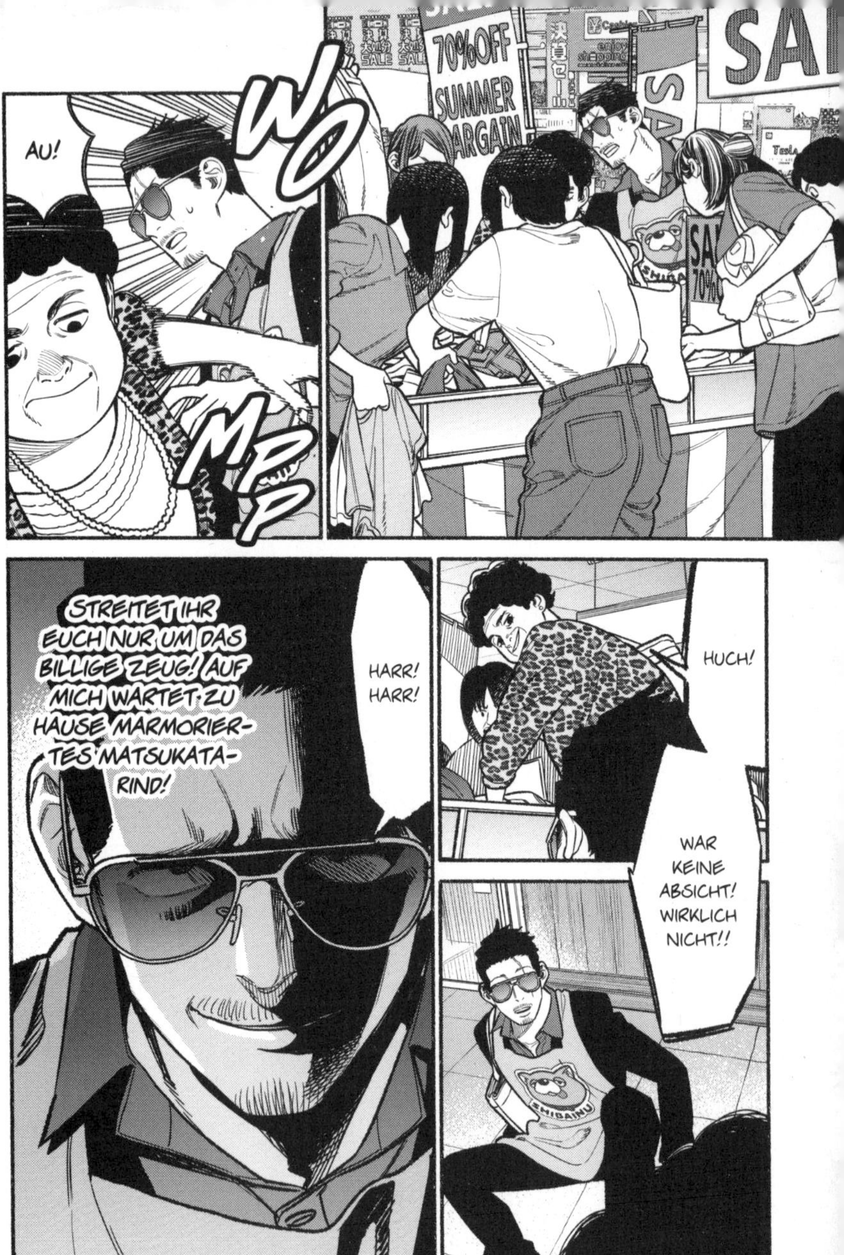
70%OFF
SUMMER BARGAIN
AU!
WOMPP
HUCH!
WAR KEINE ABSICHT! WIRKLICH NICHT!!
HARR! HARR!
STREITET IHR EUCH NUR UM DAS BILLIGE ZEUG! AUF MICH WARTET ZU HAUSE MARMORIERTES MATSUKATA-RIND!

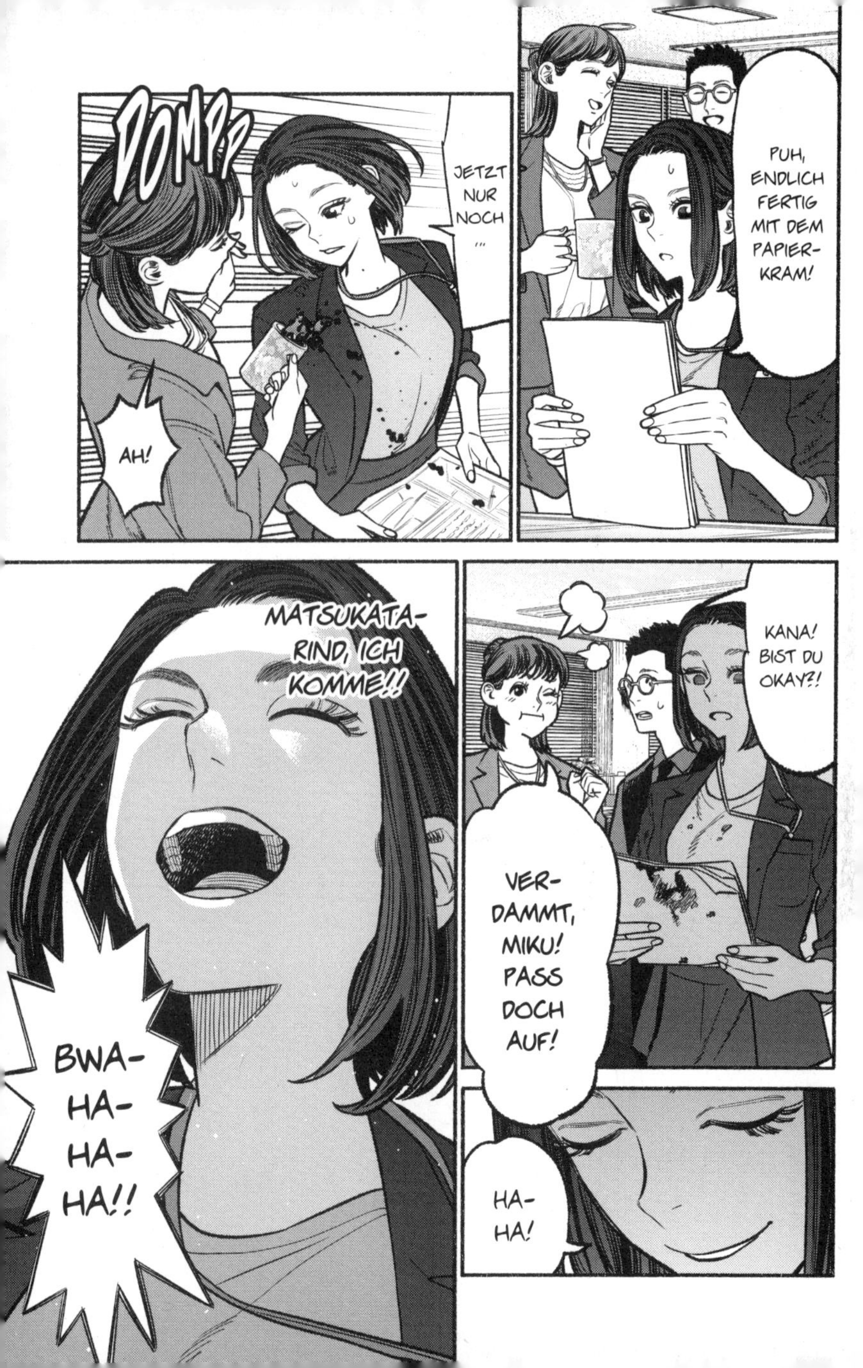

PUH, ENDLICH FERTIG MIT DEM PAPIER-KRAM!
DOMPP
JETZT NUR NOCH ...
AH!
KANA! BIST DU OKAY?!
VER-DAMMT, MIKU! PASS DOCH AUF!
HA-HA!
MATSUKATA-RIND, ICH KOMME!!
BWA-HA-HA-HA!!

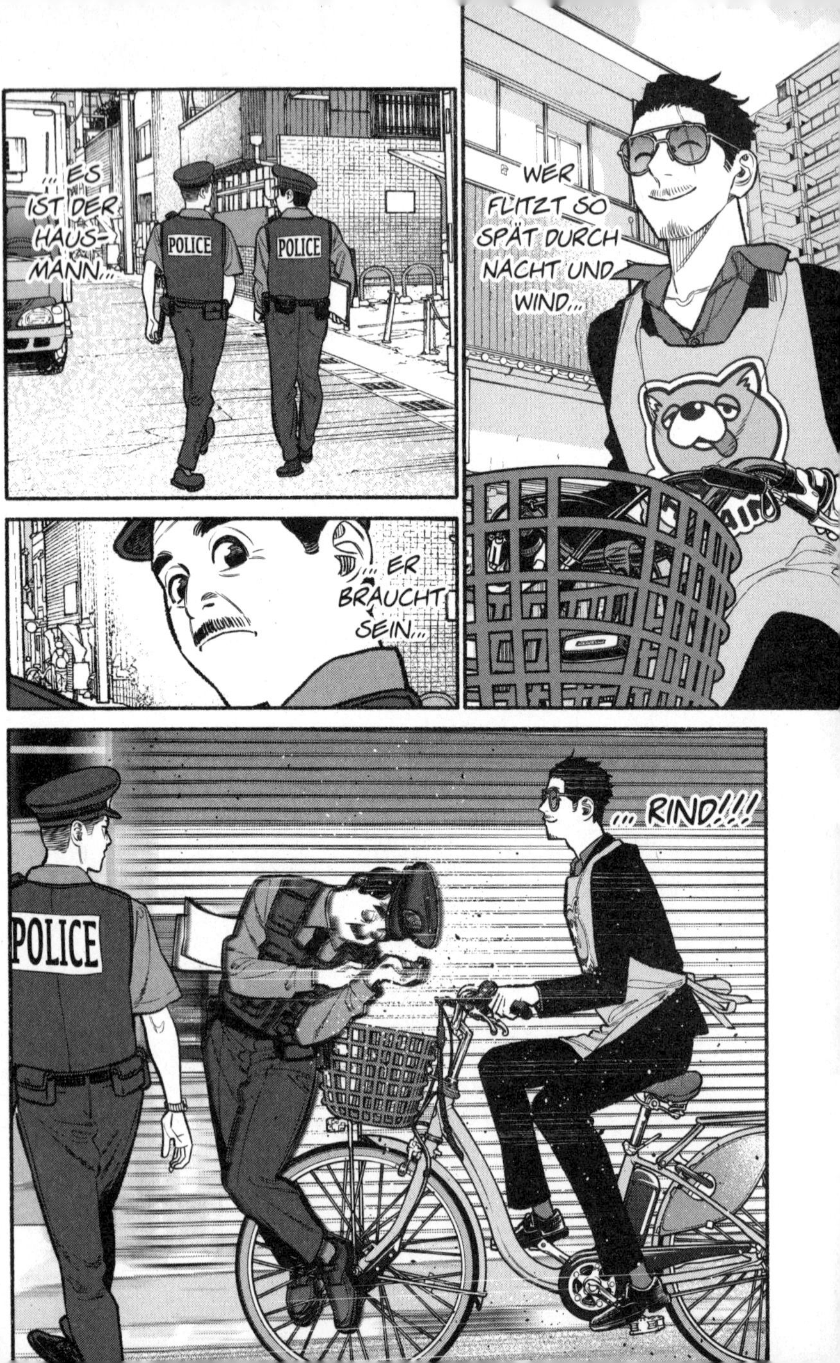
WER FLITZT SO SPÄT DURCH NACHT UND WIND...
... ES IST DER HAUS-MANN...
... ER BRAUCHT SEIN...
... RIND!!!

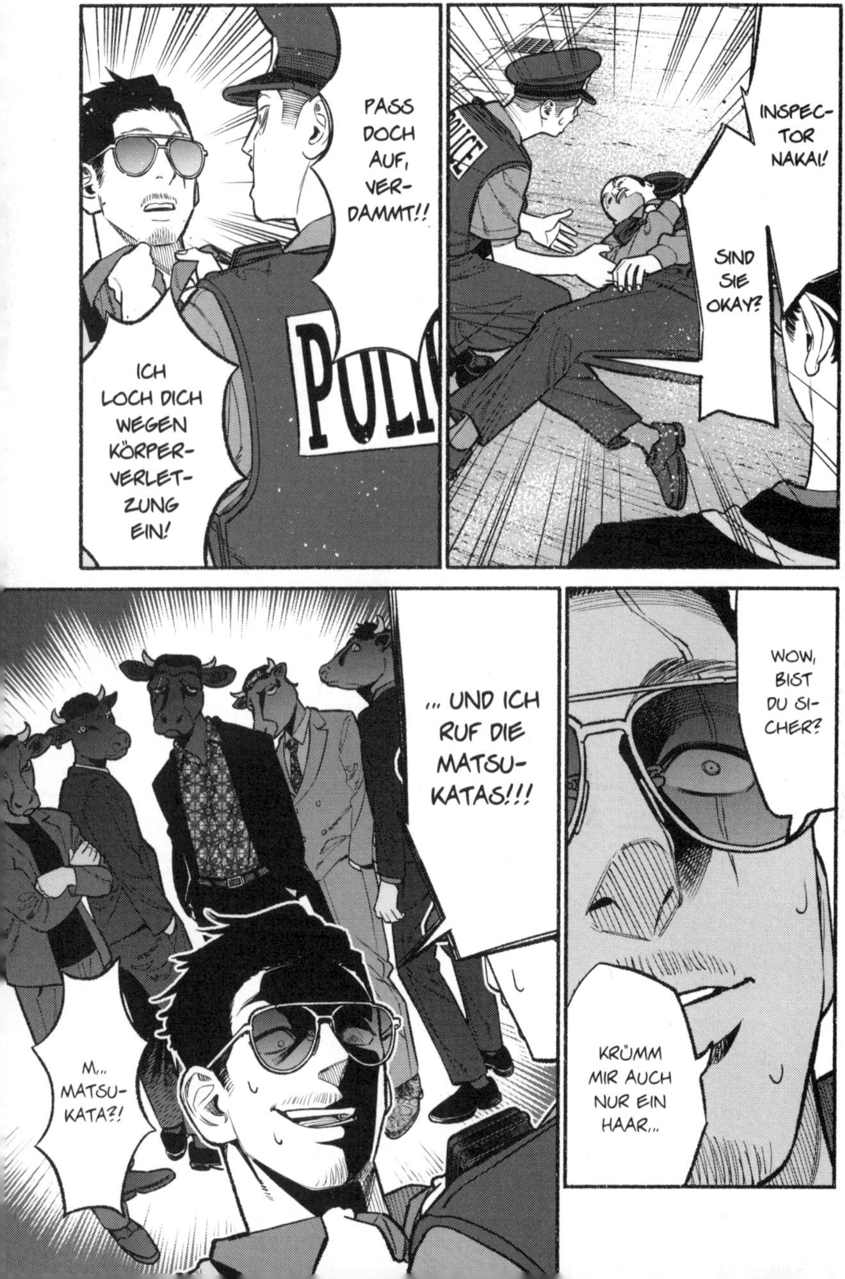
INSPECTOR NAKAI!
SIND SIE OKAY?
PASS DOCH AUF, VERDAMMT!!
ICH LOCH DICH WEGEN KÖRPERVERLETZUNG EIN!
WOW, BIST DU SICHER?
KRÜMM MIR AUCH NUR EIN HAAR...
... UND ICH RUF DIE MATSUKATAS!!!
M... MATSUKATA?!

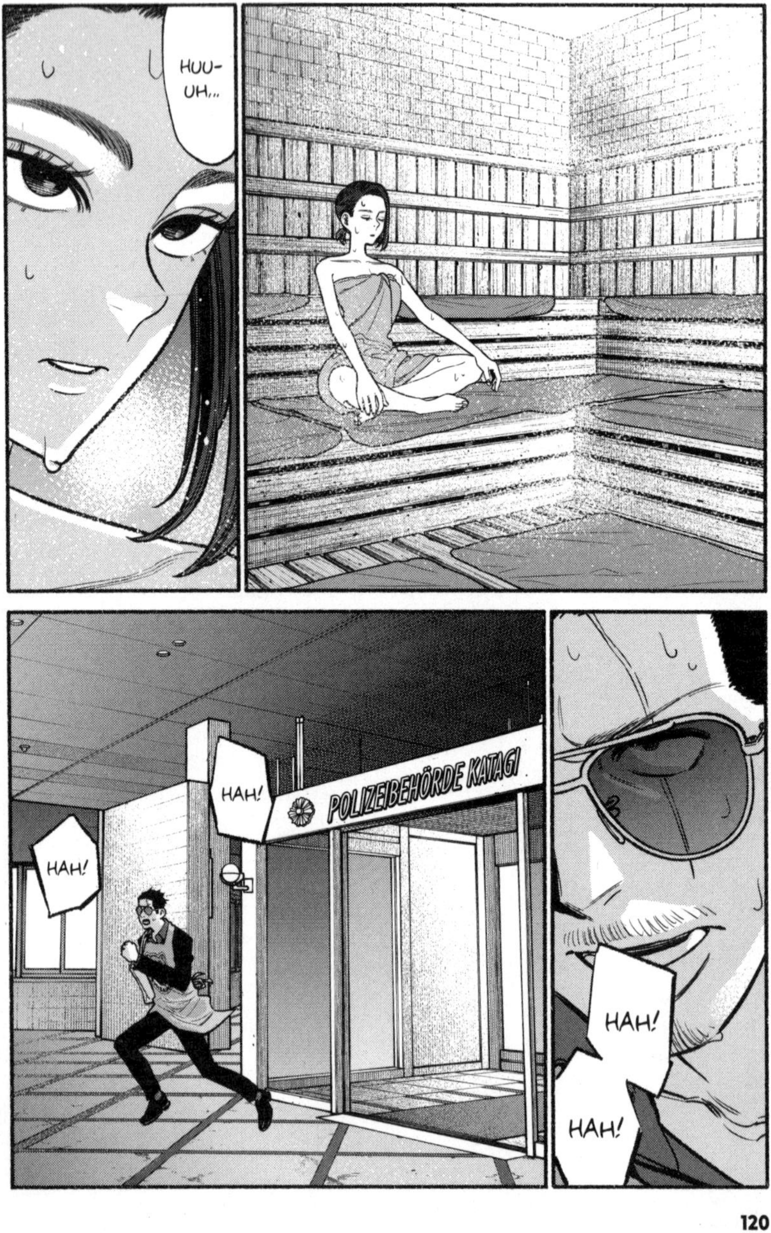
HUUU-
UH...
HAH!
HAH!
POLIZEIBEHÖRDE KATAGI
HAH!
HAH!

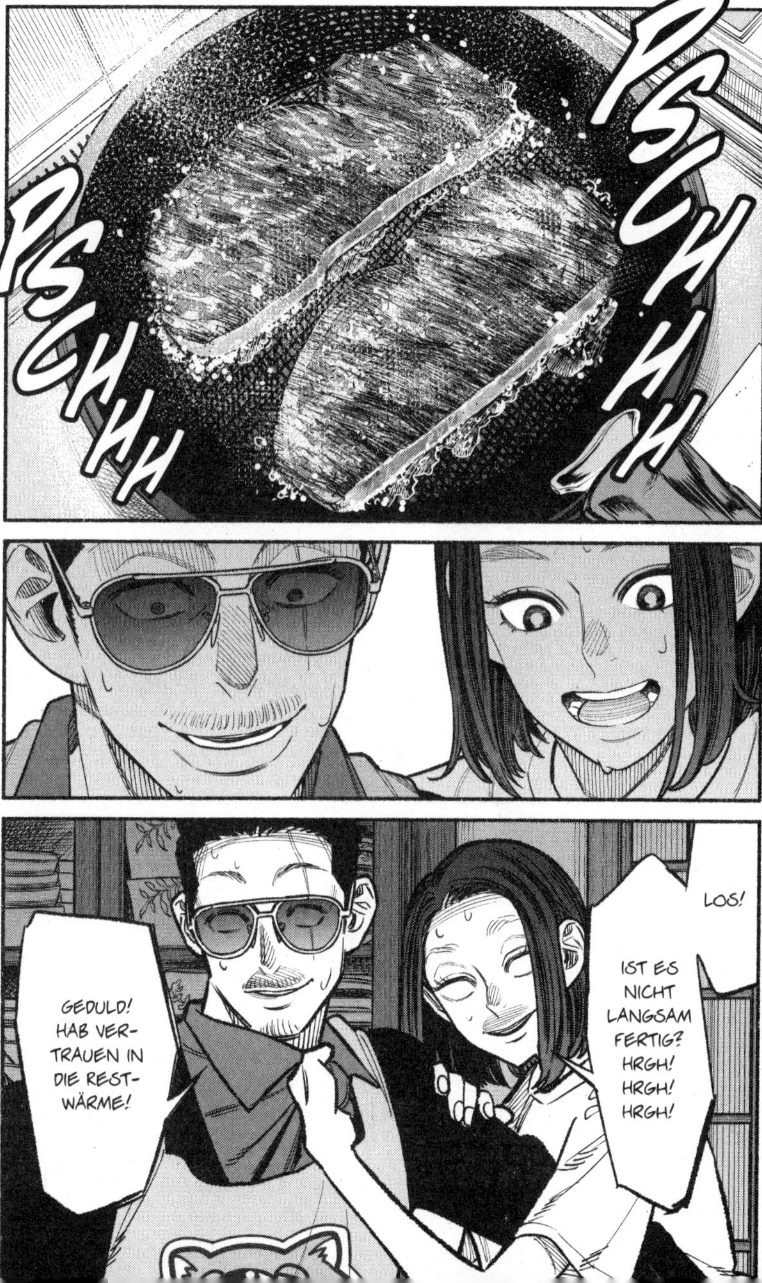
PSCHHHHH
PSCHHHH
LOS!
IST ES NICHT LANGSAM FERTIG? HRGH! HRGH! HRGH!
GEDULD! HAB VER-TRAUEN IN DIE REST-WÄRME!

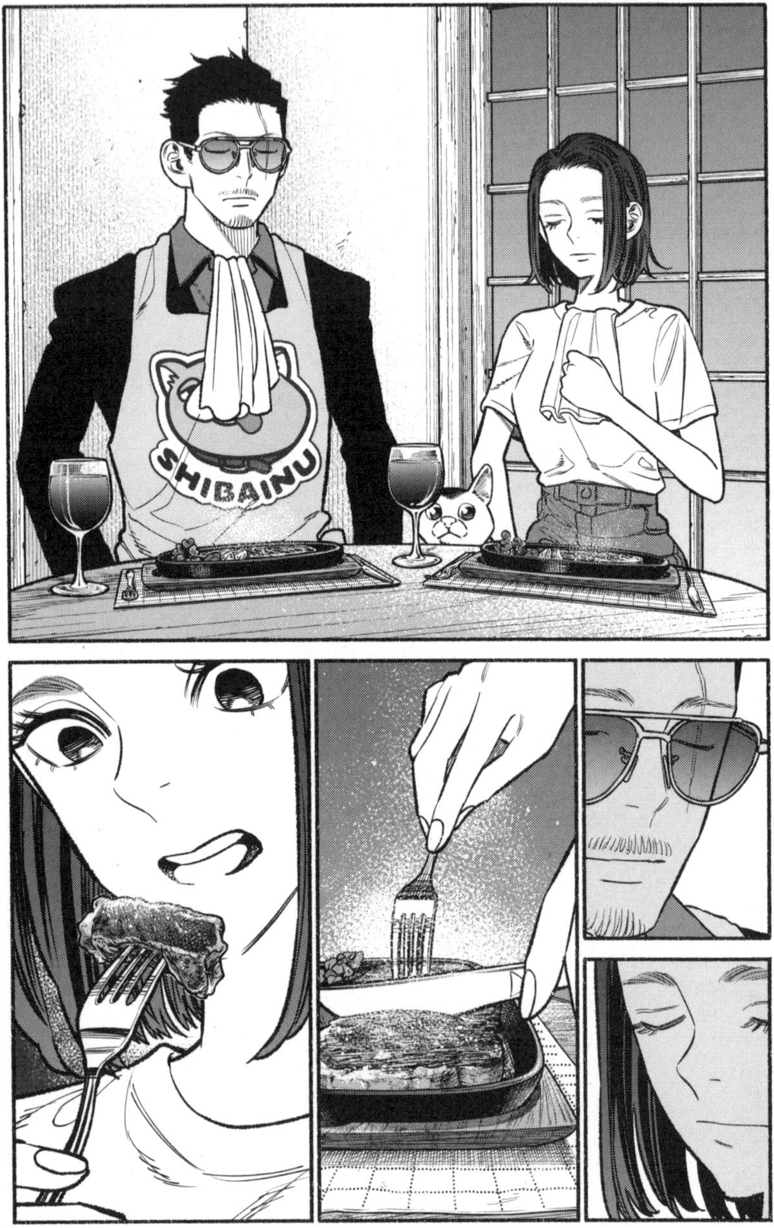
SHIBAINU

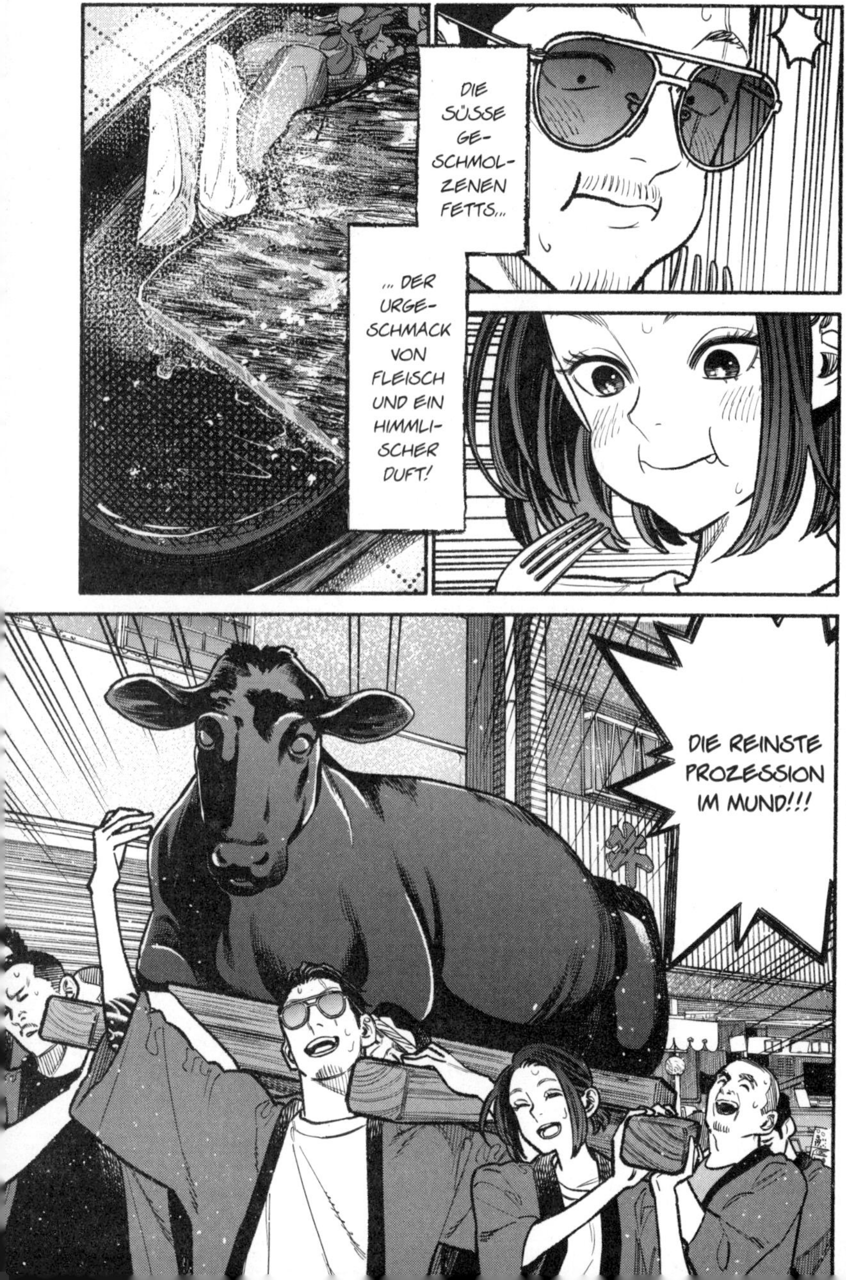
DIE SÜSSE GE-SCHMOLZENEN FETTS,..
... DER URGE-SCHMACK VON FLEISCH UND EIN HIMMLI-SCHER DUFT!
DIE REINSTE PROZESSION IM MUND!!!

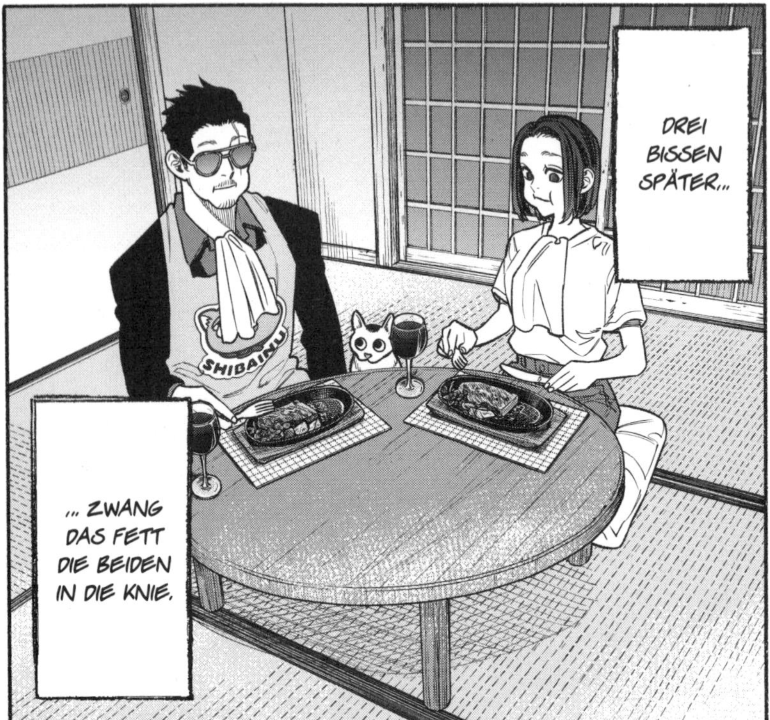
DREI BISSEN SPÄTER...
... ZWANG DAS FETT DIE BEIDEN IN DIE KNIE.
SHIBAINU

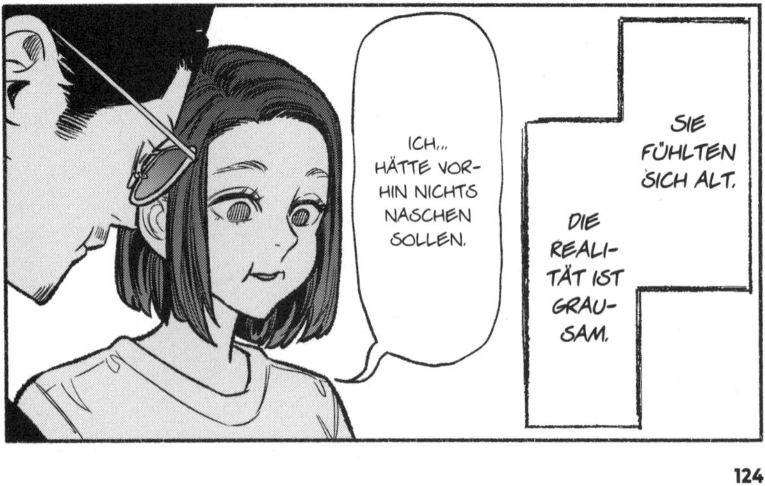
SIE FÜHLTEN SICH ALT.
ICH... HÄTTE VORHIN NICHTS NASCHEN SOLLEN.
DIE REALITÄT IST GRAUSAM.

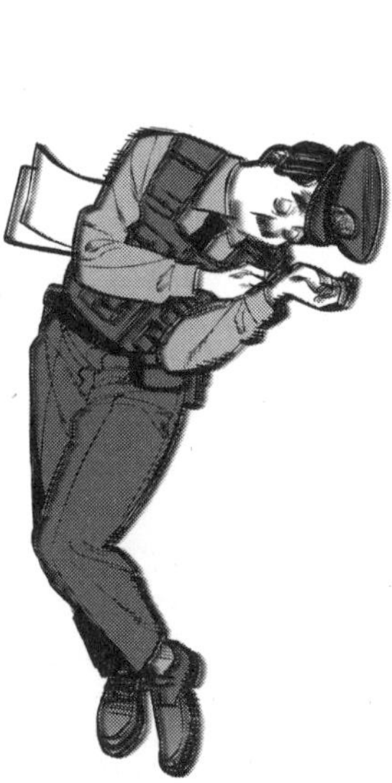

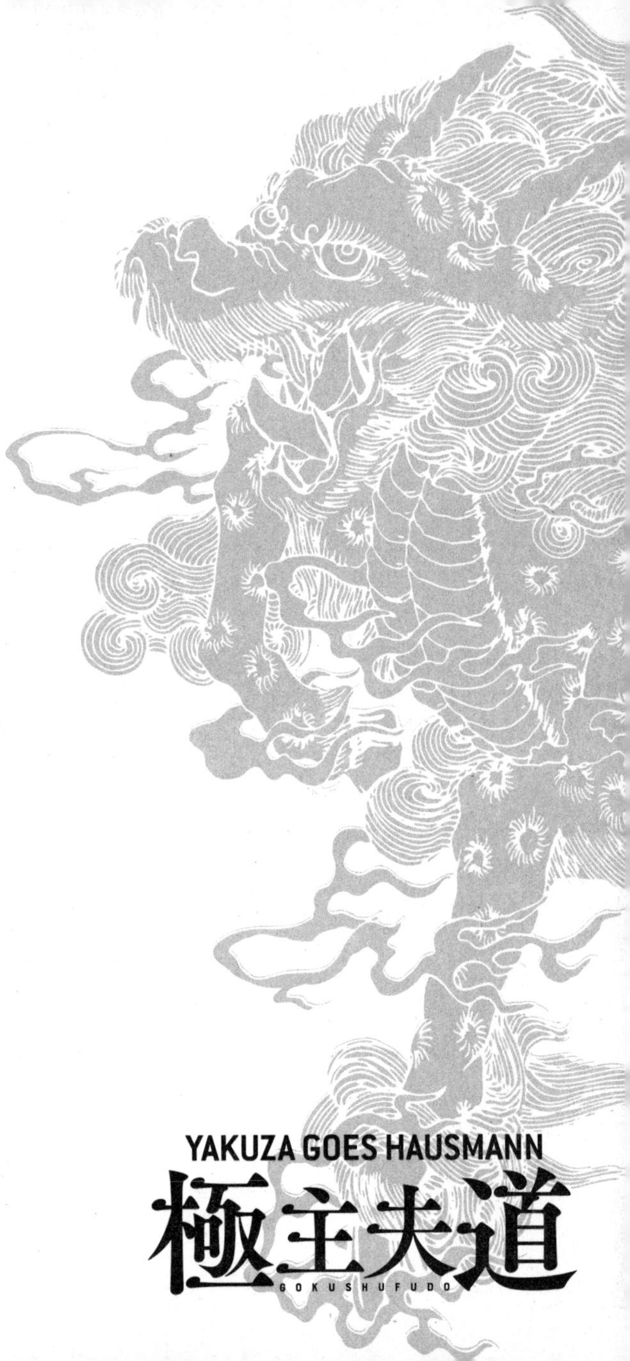

YAKUZA GOES HAUSMANN

極主夫道

GOKUSHUFUDO

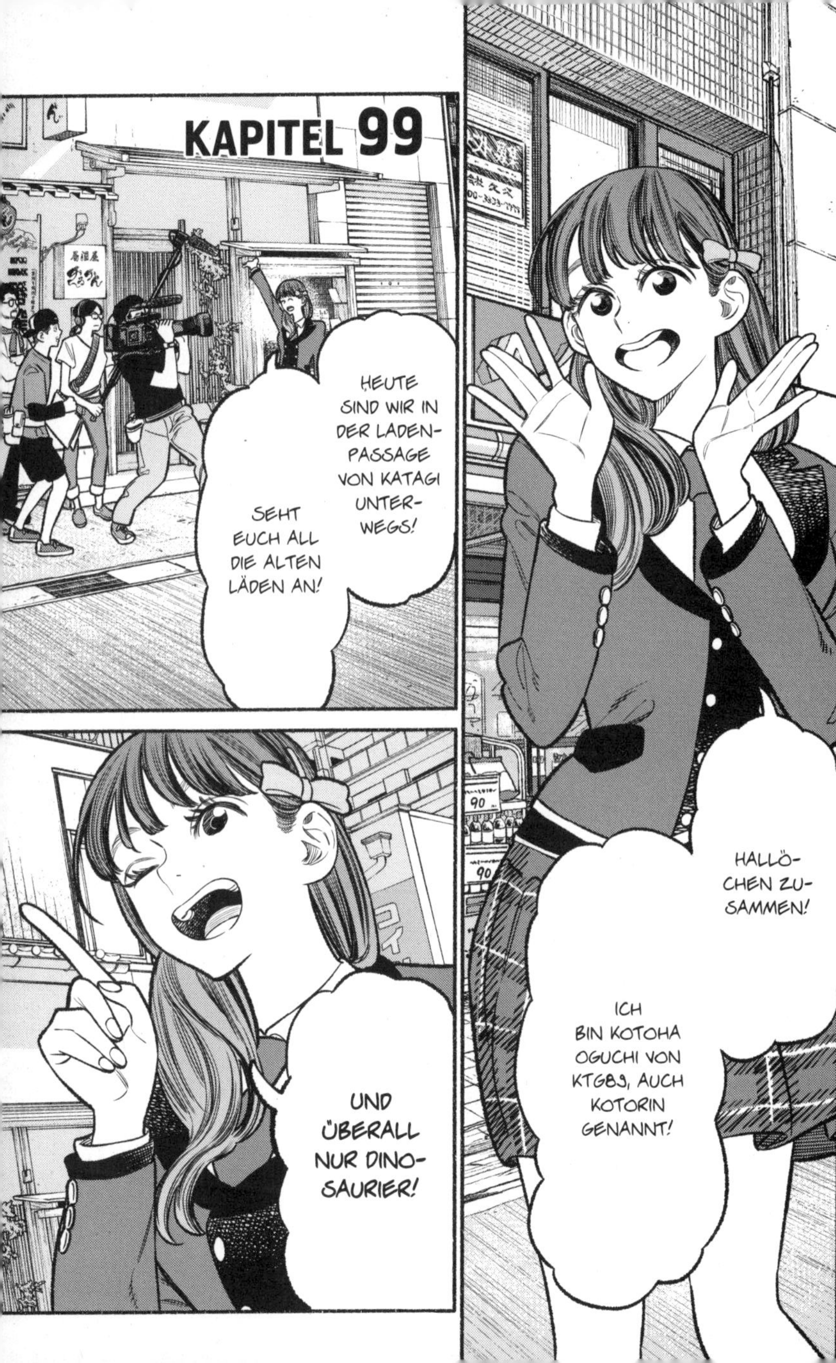
KAPITEL 99
HALLÖCHEN ZUSAMMEN!
ICH BIN KOTOHA OGUCHI VON KTG89, AUCH KOTORIN GENANNT!
HEUTE SIND WIR IN DER LADENPASSAGE VON KATAGI UNTERWEGS!
SEHT EUCH ALL DIE ALTEN LÄDEN AN!
UND ÜBERALL NUR DINOSAURIER!

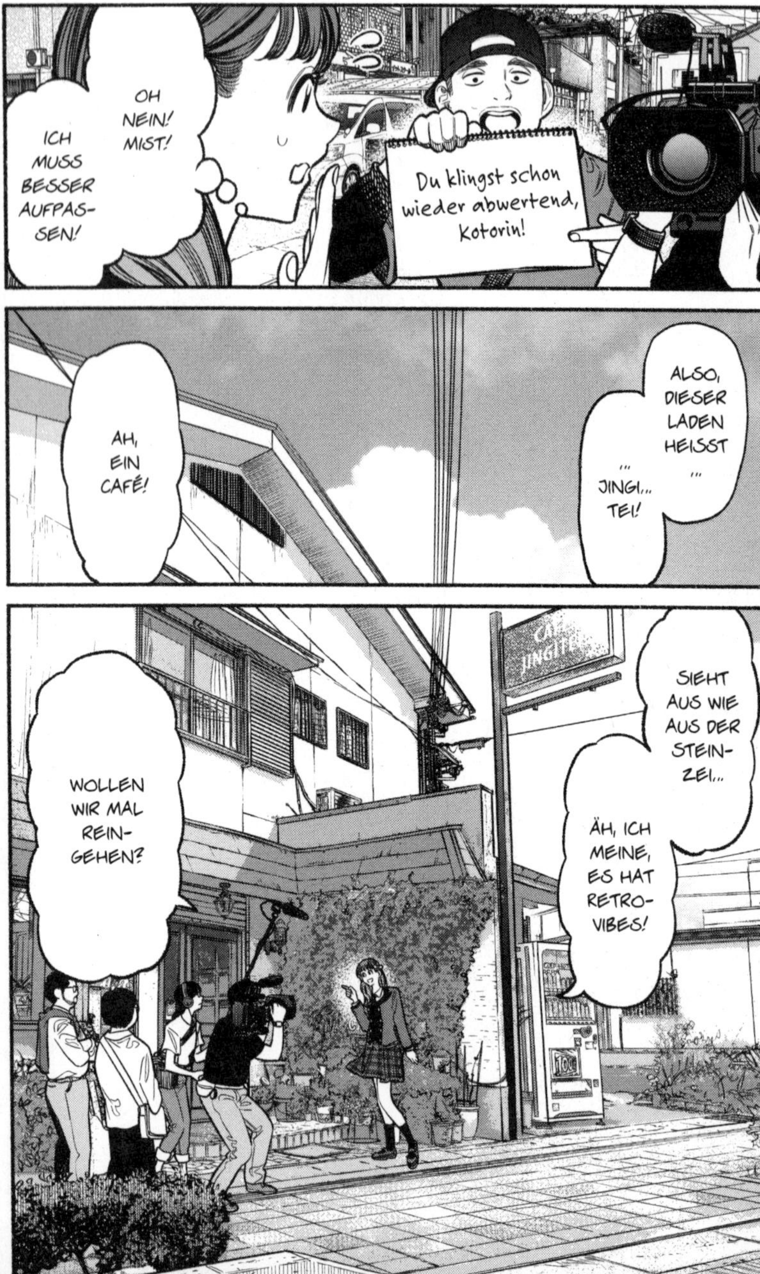
Du klingst schon wieder abwertend, Kotorin!
OH NEIN! MIST!
ICH MUSS BESSER AUFPASSEN!
ALSO, DIESER LADEN HEISST ... ... JINGI... TEI!
AH, EIN CAFÉ!
SIEHT AUS WIE AUS DER STEINZEI...
ÄH, ICH MEINE, ES HAT RETROVIBES!
WOLLEN WIR MAL REINGEHEN?

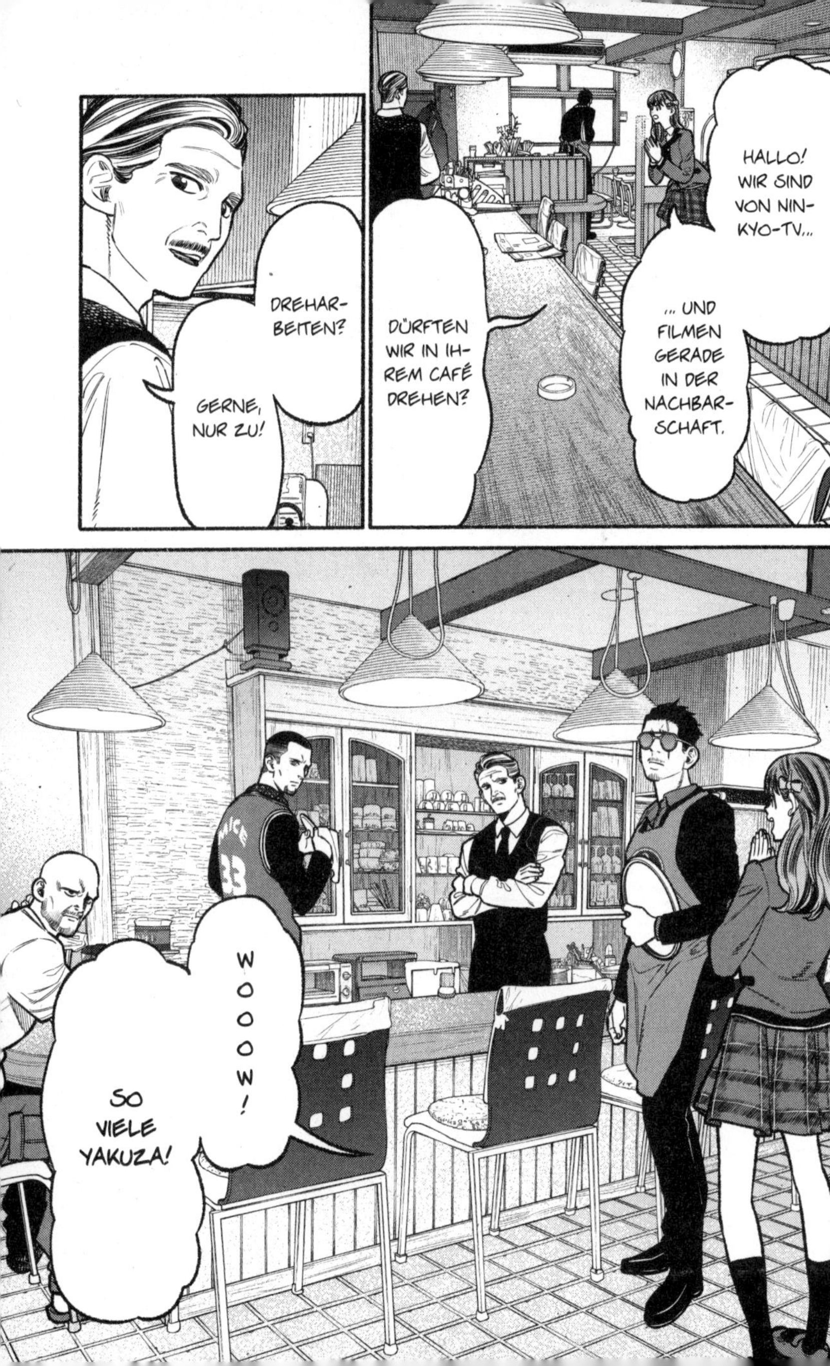
HALLO! WIR SIND VON NIN-KYO-TV...
... UND FILMEN GERADE IN DER NACHBAR-SCHAFT.
DÜRFTEN WIR IN IH-REM CAFÉ DREHEN?
DREHAR-BEITEN?
GERNE, NUR ZU!
WOOOOW!
SO VIELE YAKUZA!

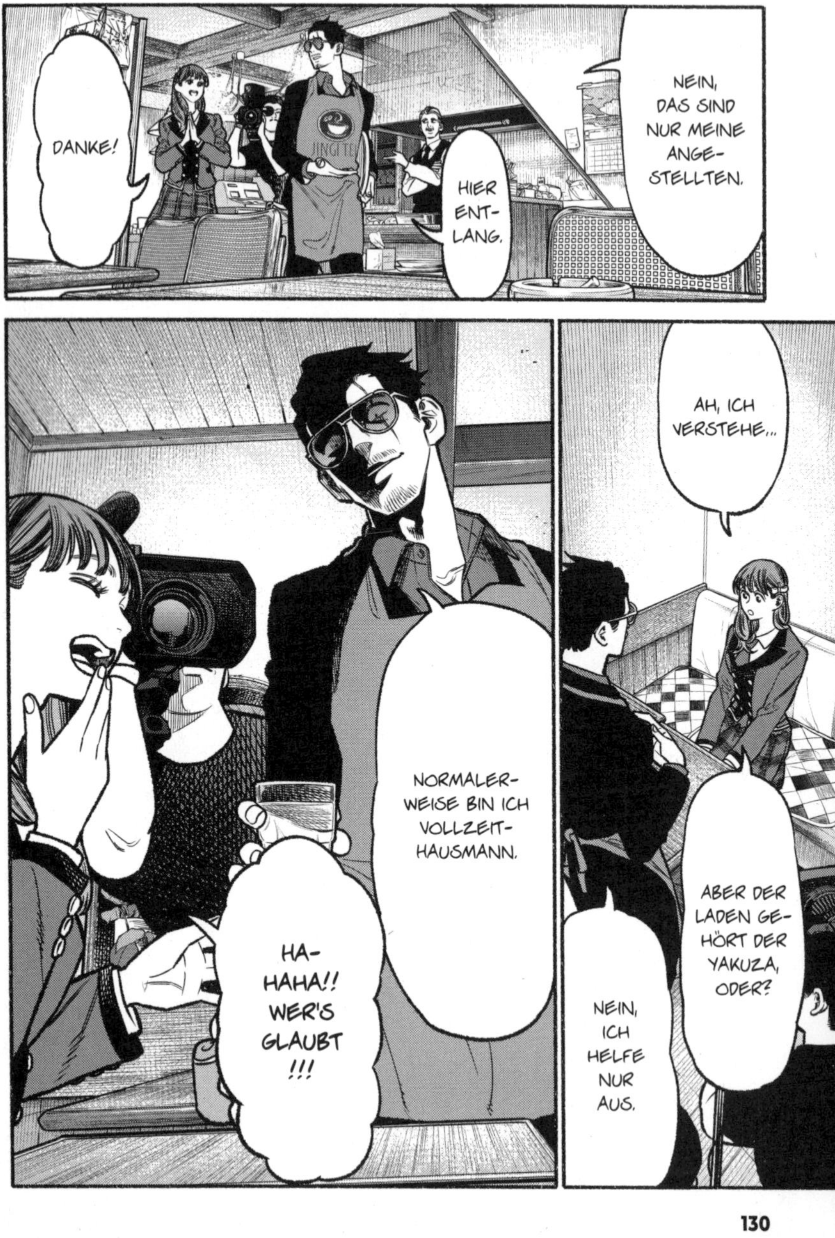
NEIN, DAS SIND NUR MEINE ANGE-STELLTEN.
HIER ENT-LANG.
DANKE!
AH, ICH VERSTEHE...
ABER DER LADEN GE-HÖRT DER YAKUZA, ODER?
NEIN, ICH HELFE NUR AUS.
NORMALER-WEISE BIN ICH VOLLZEIT-HAUSMANN.
HA-HAHA!! WER'S GLAUBT !!!

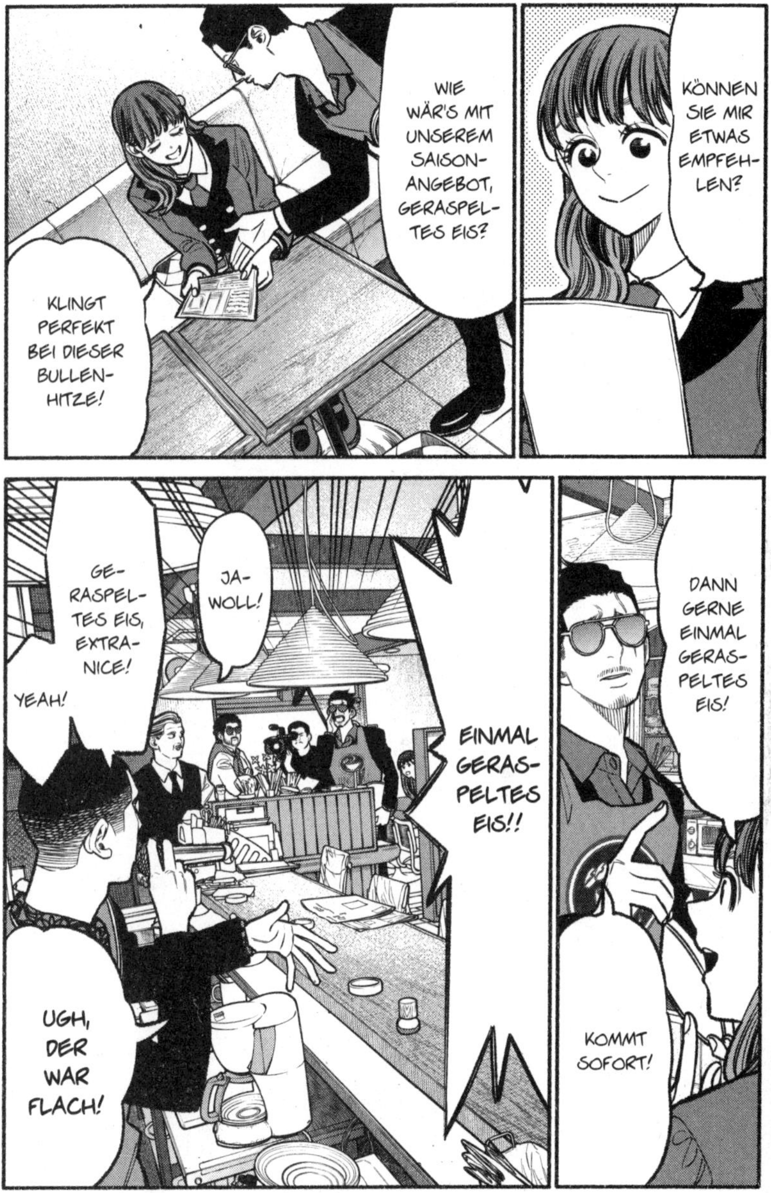
KÖNNEN SIE MIR ETWAS EMPFEH-LEN?
WIE WÄR'S MIT UNSEREM SAISON-ANGEBOT, GERASPEL-TES EIS?
KLINGT PERFEKT BEI DIESER BULLEN-HITZE!
DANN GERNE EINMAL GERAS-PELTES EIS!
KOMMT SOFORT!
EINMAL GERAS-PELTES EIS!!
JA-WOLL!
GE-RASPEL-TES EIS, EXTRA-NICE!
YEAH!
UGH, DER WAR FLACH!

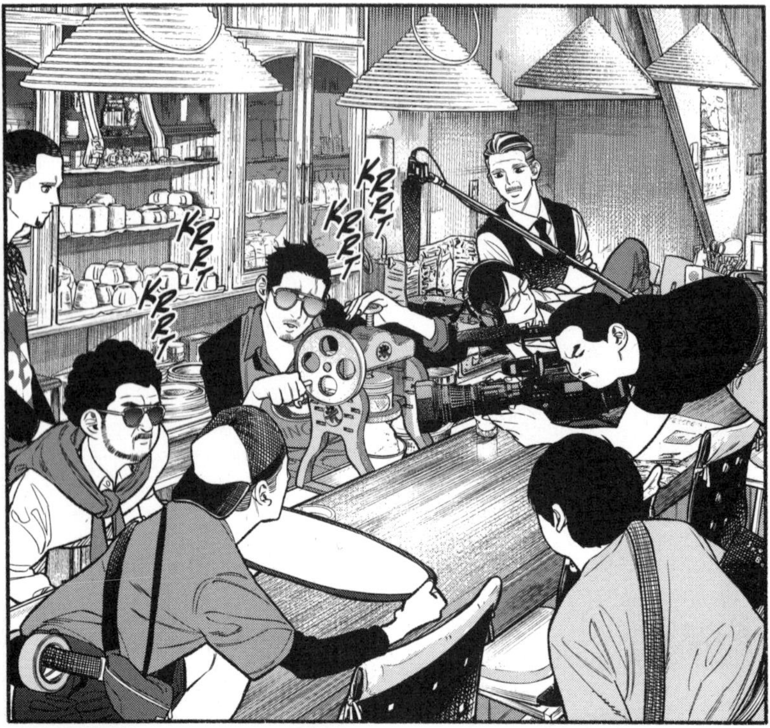
KRRT
KRRT
KRRT
KRRT

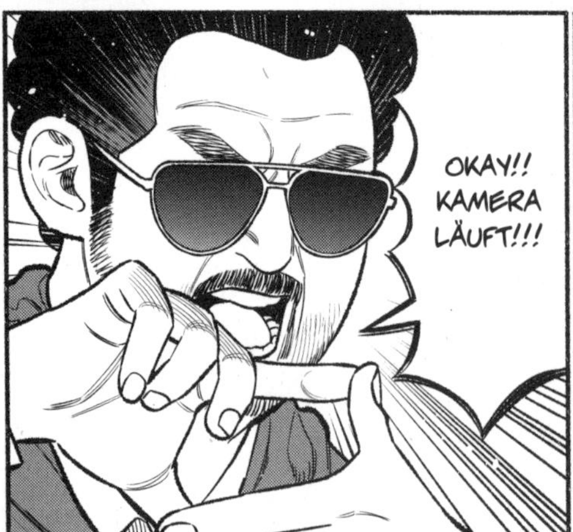
OKAY!!
KAMERA
LÄUFT!!!

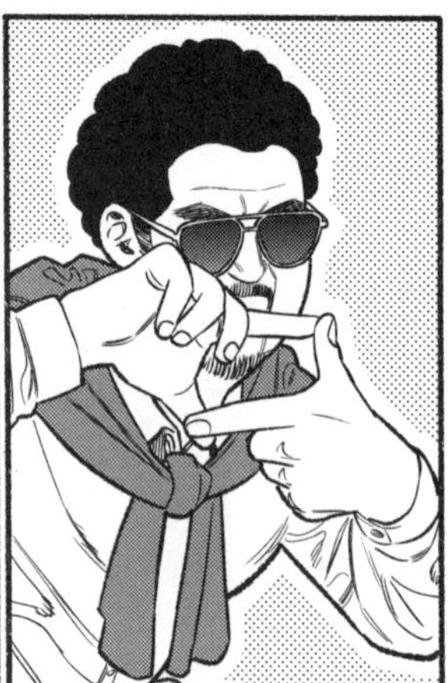

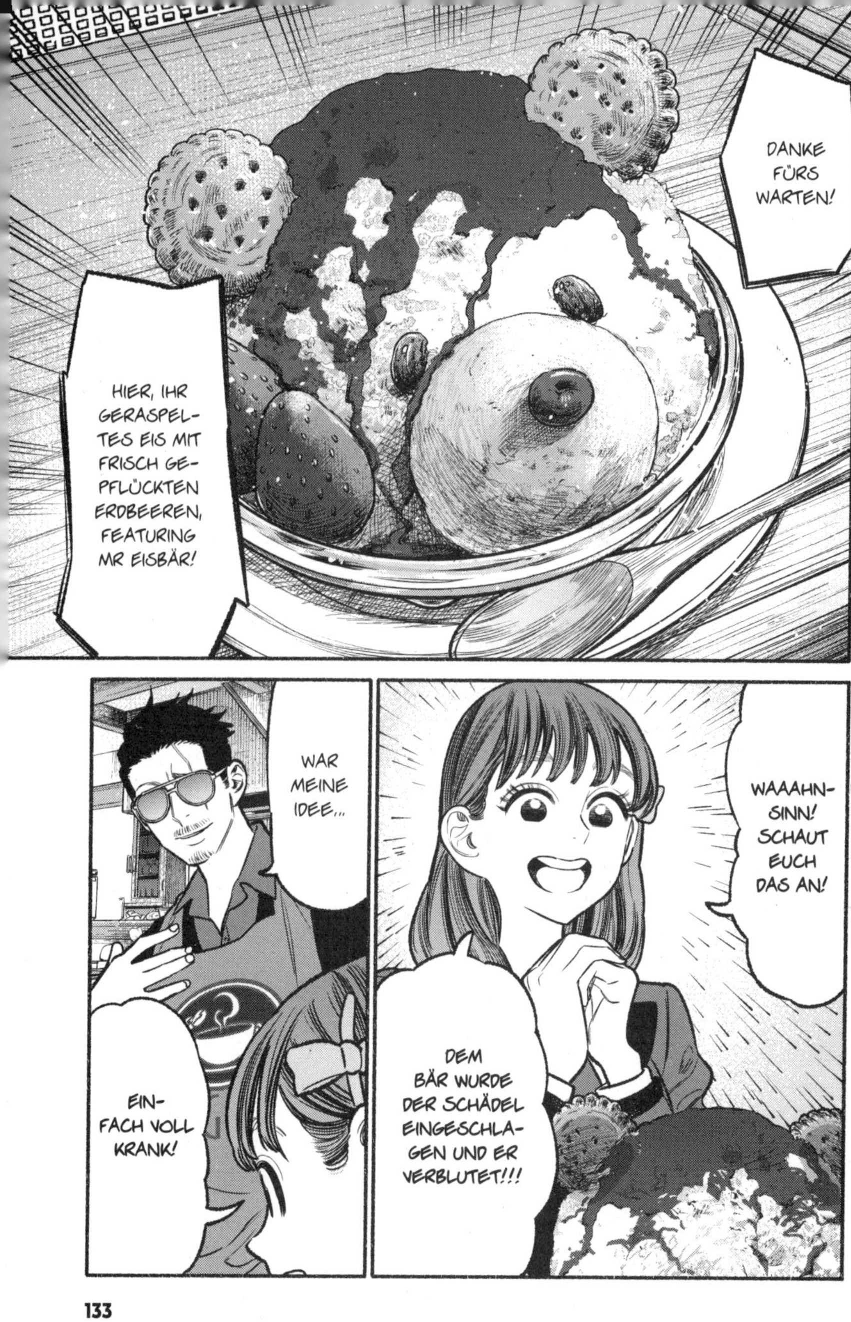
DANKE FÜRS WARTEN!
HIER, IHR GERASPELTES EIS MIT FRISCH GEPFLÜCKTEN ERDBEEREN, FEATURING MR EISBÄR!
WAAAHNSINN! SCHAUT EUCH DAS AN!
DEM BÄR WURDE DER SCHÄDEL EINGESCHLAGEN UND ER VERBLUTET!!!
WAR MEINE IDEE...
EINFACH VOLL KRANK!

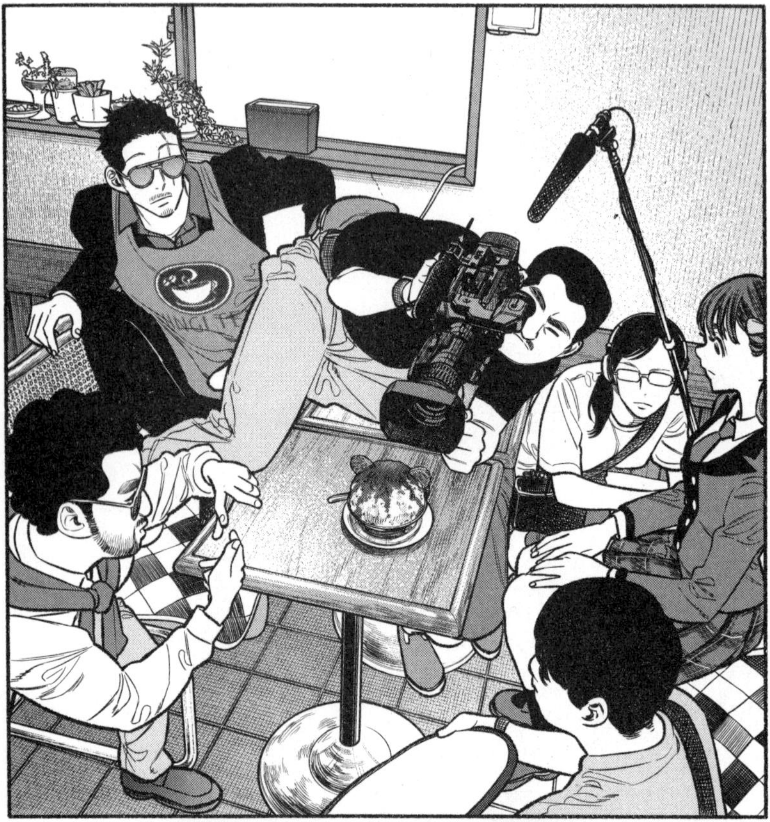

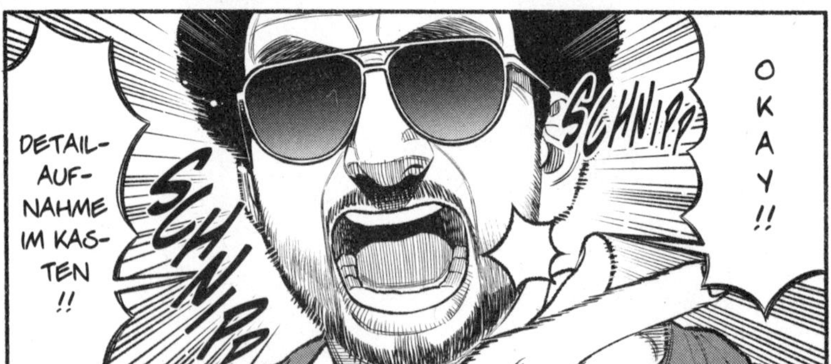
OKAY!!
SCHNIPP
SCHNIPP
DETAIL-AUF-NAHME IM KAS-TEN!!

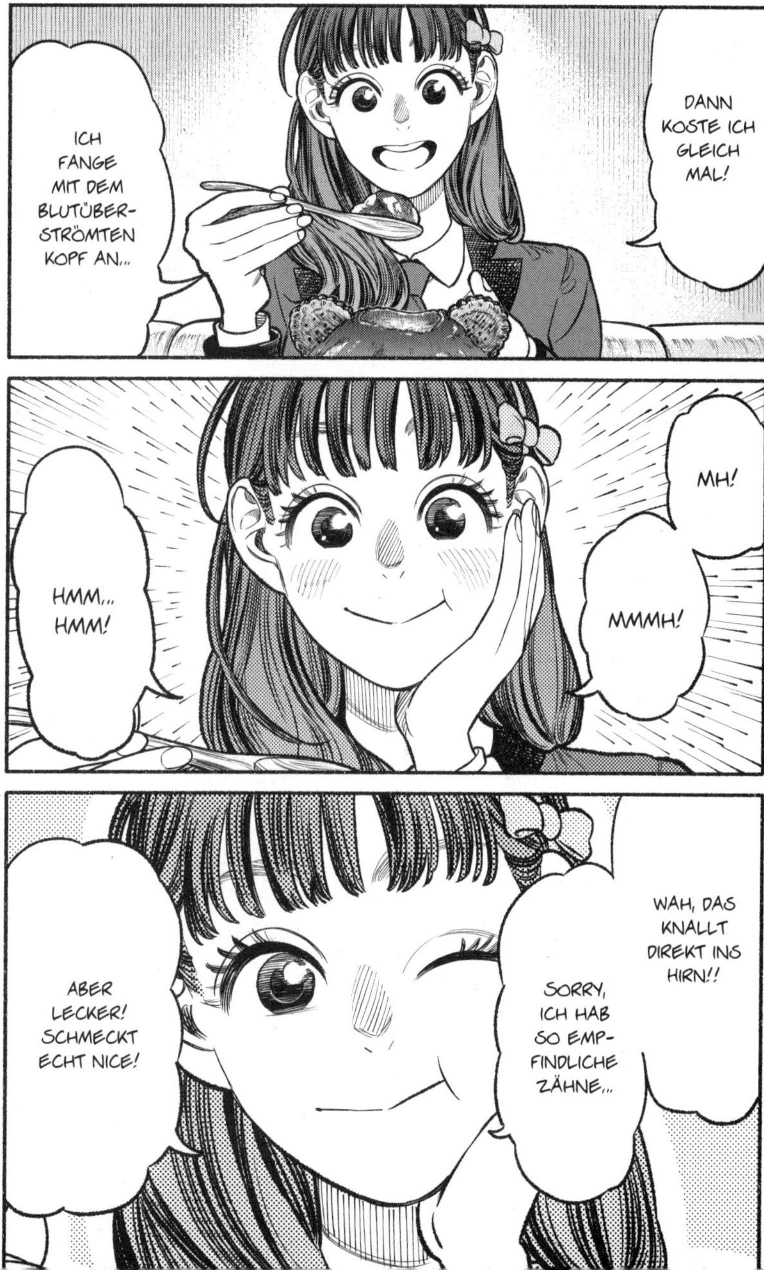
DANN KOSTE ICH GLEICH MAL!
ICH FANGE MIT DEM BLUTÜBER-STRÖMTEN KOPF AN...
MH!
MMMH!
HMM... HMM!
WAH, DAS KNALLT DIREKT INS HIRN!!
SORRY, ICH HAB SO EMP-FINDLICHE ZÄHNE...
ABER LECKER! SCHMECKT ECHT NICE!

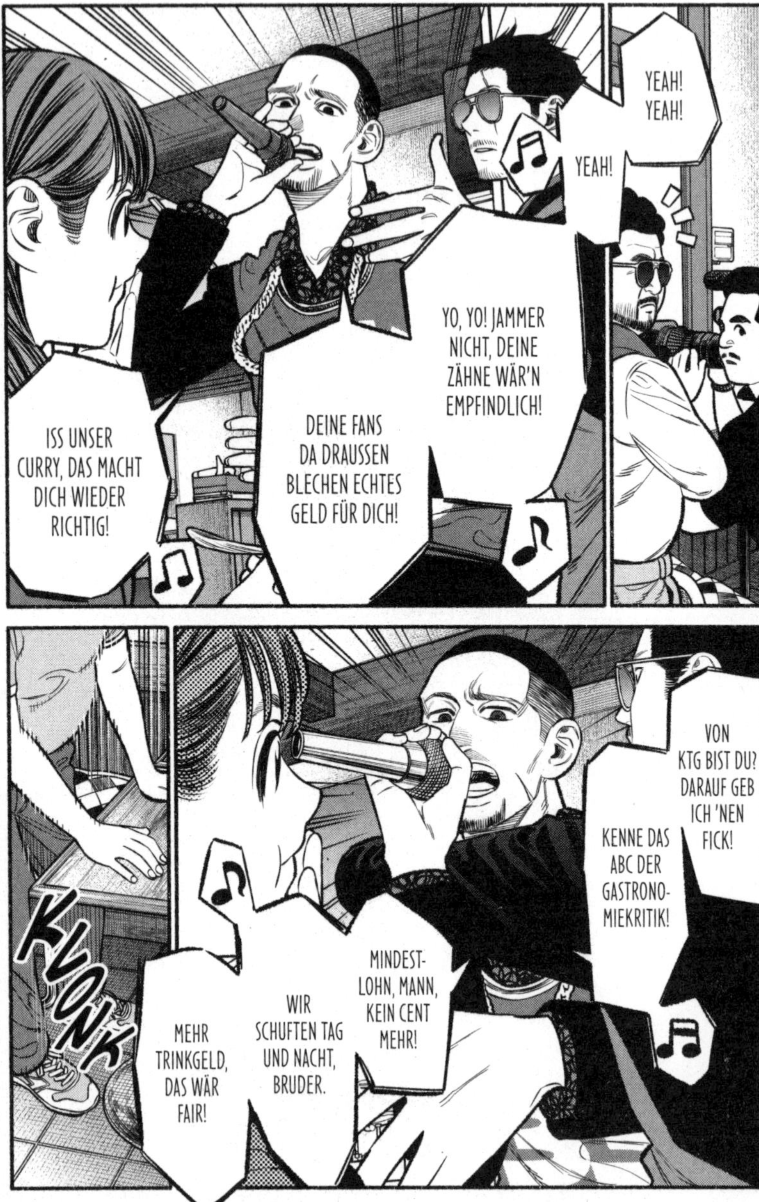
YEAH! YEAH!
YEAH!
YO, YO! JAMMER NICHT, DEINE ZÄHNE WÄR'N EMPFINDLICH!
DEINE FANS DA DRAUSSEN BLECHEN ECHTES GELD FÜR DICH!
ISS UNSER CURRY, DAS MACHT DICH WIEDER RICHTIG!
VON KTG BIST DU? DARAUF GEB ICH 'NEN FICK!
KENNE DAS ABC DER GASTRONO-MIEKRITIK!
MINDEST-LOHN, MANN, KEIN CENT MEHR!
WIR SCHUFTEN TAG UND NACHT, BRUDER.
MEHR TRINKGELD, DAS WÄR FAIR!
KLONK

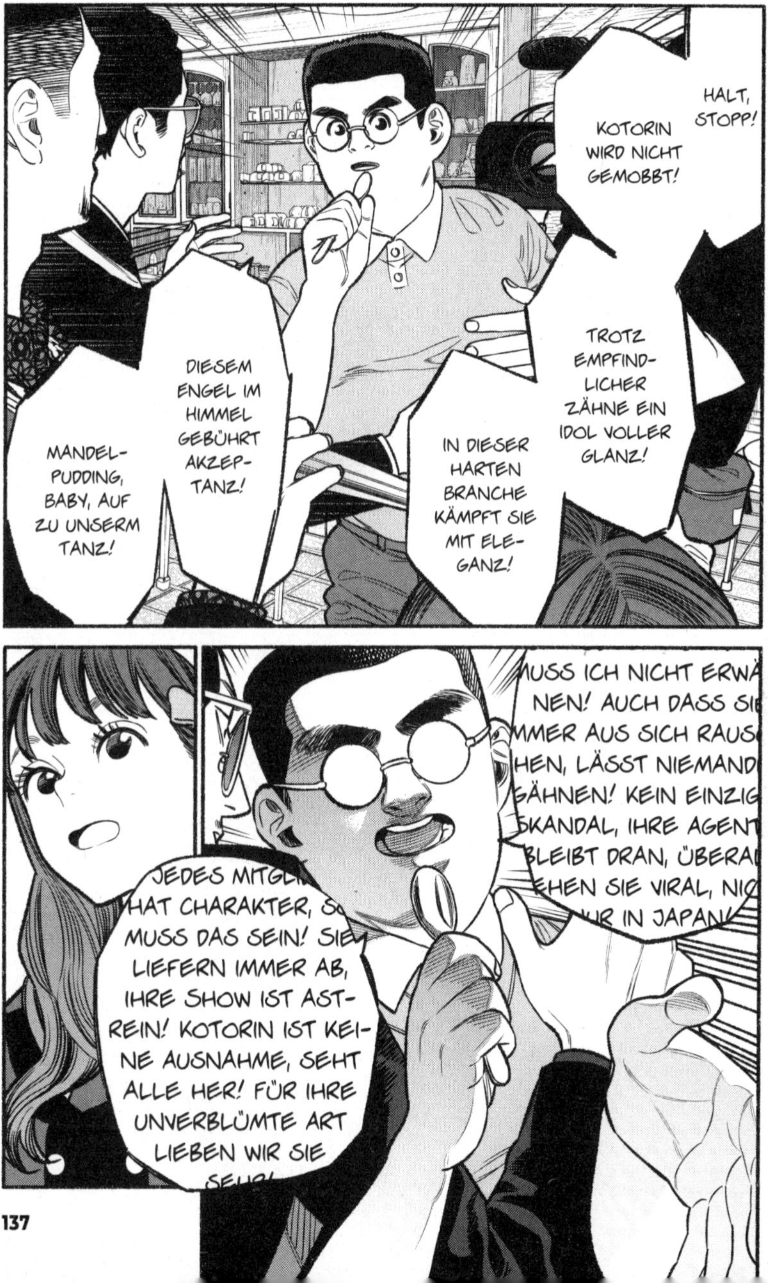
HALT, STOPP!
KOTORIN WIRD NICHT GEMOBBT!
TROTZ EMPFIND-LICHER ZÄHNE EIN IDOL VOLLER GLANZ!
IN DIESER HARTEN BRANCHE KÄMPFT SIE MIT ELE-GANZ!
DIESEM ENGEL IM HIMMEL GEBÜHRT AKZEP-TANZ!
MANDEL-PUDDING, BABY, AUF ZU UNSERM TANZ!
MUSS ICH NICHT ERWÄ NEN! AUCH DASS SIE MMER AUS SICH RAUS HEN, LÄSST NIEMAND GÄHNEN! KEIN EINZIG SKANDAL, IHRE AGENT BLEIBT DRAN, ÜBERA EHEN SIE VIRAL, NIC
JEDES MITGL HAT CHARAKTER, S MUSS DAS SEIN! SIE LIEFERN IMMER AB, IHRE SHOW IST AST-REIN! KOTORIN IST KEI-NE AUSNAHME, SEHT ALLE HER! FÜR IHRE UNVERBLÜMTE ART LIEBEN WIR SIE

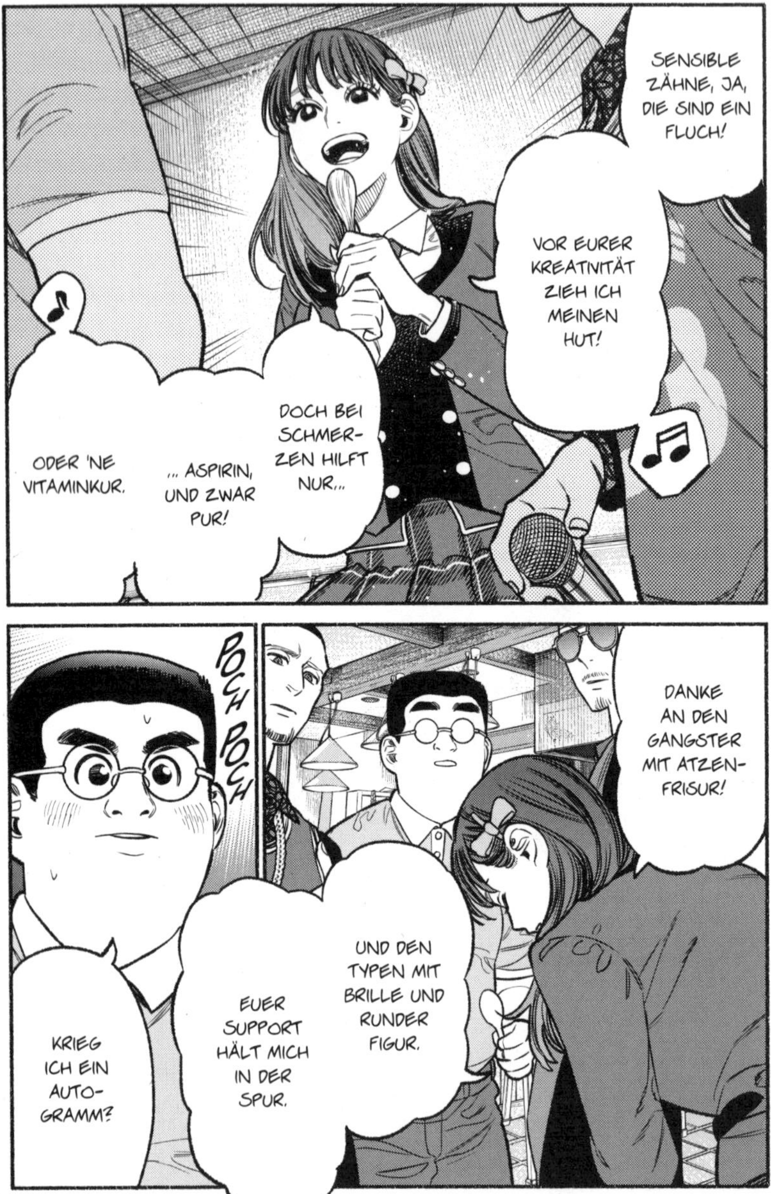

FORTSETZUNG FOLGT

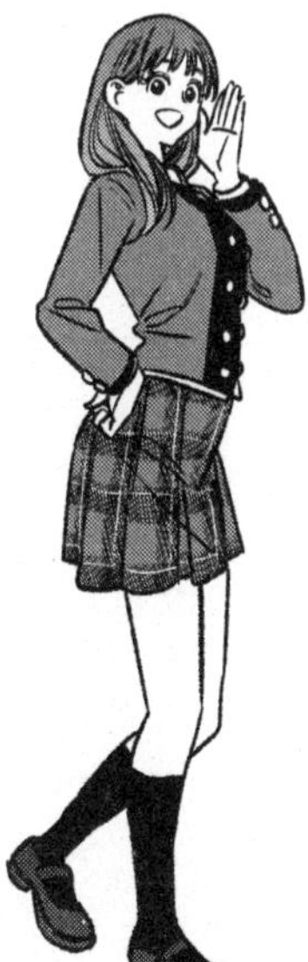

YAKUZA GOES HAUSMANN

極主夫道

GOKUSHUFUDO

BONUSMANGA 1: TEA TIME

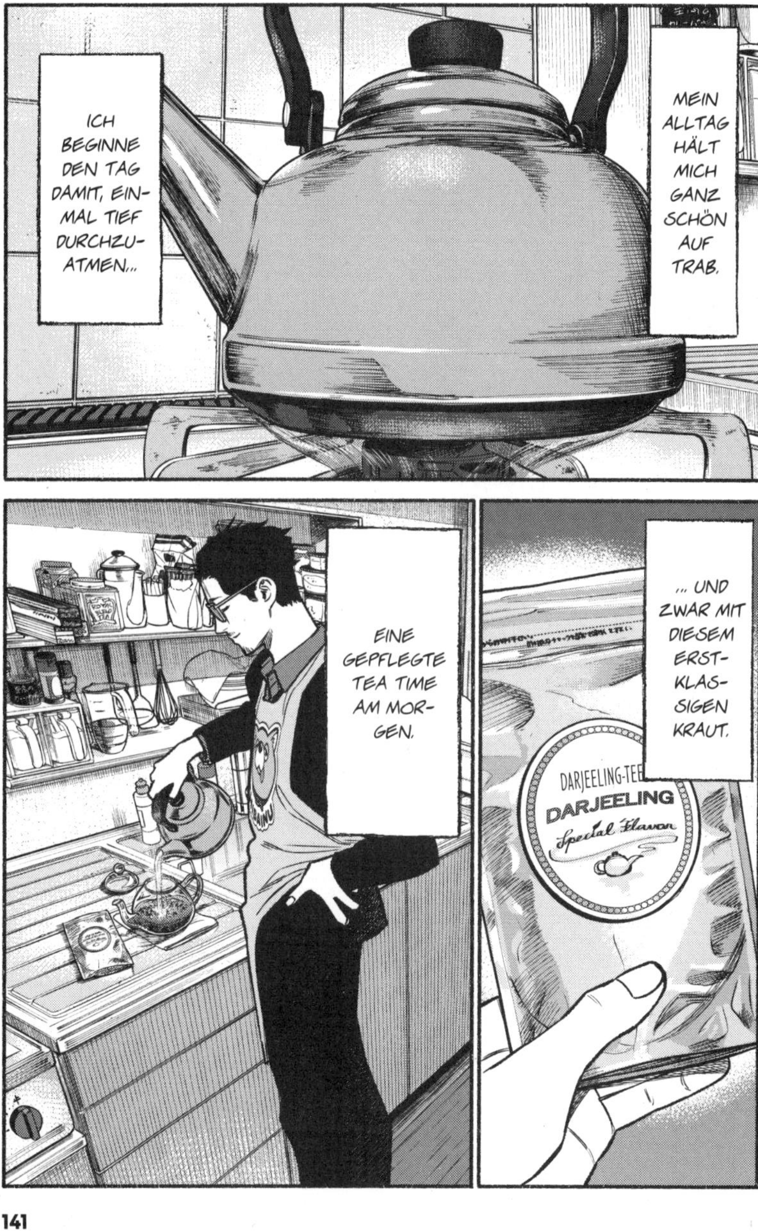

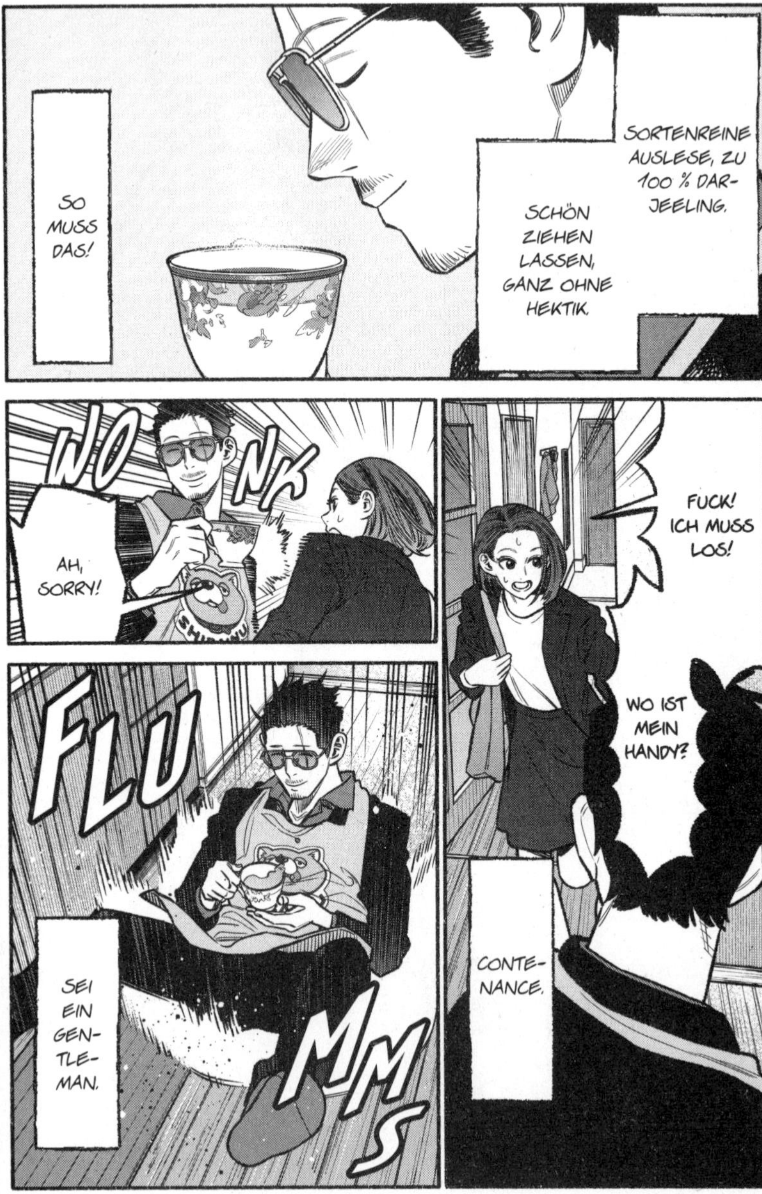
SORTENREINE AUSLESE, ZU 100 % DAR-JEELING.
SCHÖN ZIEHEN LASSEN, GANZ OHNE HEKTIK.
SO MUSS DAS!
FUCK! ICH MUSS LOS!
WO IST MEIN HANDY?
CONTE-NANCE.
WONK
AH, SORRY!
FLUMMS
SEI EIN GEN-TLE-MAN.

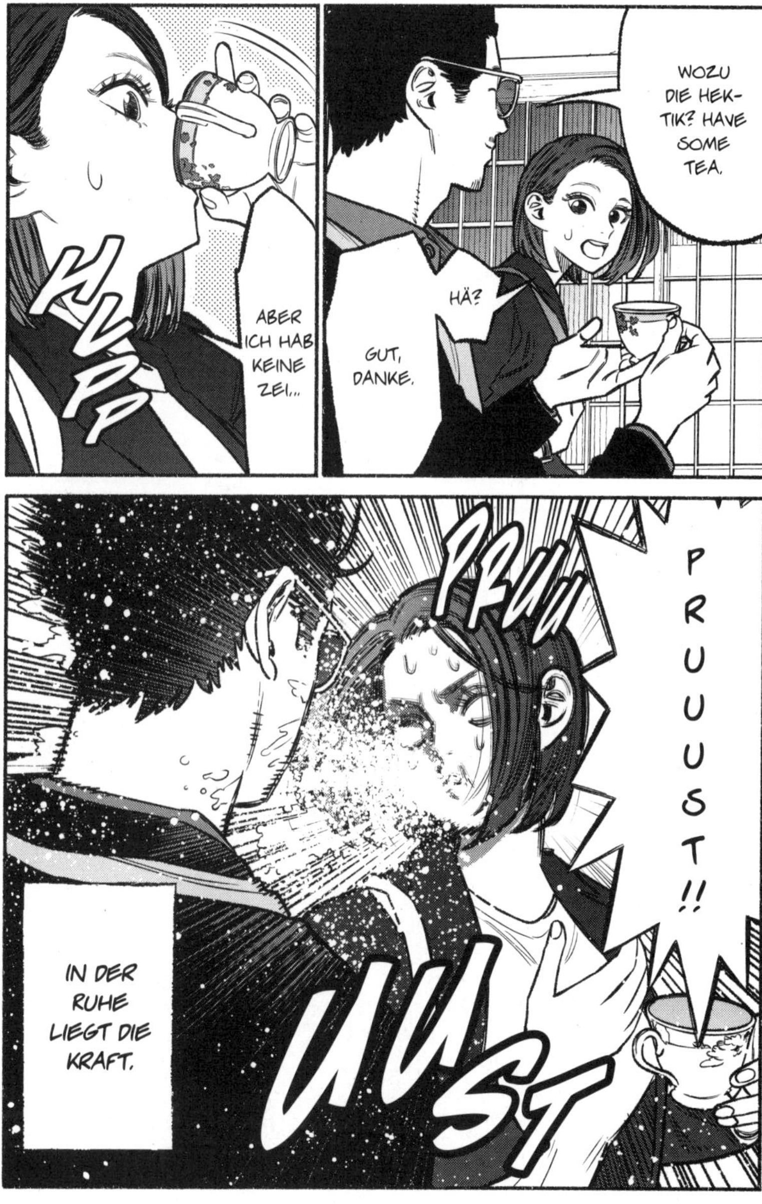
WOZU DIE HEKTIK? HAVE SOME TEA.
HÄ?
GUT, DANKE.
ABER ICH HAB KEINE ZEI...
HUPP
PRUUUUST!!
PRUU
UUST
IN DER RUHE LIEGT DIE KRAFT.

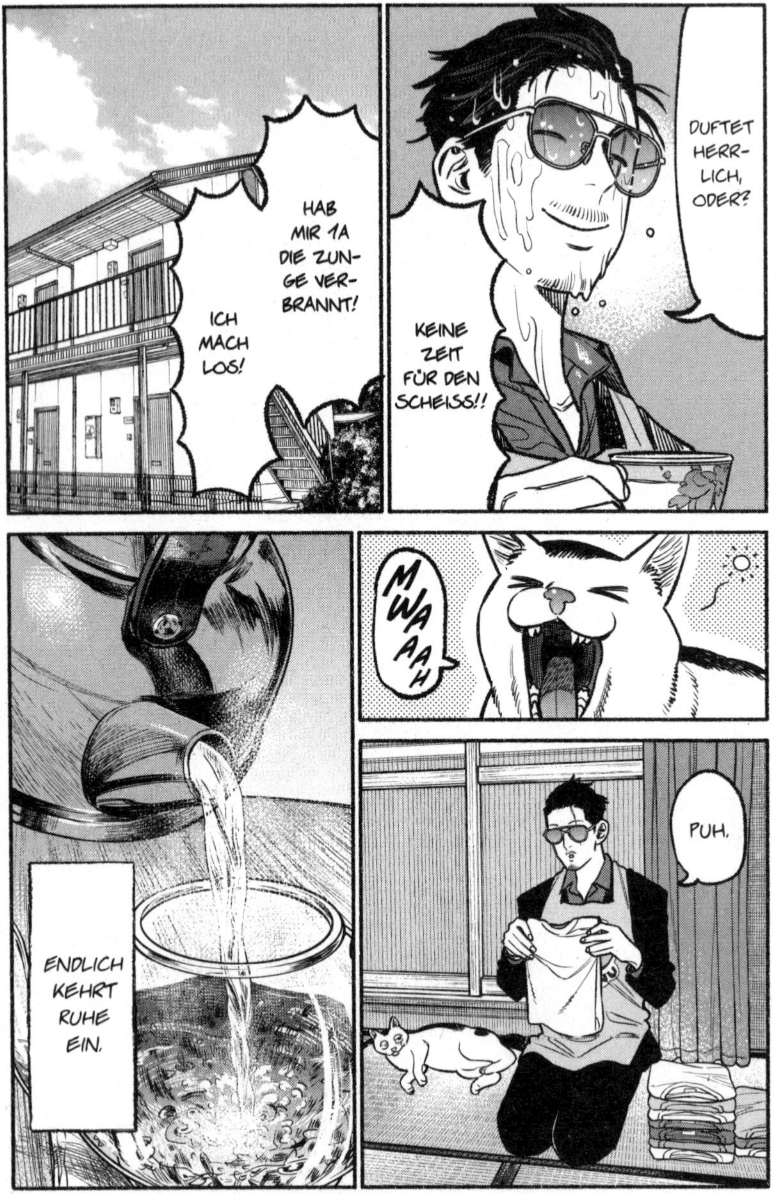
DUFTET HERRLICH, ODER?
KEINE ZEIT FÜR DEN SCHEISS!!
HAB MIR 1A DIE ZUNGE VERBRANNT!
ICH MACH LOS!
MWAAAAH
PUH.
ENDLICH KEHRT RUHE EIN.

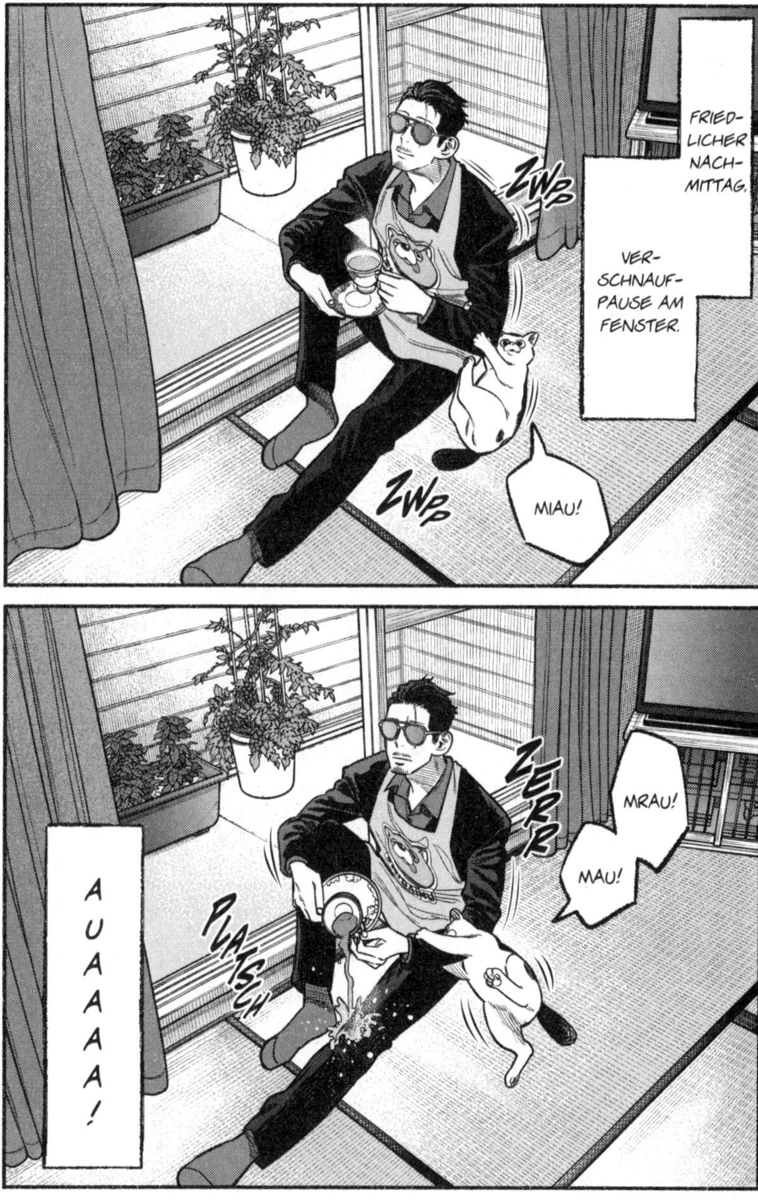
FRIED-
LICHER
NACH-
MITTAG.
VER-
SCHNAUF-
PAUSE AM
FENSTER.
ZWPP
MIAU!
ZWPP
MRAU!
MAU!
ZERRR
PLATSCH
AUAAAAAA!

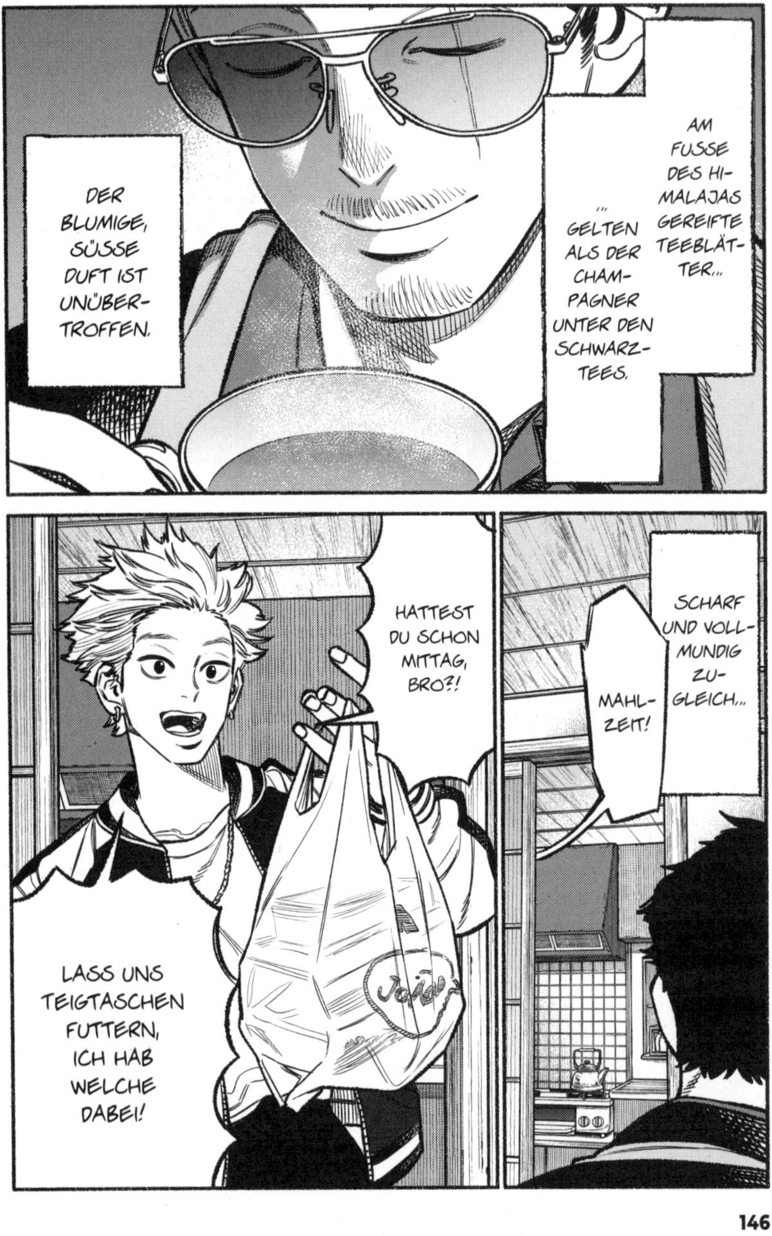
AM FUSSE DES HIMALAJAS GEREIFTE TEEBLÄTTER...
... GELTEN ALS DER CHAMPAGNER UNTER DEN SCHWARZTEES.
DER BLUMIGE, SÜSSE DUFT IST UNÜBERTROFFEN.
SCHARF UND VOLLMUNDIG ZUGLEICH...
MAHLZEIT!
HATTEST DU SCHON MITTAG, BRO?!
LASS UNS TEIGTASCHEN FUTTERN, ICH HAB WELCHE DABEI!

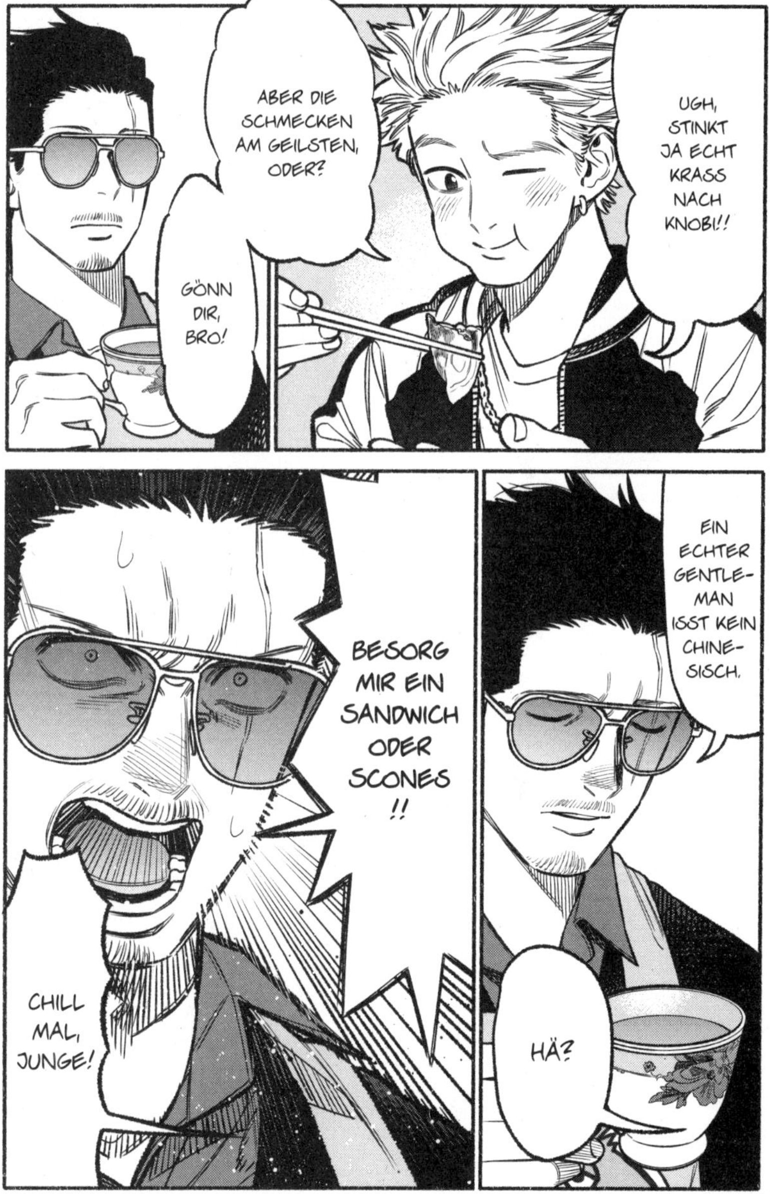
UGH, STINKT JA ECHT KRASS NACH KNOBI!!
ABER DIE SCHMECKEN AM GEILSTEN, ODER?
GÖNN DIR, BRO!
EIN ECHTER GENTLE-MAN ISST KEIN CHINE-SISCH.
HÄ?
BESORG MIR EIN SANDWICH ODER SCONES !!
CHILL MAL, JUNGE!

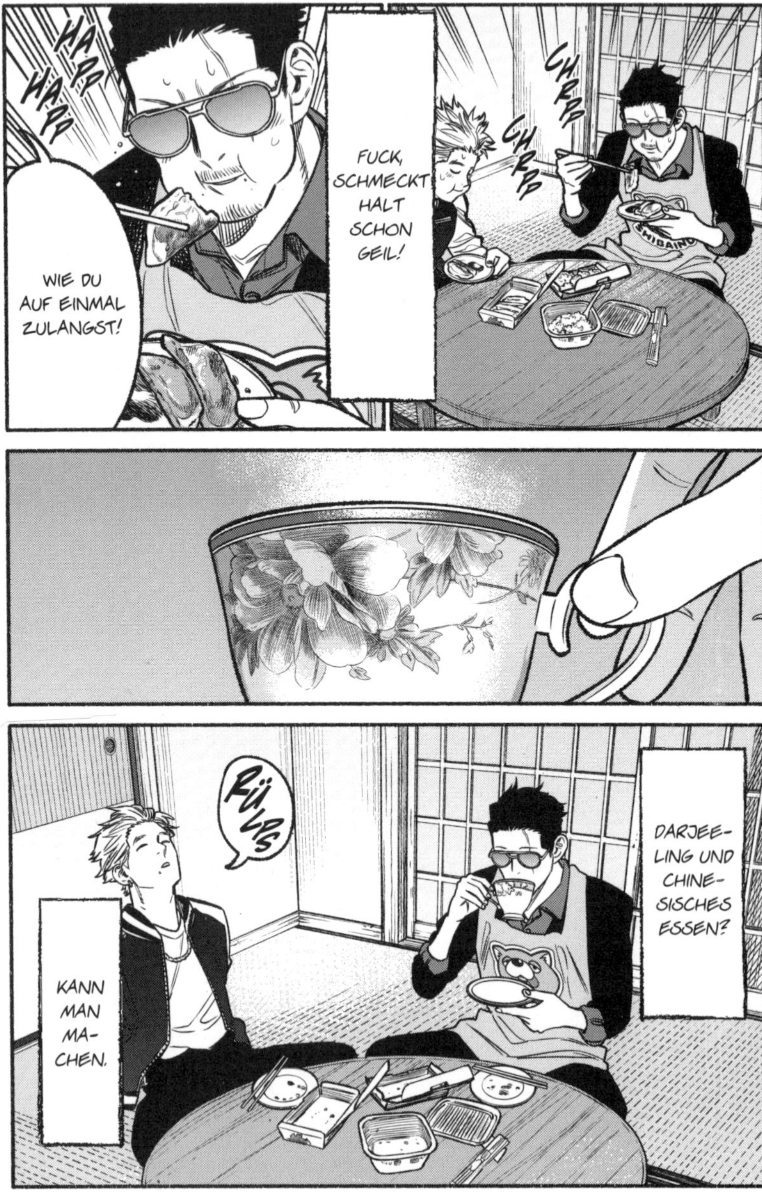
CHRPP
CHRPP
FUCK, SCHMECKT HALT SCHON GEIL!
HAPP HAPP
WIE DU AUF EINMAL ZULANGST!
DARJEE-LING UND CHINE-SISCHES ESSEN?
RÜLPS
KANN MAN MA-CHEN.

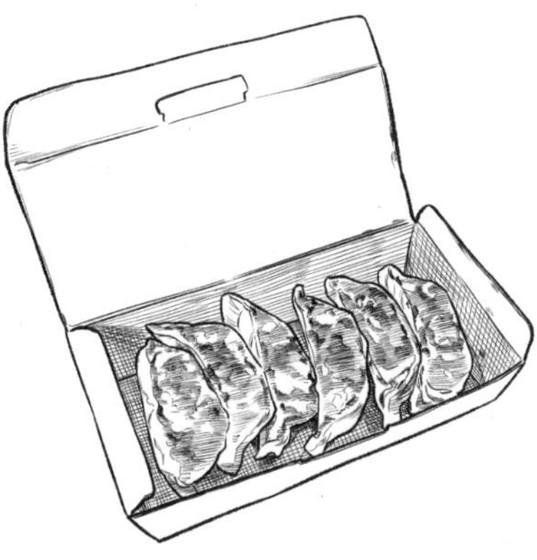

YAKUZA GOES HAUSMANN

極主夫道

GOKUSHUFUDO

BONUSMANGA 2: GIN UND KOTORIN

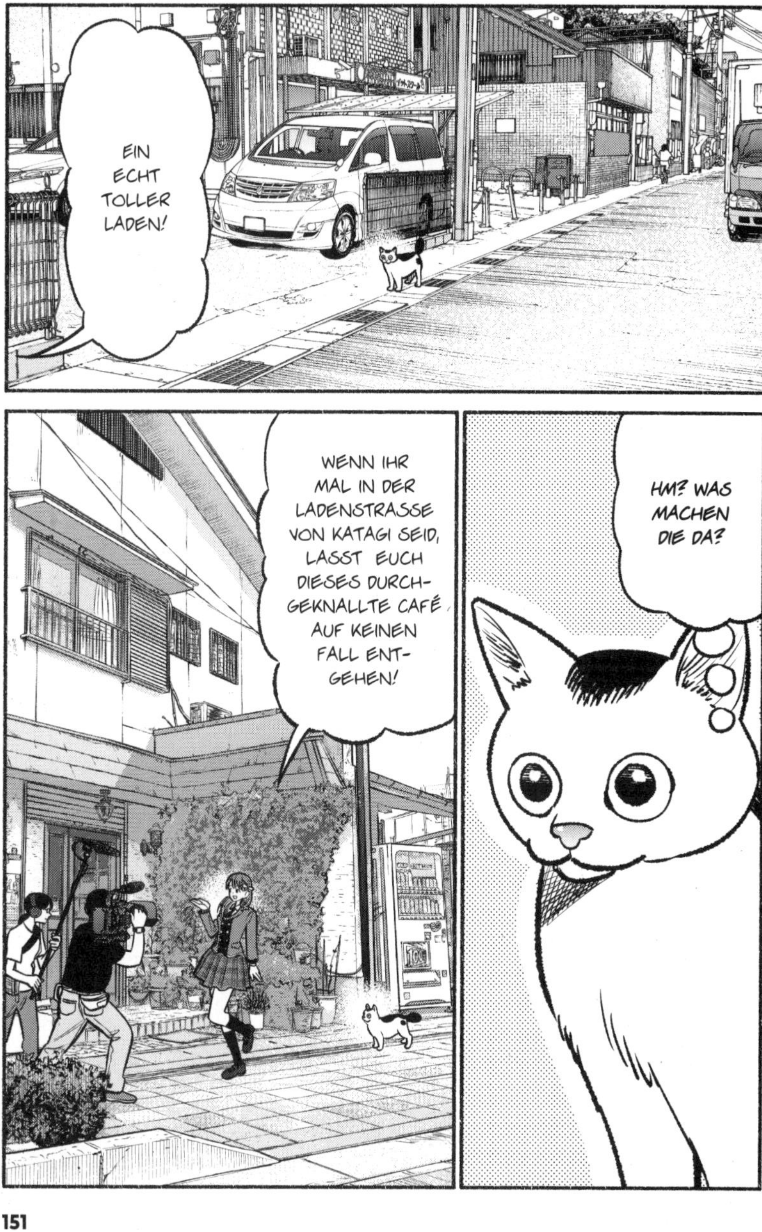

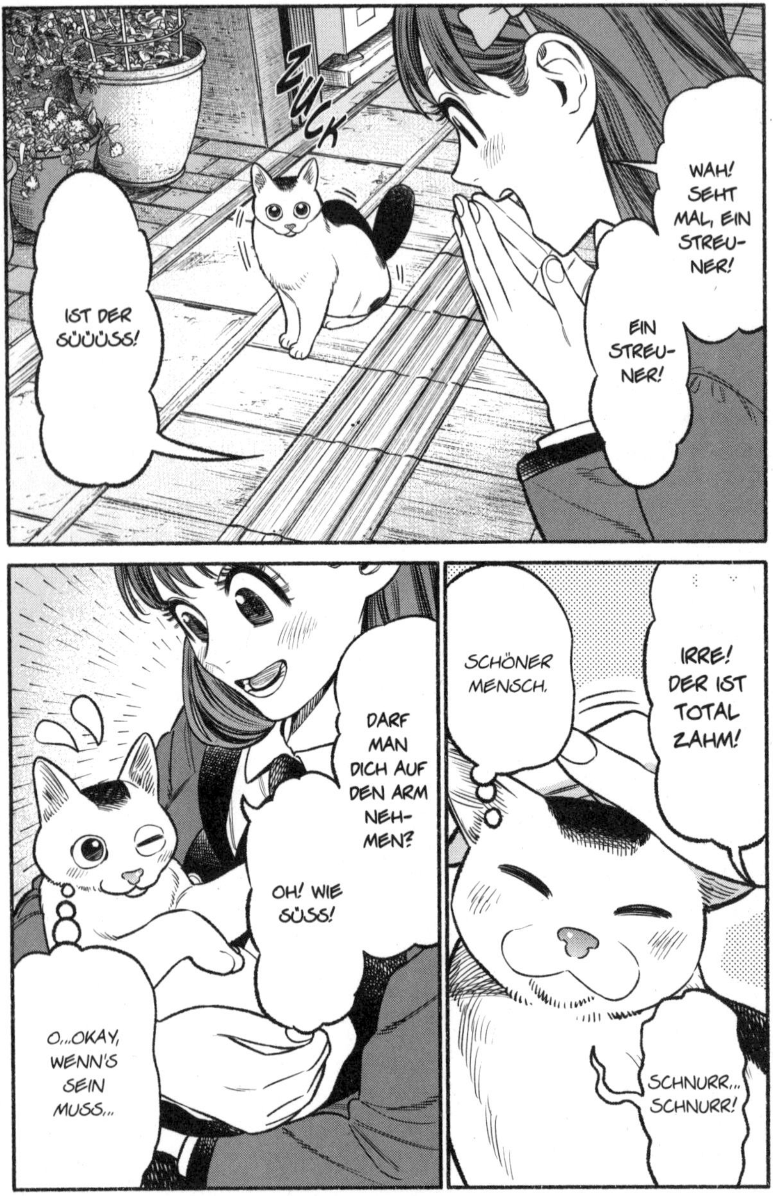
ZUCK
WAH! SEHT MAL, EIN STREUNER!
EIN STREUNER!
IST DER SÜÜÜSS!
IRRE! DER IST TOTAL ZAHM!
SCHÖNER MENSCH.
SCHNURR... SCHNURR!
DARF MAN DICH AUF DEN ARM NEHMEN?
OH! WIE SÜSS!
O...OKAY, WENN'S SEIN MUSS...

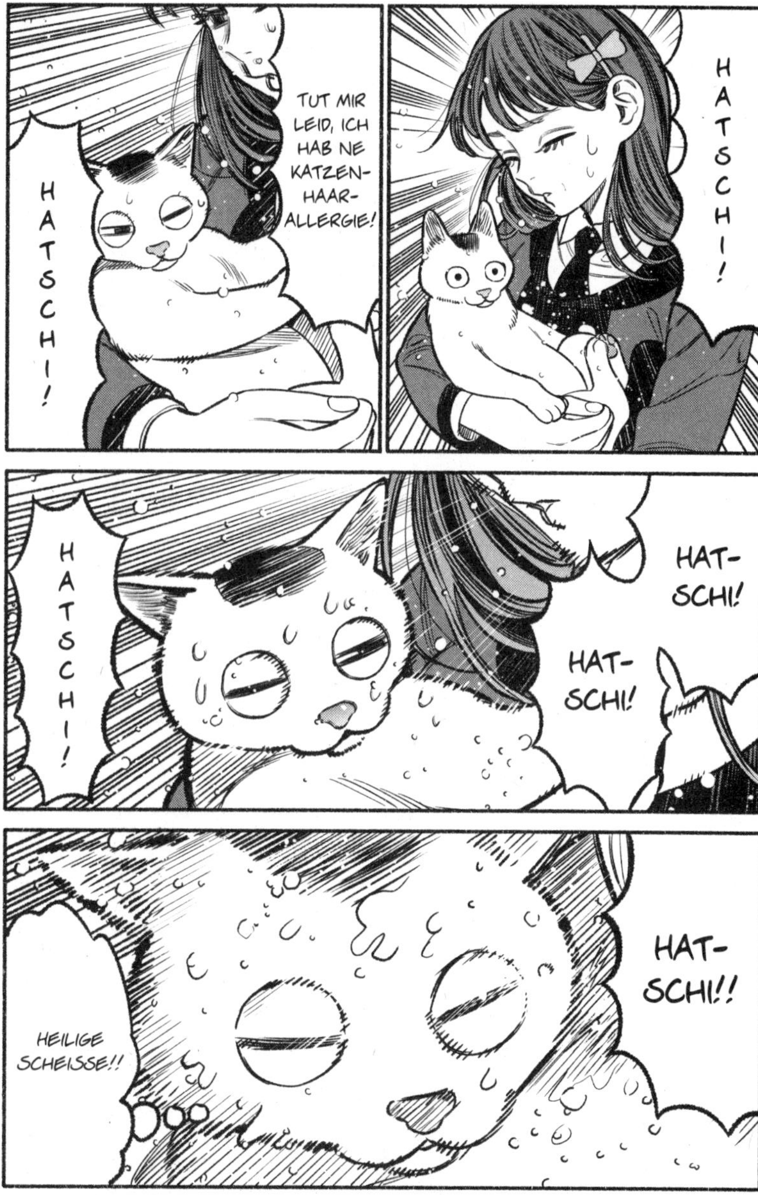
HATSCHI!
TUT MIR LEID, ICH HAB NE KATZEN-HAAR-ALLERGIE!
HATSCHI!
HAT-SCHI!
HAT-SCHI!
HATSCHI!
HAT-SCHI!!
HEILIGE SCHEISSE!!

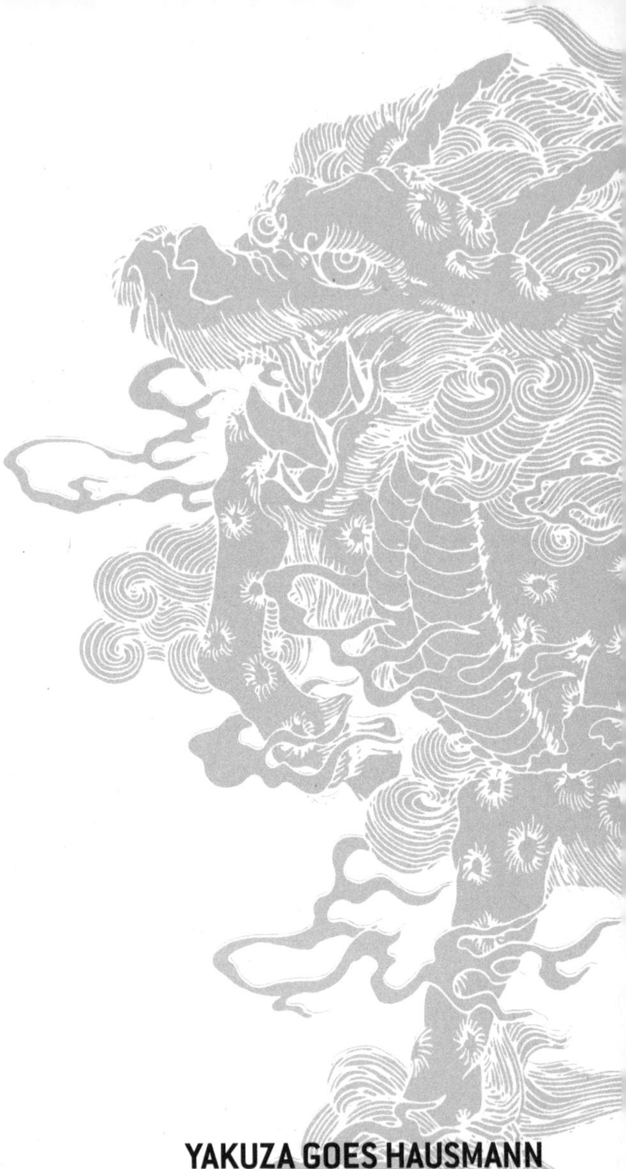

YAKUZA GOES HAUSMANN

極主夫道

GOKUSHUFUDO

BONUSMANGA 3: PROFI

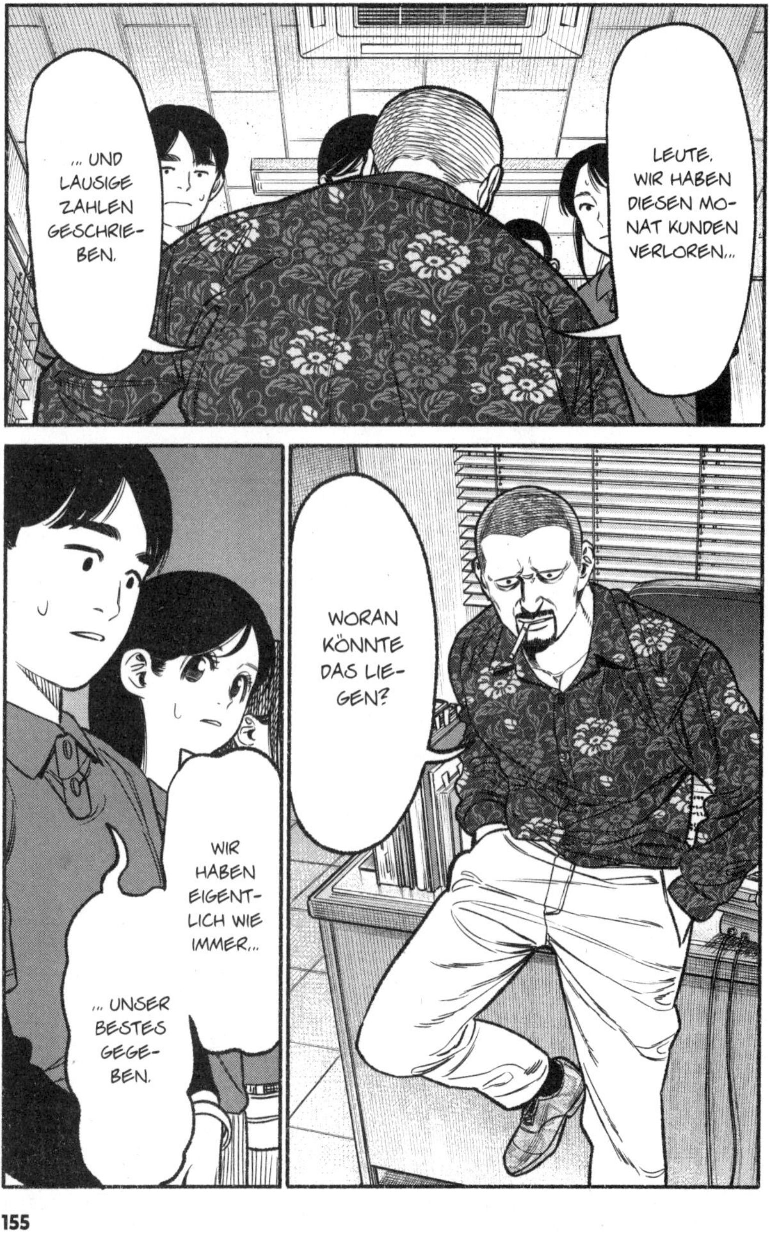

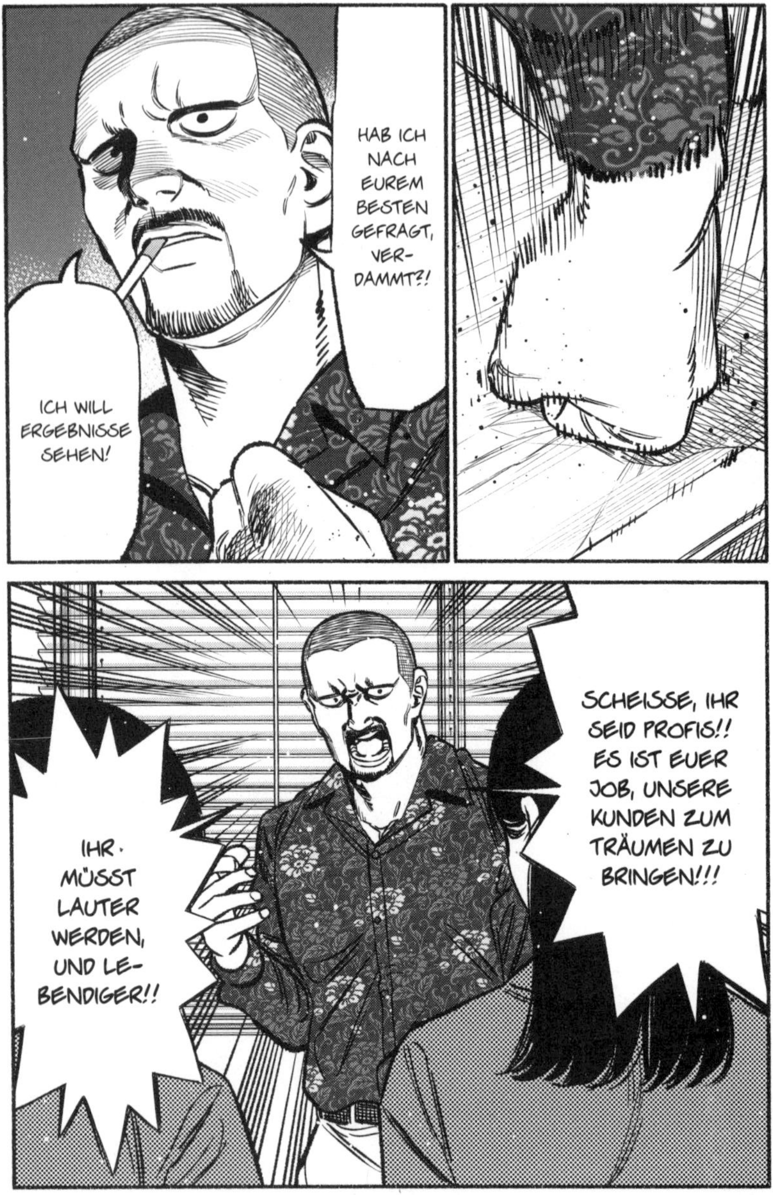
HAB ICH NACH EUREM BESTEN GEFRAGT, VER-DAMMT?!
ICH WILL ERGEBNISSE SEHEN!
SCHEISSE, IHR SEID PROFIS!! ES IST EUER JOB, UNSERE KUNDEN ZUM TRÄUMEN ZU BRINGEN!!!
IHR MÜSST LAUTER WERDEN, UND LE-BENDIGER!!

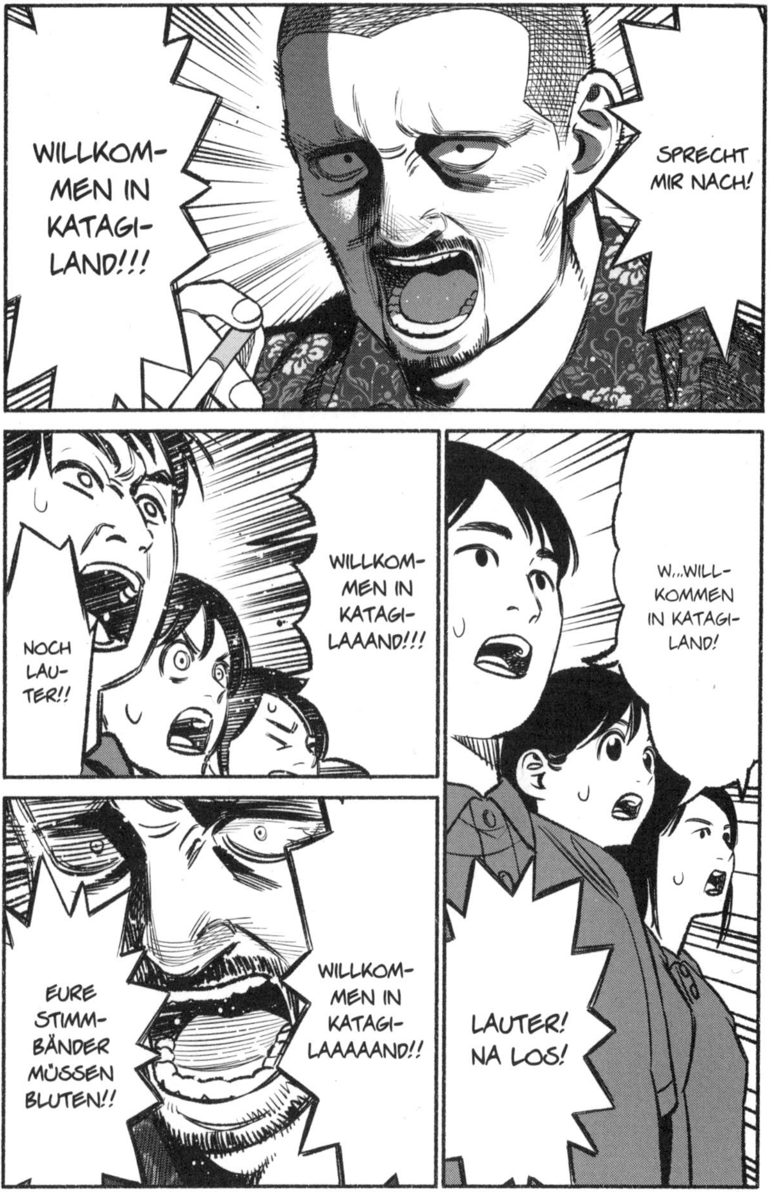
WILLKOMMEN IN KATAGI-LAND!!!
SPRECHT MIR NACH!
W...WILLKOMMEN IN KATAGI-LAND!
LAUTER! NA LOS!
WILLKOMMEN IN KATAGI-LAAAND!!!
NOCH LAUTER!!
WILLKOMMEN IN KATAGI-LAAAAAND!!
EURE STIMMBÄNDER MÜSSEN BLUTEN!!

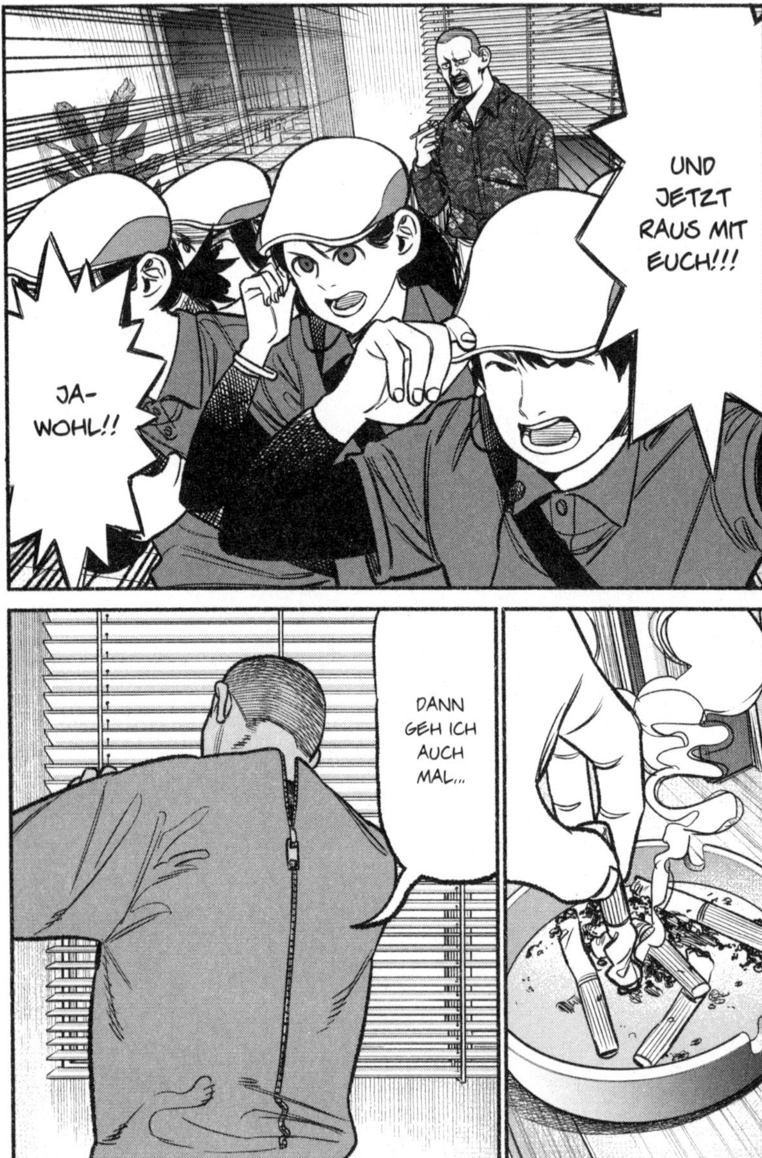
UND JETZT RAUS MIT EUCH!!!
JA-WOHL!!
DANN GEH ICH AUCH MAL...

Arbeiten im Homeoffice! Ich stelle ein. Wir sehen uns in Band 12!

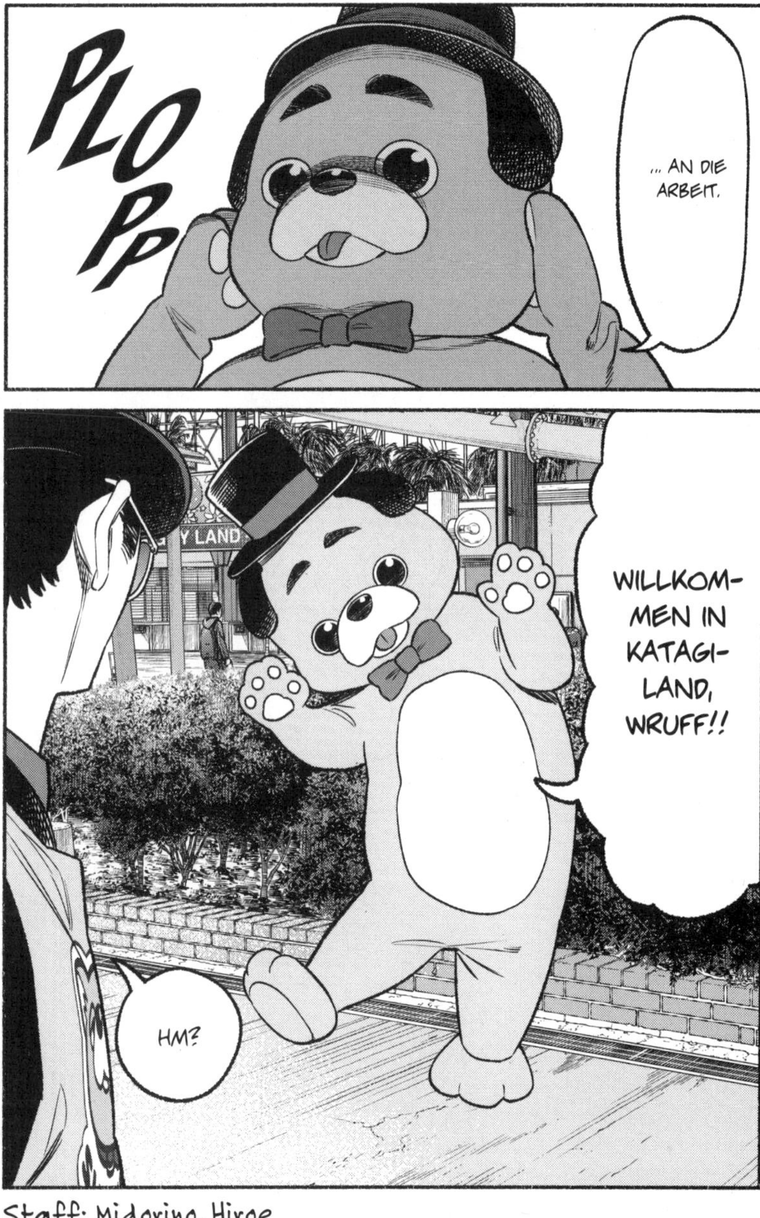

Staff: Midorino, Hiroe

MOMENT!

Dieser etwas andere Haushalts-Gag-Manga ist eine japanische Serie, die originalgetreu von »hinten« nach »vorne« und von rechts nach links gelesen wird! Schlagt das Haushaltsbuch also »hinten« auf und blättert Seite für Seite nach »vorne« weiter! Auch die Bilder und Sprechblasen auf jeder Seite werden von rechts oben nach links unten gelesen, wie es in der Grafik gezeigt wird! Bentobox auf und schaut, wie sich Immortal Tatsu in seiner neuen Rolle macht!

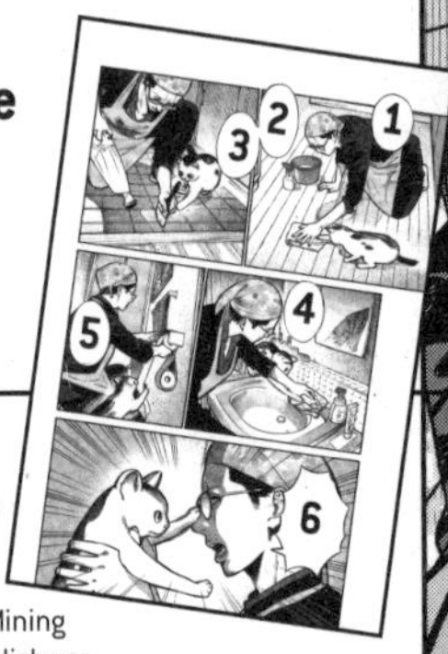

»Unterschätze nie einen Hausmann, sonst wird's hässlich!«

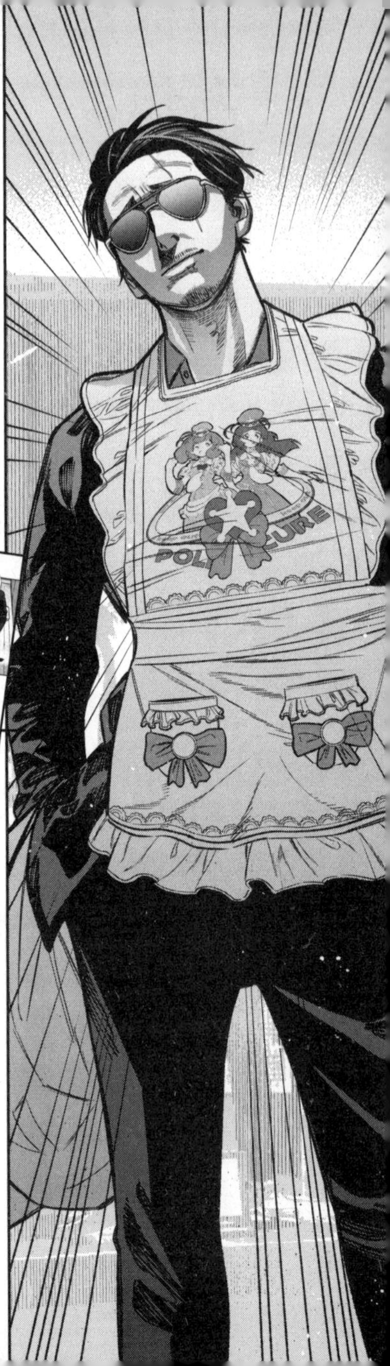

CARLSEN MANGA
Deutsche Ausgabe/German Edition
Carlsen Verlag · Hamburg 2024

Aus dem Japanischen von Gandalf Bartholomäus
Gokushufudou, volume 11

First published in Japan in 2018 by SHINCHOSHA Publishing Co., Ltd. Tokyo · German translation rights arranged with SHINCHOSHA Publishing Co., Ltd. through TUTTLE-MORI AGENCY, INC., Tokyo.
Redaktion: Anne Berling
Textbearbeitung: Steffen Haubner
Titellogo: Peter Mrozek
Herstellung: Derya Yildirim

ISBN 978-3-551-79338-6